María Pilar Larrañaga

Unregelmäßige Verben im Spanischen

BUSKE

María Pilar Larrañaga, geboren im spanischen Baskenland, studierte Linguistik, Phonetik und Romanistik an der Universität Kiel. Nach dem Abschluss ihrer Promotion an der Universität Hamburg lehrte sie an verschiedenen in- und ausländischen Universitäten. Ihr Hauptinteresse liegt beim Erst- und Zweitspracherwerb. Auf diesem Gebiet veröffentlichte sie eine Vielzahl von wissenschaftlichen Artikeln und gab eine Reihe von Büchern heraus.

Für Ulrich, Bruno und Regina

Ane, Koldo eta gure anaiarentzat

Bibliografische Information der Deutschen Nationalbibliothek
Die Deutsche Nationalbibliothek verzeichnet diese Publikation in der Deutschen Nationalbibliografie; detaillierte bibliografische Daten sind im Internet über ‹https://portal.dnb.de› abrufbar.

ISBN 978-3-96769-093-4

 Umschlaggestaltung: QART Büro für Gestaltung, Hamburg. Satz: Manuela Gantner – Punkt, STRICH. Druck und Bindung: Plump Druck & Medien, Rheinbreitbach. Printed in Germany.

Inhaltsverzeichnis

Vorwort

Dieses Nachschlagewerk ist sowohl für Lernende des Spanischen konzipiert worden, die die ersten Lektionen hinter sich haben, als auch für solche, die bereits fortgeschritten sind. Insgesamt werden ca. 130 unregelmäßige Verben auf jeweils einer Seite präsentiert: Auf der oberen Seitenhälfte wird das Verb in einer Tabelle im Präsens, Präteritum, Futur, Konditional und Konjunktiv sowie in Imperativformen durchkonjugiert. Ferner werden auch Progressiv- und Perfektformen aufgeführt, da einige Partizipien und Gerundien unregelmäßig sind. Die Auswahl an Verben orientiert sich an der Liste der unregelmäßigen Verben der Grammatik der RAE (Real Academia de la Lengua Española). Die Verbnummer, die auf jeder Seite in der Kopfzeile außen steht, ist mit jener der RAE identisch. Falls eine Vielzahl von Verben sich auf ähnliche Weise konjugieren lässt, sind außer der RAE-Nummer auch Buchstaben in der Kopfzeile hinzugefügt worden. Das ist beispielsweise der Fall bei Verben der Klasse 4 (4a–h) und 5 (5a–c). Die regelmäßigen Verben der RAE-Auflistung mit Diphthongen im Infinitiv sind als Modellverben ausgeklammert worden, daher entfallen die Nummern 1–3 und auch 6, 16, 20, 22 und 32. Eine Liste mit einer Auswahl dieser Verben ist im Anhang zu finden.

Verben, die identisch wie das Modellverb konjugiert werden, sind mit ► gekennzeichnet. Die Auxiliar- und Modalverben (*haber, ser, estar, querer, poder, soler*) sind in den ersten Seiten untergebracht. Alle weiteren unregelmäßigen Modellverben folgen in aufsteigender Nummernfolge.

Nach der Konjugationstabelle stehen auf der unteren Seitenhälfte Informationen über die geläufigsten Bedeutungen des jeweiligen Verbs, häufige Verbindungen mit Präpositionen und Besonderheiten der Verben bezüglich ihrer Objekte, wie zum Beispiel Objekte in Form von Infinitiv- und Nebensätzen. Darüber hinaus werden bei einigen Verben, die Pronominalstrukturen haben, diese aufgelistet. Diese Informationen werden in Form einer Liste mit verschiedenen Abschnittsüberschriften präsentiert, wobei die in Rot hinterlegten Überschriften jeweils das grammatische Phänomen kompakt beschreiben. Innerhalb der Abschnitte werden authentische, prototypische Beispielsätze auf Spanisch mit ihrer deutschen Übersetzung aufgelistet. wenige gebräuchliche Sprichwörter und feststehende Redewendungen sind ebenfalls mit ihren sinngemäßen Pendants übersetzt worden.

Die Unregelmäßigkeiten der Verben werden in den Tabellen mit Rot hervorgehoben, in den Beispielsätzen mit Rot und zusätzlicher Fettmarkierung. Die Kopfzeile enthält neben der Verbnummer auch die Infinitiv-, Partizip- und Gerundiumformen. Akronyme sowie wichtige Namen und Orte werden in den Fußnoten erklärt. Um den hier erklärten Aufbau jeder Seite eines Modellverbs noch einmal zu verdeutlichen, finden Sie auf der gegenüber stehenden Seite ein anschauliches Beispiel mit hilfreichen Hinweisen.

Die Verben *ser, estar, andar, dar, decir, hacer, ir, poner, salir, tener, venir* weisen eine hohe Gebrauchshäufigkeit auf und erscheinen in einer Vielzahl von Kollokationen. Daher ist für jedes der genannten Verben eine zusätzliche Seite mit den häufigsten Verwendungen hinzugefügt worden. Im Anhang folgt eine Liste von unregelmäßigen Infinitiven, Partizipien und Gerundien, von doppelten Partizipien sowie eine Auswahl von regelmäßigen Verben, die entweder einen Diphthong (ia–ai, eu) oder einen Stammvokal (e–o) enthalten, die unregelmäßige Pendants haben. Das Glossar enthält eine Auflistung von über 600 Verben: die ca. 130 Modellverben sowie weitere Verben, die wie diese konjugiert werden. Die Modellverben im Glossar werden fett und die Verben mit zwei Seiten in Kapitälchen gezeigt. Alle Verben sind mit ihrer Übersetzung sowie mit ihrer Verbnummer und Seitenzahl versehen, damit Sie die entsprechende Seite mühelos finden können. Zum Auftakt des Buches werden die häufigsten grammatischen Termini im Begriffsverzeichnis erklärt.

Katharina Zimmermann hat das Buch lektoriert. Ich danke ihr sehr dafür.

Hamburg, im Januar 2022 | Die Autorin

Beispielseite für „Unregelmäßige Verben"

1 2 3

DESPERTAR: despertado | despertando 4 **4c**

Das Verb **despertar** ist ein transitives Verb, welches auch intransitiv **despertarse** gebraucht werden kann.

Formas simples de indicativo [① e > ie in betonter Silbe] 5			
Presente	**Imperfecto**	**Indefinido**	**Futuro**
despierto despiertas despierta …	despertaba despertabas despertaba …	desperté despertaste despertó …	despertaré despertarás despertará …
Formas simples de subjuntivo ①		**Imperativo** ①	**Condicional**
Presente	**Pasado**	**Imperativo** 6	**Simple**
despierte despiertes despierte …	despertase o despertara despertases o despertaras despertase o despertara …	(tú) despierta (ud.) despierte …	despertaría despertarías despertaría …
Formas compuestas de indicativo	y	**subjuntivo**	
Perfecto	**Presente** (PROG)	**Pasado** (PROG)	**Pluscuamperfecto**
he despertado has despertado ha despertado …	estoy despertando estás despertando está despertando …	estuviese despertando estuvieses despertando estuviese despertando …	hubiese despertado hubieses despertado hubiese despertado …

7 Das Verb **despert**[8]s transitives Verb

- Este programa **despierta** el interés por el arte. | ▫ *Diese Sendung weckt das Interesse an Kunst.*
- Los olores des[…]rtan el apetito. | ▫ *Die Gerüche erwecken den Appetit.*
- Diego Rivera[1] [9] [...]ertó en Frida Khalo su vocación. | ▫ *Diego Rivera erweckte in F. Khalo ihre Berufung.*

Das Verb **despertarse** als intransitives Verb

- Los agricultores **se despiertan** temprano. | ▫ *Die Bauern wachen früh auf.*
- Su madre **se despierta** sin despertador. | ▫ *Seine Mutter wacht ohne Wecker auf.*
- Inma **se despierta** a menudo. Tiene insomnio. | ▫ *Inma wacht häufig auf. Sie hat Schlafstörungen.*

10 Folgende Verben werden ähnlich konjugiert

► **acertar** ▪ Este ludópata no **acierta** en la quiniela. | ▫ *Dieser Spielsüchtige gewinnt nicht im Toto.*
► **acrecentar** ▪ Las diferencias sociales se **acrecientan**. | ▫ *Die sozialen Unterschiede steigen.*
► **concertar** ▪ Su secretaria le **concierta** las citas. | ▫ *Seine Sekretärin vereinbart die Termine.*
… 11 12

13

[1] Diego Rivera (1886–1957) war der Ehemann der mexikanischen Malerin Frida Khalo (1907–1954).

1 Infinitiv | **2** Partizip | **3** Gerundium | **4** Verbnummer | **5** Regel | **6** Unregelmäßigkeiten in Rot | **7** Grammatik des Verbs | **8** Unregelmäßigkeiten **fett/rot** hervorgehoben | **9** Verweis auf Fußnote | **10** Wie das Modellverb identisch konjugierte Verben | **11** Zielverb **fett/rot** hervorgehoben | **12** Übersetzung in *Kursive* | **13** Fußnote mit Erklärung zu Personen, Orten und Akronymen

Wissenswertes zu den spanischen Verben

Die spanische Sprache ist dafür bekannt, dass sie eine Vielzahl von unregelmäßigen Verben aufweist. Nach einer Aufzählung von Busquets & Bonzi (1993) handelt es sich dabei um insgesamt 1.077 (9,77 %) unregelmäßig konjugierte Verben aus einer Gesamtzahl von 11.020 Verben.

Ob Verben regelmäßig oder unregelmäßig sind, hängt sehr stark von der Konjugationsklasse ab. Von den Verben auf -ar (insgesamt 9.986) sind 96,66 % (also 9.943) regelmäßig. Demgegenüber sind die Verben auf -er und -ir in den meisten Fällen unregelmäßig. Die Verben auf -ir belaufen sich insgesamt auf 528, von denen 57,38 % unregelmäßig sind. Die Verben auf -er betragen 506 Fälle, von denen 87,15 % unregelmäßig sind. Die Unregelmäßigkeiten finden sich im Präsens, Indikativ und Konjunktiv sowie im Präteritum (Indefinido). Sehr selten sind Unregelmäßigkeiten im Futur und Konditional sowie im Konjunktiv Präteritum zu finden. Im Präsens sind immer die singularen Formen betroffen und im Plural nur die dritte Person.

Einige Partizipien und Gerundien sind ebenfalls unregelmäßig. Am Ende des Buches befindet sich eine Liste von ca. 200 Verben, deren Partizipien und Gerundien Unregelmäßigkeiten aufweisen. Sogar einige regelmäßig konjugierte Verben haben unregelmäßige Partizipien, wie das bei **cubrir** – cubierto (*bedecken*), **abrir** – abierto (öffnen), **escribir** – escrito (*schreiben*) und seinen abgeleiteten Varianten sowie **romper** – roto (*kaputt machen*) der Fall ist. Diese Verben wurden nicht in die Liste der unregelmäßigen Verben aufgenommen und erscheinen nachfolgend als Auflistung:

- **cubrir** – cubierto (*bedecken*), **descubrir** – descubierto (*entdecken*), **encubrir** – encubierto (*verschleiern*), **recubrir** – recubierto (*zudecken*)
- **abrir** – abierto (öffnen), **entreabrir** – entreabierto (*zur Hälfte öffnen*), **reabrir** – reabierto (*wieder eröffnen*)
- **escribir** – escrito (*schreiben*), **describir** – descrito (*beschreiben*), **inscribir** – inscrito (*anmelden*), **prescribir** – prescrito (*verjähren*), **proscribir** – proscrito (*des Landes verweisen*), **reescribir** – reescrito (*erneut schreiben*), **suscribir** – suscrito (abonnieren), **transcribir** – transcrito (*transkribieren*)
- **romper** – roto (*kaputt machen*)

Die Unregelmäßigkeiten lassen sich wie folgt zusammenfassen:

1. Es handelt sich um Verben, die aus verschiedenen Konjugationsklassen zusammengeführt werden wie **ser** und **ir**.
2. Strikt gesehen sind die phonologischen und orthographischen Varianten keine Unregelmäßigkeiten, aber sie sind in der vorliegenden Publikation als Varianten hervorgehoben, da das Buch nicht für das Fachpublikum konzipiert wurde. Zu dieser Klasse gehören die orthographischen Varianten **c > z** (cocer – cuezo), **z > c** (agudizar – agudice), **c > qu** (vuelco – vuelque), **g > gu** (negar – niegue), **g > j** (recoger – recoja) sowie die phonologischen Varianten zambullir – zambullendo.
3. Vokalische Unregelmäßigkeiten des vorderen Stammvokals **e > i** (pedir – pida), **e > ie** (acertar – acierto, perder – pierda, discernir – discierna) und des hinteren Stammvokals **o > ue** (mover – muevo), **u > ue** (jugar – juega).
4. Konsonantische Unregelmäßigkeiten mit der Alternanz **c > g** ([s]-[θ] > [g]) (hacer – hago) oder das Hinzufügen eines velaren Konsonanten [g] oder [k] (traer – traigo, conocer – conozco).
5. Es kommt eine Reihe von Verben hinzu, die sich nicht zu einer Regel zusammenführen lässt, wie **dar**, **haber**, **ser**, **estar**, **ir**, **caber** etc.

Bibliographie

Bosque, I. & V. Demonte (1999), *Gramática descriptiva del español*. Madrid: Espasa.
Busquets, L. & L. Bonzi (1993), *Los verbos en español*. Madrid: Verbum.

Begriffsverzeichnis

Auxiliarverben (aux) sind Verben, welche zur Bildung von zusammengesetzten Tempora verwendet werden, wie zum Beispiel **haber**.

▪ El anfitrión [ha]$_{aux}$ abierto la botella. | ▫ *Der Gastgeber hat die Flasche geöffnet.*

Experiencerverben (exp) sind solche Verben, bei denen der Handlungsteilnehmer die Handlung wahrnimmt. Dieser ist häufig Subjekt im Deutschen und Objekt im Spanischen.

▪ No me$_{exp}$ gusta este vino. | ▫ *Ich$_{exp}$ mag diesen Wein nicht.*

Kopulativverben sind Verben, die dazu dienen, Subjekt und Prädikat zu verbinden. Im Spanischen gehören **ser** und **estar** (*sein*) zu dieser Klasse von Verben.

▪ Eva es$_{ser}$ lista. | ▫ *Eva ist schlau.* / ▪ La cena está$_{estar}$ lista. | ▫ *Das Abendessen ist fertig.*

Infinitivsätze sind Sätze, welche ein nicht konjugiertes Verb im Infinitiv enthalten. Subjekt des Infinitivsatzes (IS) und des Satzes mit konjugiertem Verb sind identisch.

▪ Quería [hacer deporte por las tardes]$_{IS}$. | ▫ *Er wollte nachmittags Sport machen.*

Intransitive Verben (itr) lassen kein direktes Objekt zu.

▪ Julio fue$_{itr}$ al mercado. | ▫ *Julio ging$_{itr}$ zum Markt.*

Klitische Pronomen (kli) sind unbetonte und unbetonbare Pronomen, welche auf ein Subjekt (s-kli) oder Objekt (o-kli) hinweisen können. Objektklitika werden im Folgenden als pronominale Objekte referiert.

▪ El bebé se$_{s\text{-}kli}$ comió [la papilla]$_{O}$. | ▫ *Das Baby aß den Brei auf.*
▪ El bebé se$_{s\text{-}kli}$ la$_{o\text{-}kli}$ comió. | ▫ *Das Baby aß ihn auf.* / ▪ El bebé comió papilla. | ▫ *Das Baby aß Brei.*

Modalverben (mod) fügen Bedeutungskomponenten des *Könnens, Sollens, Dürfens* oder *Müssens hinzu.*

▪ Carlos pudo$_{mod}$ terminar a tiempo el encargo. | ▫ *Karl konnte den Auftrag rechtzeitig abschließen.*

Nebensätze (NS) sind untergeordnete Sätze, die von einer Konjunktion eingeleitet werden.

▪ El experto dijo [que existe riesgo de derrumbe]$_{NS}$. | ▫ *Der Experte sagte, [dass es Einsturzgefahr gibt]$_{NS}$.*

Objekte (O) sind die Satzteile, die die Aktion des Subjekts bei einem transitiven Verb erleiden od. erfahren.

▪ El cirujano examinó [la pierna del paciente]$_{O}$. | ▫ *Der Chirurg untersuchte [das Bein des Patienten]$_{O}$.*

Passivsätze werden gebildet, indem man das Objekt zum Subjekt macht. Das Subjekt wird optional gefolgt von *por* ausgedrückt. Die Passivformen des Verbs werden mit **ser** gebildet, das Zustandspassiv mit **estar**.

▪ El edificio [fue construido]$_{ser}$ por su empresa. | ▫ *Das Gebäude wurde von seiner Firma gebaut.*
▪ El edificio [está construido]$_{estar}$. | ▫ *Das Gebäude ist gebaut.*

Progressive Verbformen (pro) stellen die Verlaufsform dar, die im Spanischen mit **estar** gebildet werden.

▪ Los padres de Carlos [están pagando]$_{pro}$ el piso. | ▫ *Karls Eltern bezahlen noch die Wohnung.*

Subjekte sind die Satzteile, welche mit dem Verb in Person und Numerus übereinstimmen.

▪ Nosotros$_{1PersonPlural}$ somos$_{1PP}$ [los invitados]$_{3PP}$. | ▫ *Wir$_{1PP}$ sind$_{1PP}$ [die Gäste]$_{3PP}$.*
▪ Nosotras$_{1PP}$ estamos$_{1PP}$ invitadas a la fiesta. | ▫ *Wir$_{1PP}$ sind$_{1PP}$ zur Feier eingeladen.*

Transitive Verben (tr) verlangen ein direktes Objekt (O). Ohne Objekt ist ein Satz mit transitivem Verb ungrammatisch.

▪ El vendedor vendió$_{tr}$ [toda la fruta]$_{O}$. | ▫ *Der Verkäufer verkaufte$_{tr}$ [das gesamte Obst]*

Das Verb **haber** bedeutet ***haben*** und wird für die Bildung von zusammengesetzten Tempora verwendet.

Formas simples de indicativo			
Presente	**Imperfecto**	**Indefinido**	**Futuro**
he has ha hemos habéis han	había habías había habíamos habíais habían	hube hubiste hubo hubimos hubisteis hubieron	habré habrás habrá habremos habréis habrán
Formas simples de subjuntivo		**Imperativo**	**Condicional**
Presente	**Pasado**	**Imperativo**	**Simple**
haya hayas haya hayamos hayáis hayan	hubiese o hubiera hubieses o hubieras hubiese o hubiera hubiésemos o hubiéramos hubieseis o hubierais hubiesen o hubieran	*nicht gebräuchlich* (tú) he, habe (ud.) haya (vos.) habed (uds.) hayan	habría habrías habría habríamos habríais habrían
Formas compuestas de indicativo	**y**		**subjuntivo**
Perfecto	**Presente** (PROG)	**Pasado** (PROG)	**Pluscuamperfecto**
he habido has habido ha habido hemos habido habéis habido han habido	estoy habiendo estás habiendo está habiendo estamos habiendo estáis habiendo están habiendo	estuviese habiendo estuvieses habiendo estuviese habiendo estuviésemos habiendo estuvieseis habiendo estuviesen habiendo	hubiese habido hubieses habido hubiese habido hubiésemos habido hubieseis habido hubiesen habido

Das Verb haber für die Bildung von **Perfekt**

- Julio ha **terminado** la carrera de medicina. | ▫ *Julio hat das Studium der Medizin abgeschlossen.*
- Han **cerrado** los bares por el Covid-19. | ▫ *Wegen Covid-19 sind die Bars geschlossen worden.*

Das Verb haber für die Bildung von **Plusquamperfekt**

- Había **llovido** porque la calle estaba mojada. | ▫ *Es hatte geregnet, da die Straße nass war.*
- Felizmente, habíamos **comprado** más pan. | ▫ *Zum Glück hatten wir mehr Brot eingekauft.*

Das Verb haber für die Bildung von **Futur Perfekt**

- Para esa hora habrá **llegado** al hotel. | ▫ *Bis dahin wird er bestimmt im Hotel angekommen sein.*
- ¡No le llames! Se habrá **acostado** ya. | ▫ *Rufe ihn nicht an! Er wird bestimmt im Bett sein.*

Das Verb haber für die Bildung von **Konditional Perfekt**

- Si le hubiesen **llamado**, habría acudido$_{kp}$. | ▫ *Er wäre erschienen, hätte man ihn benachrichtigt.*
- El rey habría **cobrado** sobornos. | ▫ *Der König soll Schmiergelder angenommen haben.*

Das Verb haber für die Bildung von **Konjunktiv Perfekt**

- Dudo que haya **recuperado** el dinero. | ▫ *Ich bezweifle, dass er das Geld zurückbekommen hat.*
- No creen que lo hayan **detenido**. | ▫ *Sie glauben nicht, dass sie ihn festgenommen haben.*
- Dudamos que hayamos **aprobado**. | ▫ *Wir bezweifeln, dass wir bestanden haben.*

Das Verb haber für die Bildung von Tempora (im **Konjunktiv Plusquamperfekt**)

- Aunque Julio hubiese **pedido** una ambulancia, no habrían podido salvar al sin techo. |
▫ *Auch wenn er den Krankenwagen bestellt hätte, hätten sie den Obdachlosen nicht retten können.*

Das Verb **ser** ist ein Auxiliarverb, welches für die Bildung von Passivsätzen gebraucht wird.

Formas simples de indicativo			
Presente	**Imperfecto**	**Indefinido**	**Futuro**
soy eres es somos sois son	era eras era éramos erais eran	fui fuiste fue fuimos fuisteis fueron	seré serás será seremos seréis serán
Formas simples de subjuntivo		**Imperativo**	**Condicional**
Presente	**Pasado**	**Imperativo**	**Simple**
sea seas sea seamos seáis sean	fuese o fuera fueses o fueras fuese o fuera fuésemos o fuéramos fueseis o fuerais fuesen o fueran	 (tú) sé (ud.) sea (nos.) seamos (vos.) sed (uds.) sean	sería serías sería seríamos seríais serían
Formas compuestas de indicativo	**y**	**subjuntivo**	
Perfecto	**Presente** (PROG)	**Pasado** (PROG)	**Pluscuamperfecto**
he sido has sido ha sido hemos sido habéis sido han sido	estoy siendo estás siendo está siendo estamos siendo estáis siendo están siendo	estuviese siendo estuvieses siendo estuviese siendo estuviésemos siendo estuvieseis siendo estuviesen siendo	hubiese sido hubieses sido hubiese sido hubiésemos sido hubieseis sido hubiesen sido

Das Verb ser + Partizipien

- El hurto es **considerado** como delito menor. | ▫ *Kleindiebstahl wird als Vergehen angesehen.*
- El nudismo es **visto** como escándalo público. | ▫ *FKK wird als öffentliches Ärgernis angesehen.*

Das Verb ser in Passivsätzen mit **por** gefolgt von Agens

- El Valle de los Caídos fue construido **por** prisioneros de guerra. | ▫ *Der Valle de los Caídos wurde von Kriegsgefangenen gebaut.*
- América fue invadida **por** los españoles. | ▫ *Amerika wurde von den Spaniern überfallen.*

Das Verb ser mit Passivsätzen in der Vergangenheit

- El canal de Panamá fue inaugurado en 1914. | ▫ *Der Panamakanal wurde 1914 eröffnet.*
- El primer tren TALGO[1] fue fabricado en 1942. | ▫ *Der erste TALGO-Zug wurde 1942 gebaut.*

Das Verb ser mit Passivsätzen in der Zukunft (Genus- und Numeruskongruenz mit dem Subjekt)

- Ignoramos si las clases serán canceladas. | ▫ *Wir wissen nicht, ob der Unterricht abgesagt wird.*
- El túnel será abierto al tráfico en breve. | ▫ *Der Tunnel wird bald für den Verkehr freigegeben.*
- El congreso será clausurado mañana. | ▫ *Die Konferenz wird morgen abgeschlossen.*

Nützliche Redewendungen mit ser

- Mañana será otro día. | ▫ *Morgen ist auch noch ein Tag.*
- No es lo mismo ser que parecer. | ▫ *Schein ist nicht gleich Sein.*
- De casta le viene al galgo, ser rabilargo. | ▫ *Der Apfel fällt nicht weit vom Stamm.*

[1] TALGO (Tren Articulado Ligero Goicoechea Oriol): Spanischer Zug, dessen Technik für den Bau des ICEs verwendet wurde.

Das Verb ser mit **Berufen, Herkunft, Namen** usw.

Beruf	▪ Soy carpintero. | ▫ *Ich bin Zimmermann.*
Herkunft	▪ Somos de Cuba. | ▫ *Wir sind aus Kuba.*
Name	▪ Es Pablo Ruiz "Picasso". | ▫ *Er ist Pablo Ruiz „Picasso".*
Nationalität	▪ Julio Cortázar era argentino. | ▫ *Julio Cortázar war Argentinier.*
Zeit	▪ Son las cuatro de la tarde. | ▫ *Es ist 4 Uhr nachmittags.*
Ereignisse	▪ Fue un concierto espectacular. | ▫ *Das Konzert war spektakulär.*
Possessive	▪ Son nuestras macetas. | ▫ *Es sind unsere Blumentöpfe.*
Zahlen	▪ El plato de carne y el agua son 14 €. | ▫ *Der Teller Fleisch und das Wasser machen 14 €.*
Tage	▪ La clase de canto es los miércoles. | ▫ *Der Gesangsunterricht ist mittwochs.*
Spiele	▪ Yo soy el vaquero y tú el indio. | ▫ *Ich spiele den Cowboy und du den Indianer.*
Cleft	▪ Fue allí que lo conoció. | ▫ *Es war dort, wo er ihn kennenlernte.*

Das Verb ser + **Adjektive** oder *deverbative Adjektive*

- No soy **católico**. Soy *protestante*. | ▫ *Ich bin nicht katholisch. Ich bin evangelisch.*
- Somos **principiantes**. | ▫ *Wir sind Anfänger.*

- No soy *creyente*. Soy atea. | ▫ *Ich bin nicht gläubig. Ich bin Atheistin.*
- Soy médico *residente* (MIR[2]). | ▫ *Ich bin Facharzt in der Ausbildung.*
- Somos *residentes* ausentes. | ▫ *Wir sind im Ausland lebende Staatsbürger.*
- Don Quijote[3] era un caballero *andante* | ▫ *Don Quixote war ein Ritter zu Fuß.*

Das Verb ser + *Adjektive* + **Präpositionen**

- Soy *capaz* **de** correr 3 horas sin parar. | ▫ *Ich bin imstande, 3 Stunden ohne Pause zu rennen.*
- Es *sospechoso* **de** haber plagiado el libro. | ▫ *Er wird verdächtigt, das Buch plagiiert zu haben.*
- Somos *dados* **a** acostarnos tarde. | ▫ *Wir neigen dazu, spät schlafen zu gehen.*
- Erais *aficionados* **a** los juegos de naipes. | ▫ *Ihr wart Fans von Kartenspielen.*

Das Verb ser + feststehende Ausdrücke

- Siendo así, tendré que comprarme un coche. | ▫ *Wenn das so ist, muss ich mir ein Auto kaufen.*
- Si no fuera por Julio, me habría muerto. | ▫ *Wenn das nicht wegen Julio wäre, wäre ich tot.*
- Deme, aunque sea, 100 gramos. | ▫ *Geben Sie mir 100 Gramm, wenn möglich.*
- A ser posible, saldremos de madrugada. | ▫ *Wenn möglich werden wir frühmorgens losfahren.*
- Cierra la ventana no vaya a ser que entren abejas. | ▫ *Schließ das Fenster, sonst fliegen Bienen rein.*
- Es de suponer que cierren la empresa. | ▫ *Es wird angenommen, dass die Firma geschlossen wird.*
- Ya va siendo hora que hagamos las maletas. | ▫ *Es ist höchste Zeit, dass wir die Koffer packen.*

Nützliche Redewendungen mit ser

- Érase que se era … | ▫ *Es war einmal …*
- Mariano es el lobo con piel de cordero. | ▫ *Mariano ist der Wolf im Schafspelz.*
- La mujer del César debe ser honrada y además parecerlo. | ▫ *Die Kaiserin muss aufrichtig sein und entsprechend aussehen.*
- Que sea lo que Dios quiera. | ▫ *Lass geschehen/passieren, was Gott will.*
- Nadie puede ser juez y parte al mismo tiempo. | ▫ *Man kann nicht gleichzeitig Kläger und Richter sein.*

---

[2] MIR (Médico Interno Residente): Facharzt in der Ausbildung
[3] Don Quixote ist die Hauptfigur eines Romans von Miguel de Cervantes (1547–1616).

Das Verb **estar** ist ein intransitives Verb, welches als Kopula- oder Auxiliarverb fungieren kann.

Formas simples de indicativo			
Presente	**Imperfecto**	**Indefinido**	**Futuro**
estoy estás está estamos estáis están	estaba estabas estaba estábamos estabais estaban	estuve estuviste estuvo estuvimos estuvisteis estuvieron	estaré estarás estará estaremos estaréis estarán
Formas simples de subjuntivo		**Imperativo**	**Condicional**
Presente	**Pasado**	**Imperativo**	**Simple**
esté estés este estemos estéis estén	estuviese o estuviera estuvieses o estuvieras estuviese o estuviera estuviésemos o estuviéramos estuvieseis o estuvierais estuviesen o estuvieran	 (tú) está (ud.) esté (nos.) estemos (vos.) estad (uds.) estén	estaría estarías estaría estaríamos estaríais estarían
Formas compuestas de indicativo		**y**	**subjuntivo**
Perfecto	**Presente** (PROG)	**Pasado** (PROG)	**Pluscuamperfecto**
he estado has estado ha estado hemos estado habéis estado han estado	estoy estando estás estando está estando estamos estando estáis estando están estando	estuviese estando estuvieses estando estuviese estando estuviésemos estando estuvieseis estando estuviesen estando	hubiese estado hubieses estado hubiese estado hubiésemos estado hubieseis estado hubiesen estado

Das Verb estar als Auxiliarverb für die Bildung von Progressivformen mit dem **Gerundium**

- No llames a esa hora porque estará **trabajando.** | ▫ *Rufe nicht um die Zeit an, weil sie arbeitet.*
- Aunque esté **lloviendo**, iré de paseo. | ▫ *Auch wenn es regnet, werde ich spazieren gehen.*
- Estoy **duchándome.** Hasta luego. | ▫ *Ich dusche gerade. Bis nachher.*
- Estuvimos **ensayando** hasta muy tarde. | ▫ *Wir haben bis sehr spät geprobt.*
- José y Eva estuvieron **saliendo** juntos. | ▫ *José und Eva waren früher Partner.*
- Estaban **circulando** por la calle cuando … | ▫ *Sie fuhren auf der Straße, als …*
- Están **buscando** al perro desaparecido. | ▫ *Sie suchen den verschwundenen Hund.*
- Estaban **desayunando** cuando llamaron a la puerta. | ▫ *Sie frühstückten, als es an der Tür klingelte.*

Das Verb estar + **Partizipien** (teilweise Zustandspassiv) (Genus- und Numeruskongruenz)

- El cachorro está **asustado.** | ▫ *Der Welpe hat Angst.*
- La ropa está **tendida.** | ▫ *Die Wäsche hängt.*
- Los pantalones están **mojados.** | ▫ *Die Hose ist nass.*
- La camisa está **planchada.** | ▫ *Das Hemd ist gebügelt.*
- La comida está **hecha.** | ▫ *Das Essen ist fertig.*
- Los papeles están **firmados.** | ▫ *Die Dokumente sind unterschrieben.*
- La lavadora está **averiada.** | ▫ *Die Waschmaschine ist kaputt.*
- El problema está **resuelto.** | ▫ *Das Problem ist gelöst.*

Nützliche Redewendungen mit estar

- No se puede estar en misa y repicando. | ▫ *Man kann nicht gleichzeitig auf zwei Hochzeiten tanzen.*

Das Verb **estar** ist ein Kopulaverb, welches ***sein*** bedeutet.

Das Verb **estar**

Ort en	▪ Venezuela está **en** el Caribe. | ▫ *Venezuela liegt im Karibischen Meer.*
Ort por	▪ Ronda está **por** el parque de Grazalema. | ▫ *Ronda ist nahe des Naturparks Grazalema.*
Gelegenheitsjob de	▪ Está **de** chófer, aunque es médico. | ▫ *Er jobbt als Fahrer, obwohl er Arzt ist.*
Temperatur a	▪ Estamos **a** 30 °C en mayo. | ▫ *Wir haben 30 °C im Mai.*
Frequenz a	▪ Él ha estado **a** menudo callado. | ▫ *Er ist oft still gewesen.*
Adverbien	▪ La bici está **aquí** abajo. | ▫ *Das Fahrrad ist hier unten.*

Das Verb **estar** + **Adjektive** (nur mit **estar**) (Genus- und Numeruskongruenz)

- Los trabajadores están **contentos**. | ▫ *Die Mitarbeiter sind glücklich.*
- Mi vecina está **enferma**. | ▫ *Meine Nachbarin ist krank.*
- La naranja está **madura**. | ▫ *Die Apfelsine ist reif.*
- Esta carne está **cruda**. | ▫ *Dieses Fleisch ist roh (blutig).*
- La mantequilla está **rancia**. | ▫ *Die Butter ist ranzig.*

Die Verben **ser/estar** + **Adjektive** und *Partizipien*

- Julio es **calvo** / está **calvo** por la quimio. | ▫ *Julio hat eine Glatze. / Julio hat eine Glatze wegen der Chemo.*
- Bilbao es **húmedo**. / El suelo está **húmedo**. | ▫ *Bilbao ist feucht. / Der Boden ist nass.*
- Esta manzana es/está **agria**. | ▫ *Das ist ein saurer Apfel. / Dieser Apfel ist sauer.*
- Este café es/está **amargo**. | ▫ *Diese Kaffeesorte ist bitter. / Dieser Kaffee ist bitter.*
- Esta manzana es/está **verde**. | ▫ *Diese Apfelsorte ist grün. / Dieser Apfel ist unreif.*
- El bacalao es/está **caro**. | ▫ *Der Dorsch ist ein teurer Fisch. / Der Dorsch ist jetzt teuer.*
- Julio es limpio. / El río está **limpio**. | ▫ *Julio ist eine saubere Person. / Der Fluss ist sauber.*
- Las fresas son/están **dulces**. | ▫ *Die Erdbeeren sind eine süße Obstart. / Die Erdbeeren sind süß.*
- Julio es/está *callado*. | ▫ *Julio spricht selten. / Julio ist jetzt still.*

Das Verb **estar** + **Partizipien** (Genus- und Numeruskongruenz)

- El pan está recién **hecho**. | ▫ *Das Brot kommt frisch aus dem Ofen.*
- El café está recién **molido**. | ▫ *Die Kaffeebohnen sind frisch gemahlen.*
- El aceite está **adulterado**. | ▫ *Das Öl ist gepanscht.*
- La falda está **rota**. | ▫ *Der Rock ist kaputt.*
- El frigorífico está **averiado**. | ▫ *Der Kühlschrank ist kaputt.*
- Este pantalón está **rebajado**. | ▫ *Diese Hose ist heruntergesetzt.*
- Inma está **embarazada**. | ▫ *Inma ist schwanger.*

Das Verb **estar** mit *Präpositionen* + **Nomina**

- No contestan. Estarán *de* **vacaciones**. | ▫ *Sie antworten nicht. Sie sind bestimmt im Urlaub.*
- La cajera está *de* **baja**. | ▫ *Die Kassiererin ist krankgeschrieben.*
- El policía está *de* buen/mal **humor**. | ▫ *Der Polizeibeamte ist gut/schlecht gelaunt.*
- ¿Estáis *de* **acuerdo**? | ▫ *Seid ihr einverstanden?*
- No está usted *en* **posición** de exigir nada. | ▫ *Sie sind nicht in der Position, etwas zu verlangen.*
- Estuvo *en* el **paro** hace tiempo. Ahora trabaja. | ▫ *Vor geraumer Zeit war er arbeitslos. Er arbeitet jetzt.*
- La lavadora está *en* **marcha**. | ▫ *Die Waschmaschine läuft.*
- Estamos *en* **huelga**. | ▫ *Wir streiken.*

Das Verb **poder** ist ein Modalverb und bedeutet ***können***.

Formas simples de indicativo			
Presente	**Imperfecto**	**Indefinido**	**Futuro**
puedo puedes puede podemos podéis pueden	podía podías podía podíamos podíais podían	pude pudiste pudo pudimos pudisteis pudieron	podré podrás podrá podremos podréis podrán
Formas simples de subjuntivo		**Imperativo**	**Condicional**
Presente	**Pasado**	**Imperativo**	**Simple**
pueda puedas pueda podamos podáis puedan	pudiese o pudiera pudieses o pudieras pudiese o pudiera pudiésemos o pudiéramos pudieseis o pudierais pudiesen o pudieran	*nicht gebräuchlich* (tú) puede (ud.) pueda (nos.) podamos (vos.) poded (uds.) puedan	podría podrías podría podríamos podríais podrían
Formas compuestas de indicativo	**y**		**subjuntivo**
Perfecto	**Presente** (PROG)	**Pasado** (PROG)	**Pluscuamperfecto**
he podido has podido ha podido hemos podido habéis podido han podido	estoy pudiendo estás pudiendo está pudiendo estamos pudiendo estáis pudiendo están pudiendo	estuviera pudiendo estuvieras pudiendo estuviera pudiendo estuviéramos pudiendo estuvierais pudiendo estuvieran pudiendo	hubiese podido hubieses podido hubiese podido hubiésemos podido hubieseis podido hubiesen podido

Das Verb **poder** + *Infinitivsätze*

- **Pueden** *pasar y sentarse.* | ▫ *Sie können eintreten und sich hinsetzen.*
- No **pudieron** *mantener el negocio.* | ▫ *Sie konnten das Geschäft nicht halten.*
- ¡No **pueden** *hacerte eso*! | ▫ *Sie können das nicht mit dir machen!*
- ¿**Puede** *abrirme la puerta*? | ▫ *Können Sie mir bitte die Tür öffnen?*
- Aquí **puede** *colgar su abrigo.* | ▫ *Hier können Sie ihren Mantel aufhängen.*

Das Verb **poder** + **unbelebte Satzteile**

- ¡Esto no **puede** **ser**! | ▫ *Das kann wohl nicht wahr sein!*
- Aquí **puede** *haber trampa.* | ▫ *Hier kann eine Falle versteckt sein.*
- ¡No **puedo** *más*! | ▫ *Ich kann es nicht mehr aushalten!*
- No va a **poder** *ser hoy.* | ▫ *Heute wird es nicht möglich sein.*

Das Verb **poder** in festen Wendungen und Kollokationen

- Antes de las cinco a poder ser. | ▫ *Vor 5 Uhr, wenn möglich.*
- No **puede** con su alma. | ▫ *Sie ist total fertig.*
- No **puede** tragar a su jefe. | ▫ *Er hält seinen Chef nicht aus.*
- ¿Se **puede**? | ▫ *Darf ich eintreten?*

Nützliche Redewendungen mit **poder**

- No ofende quien quiere sino quien **puede**. | ▫ *Nur derjenige, der beleidigen kann, tut es auch.*

Das Verb **querer** bedeutet ***wollen*** oder ***lieben*** und ist sowohl Voll- als auch Auxiliarverb.

Formas simples de indicativo			
Presente	**Imperfecto**	**Indefinido**	**Futuro**
quiero quieres quiere queremos queréis quieren	quería querías quería queríamos queríais querían	quise quisiste quiso quisimos quisisteis quisieron	querré querrás querrá querremos querréis querrán
Formas simples de subjuntivo		**Imperativo**	**Condicional**
Presente	**Pasado**	**Imperativo**	**Simple**
quiera quieras quiera queramos queráis quieran	quisiese o quisiera quisieses o quisieras quisiese o quisiera quisiésemos o quisiéramos quisieseis o quisierais quisiesen o quisieran	 (tú) quiere (ud.) quiera (nos.) queramos (vos.) quered (uds.) quieran	querría querrías querría querríamos querríais querrían
Formas compuestas de indicativo	**y**	**subjuntivo**	
Perfecto	**Presente** (PROG)	**Pasado** (PROG)	**Pluscuamperfecto**
he querido has querido ha querido hemos querido habéis querido han querido	estoy queriendo estás queriendo está queriendo estamos queriendo estáis queriendo están queriendo	estuviese queriendo estuvieses queriendo estuviese queriendo estuviésemos queriendo estuvieseis queriendo estuviesen queriendo	hubiese querido hubieses querido hubiese querido hubiésemos querido hubieseis querido hubiesen querido

Das Verb **querer** + **Nomina**

- ¿Quieres **pollo** para cenar? | ▫ *Möchtest du Hähnchen zum Abendessen?*
- Yo quiero **el muslo.** | ▫ *Ich möchte den Hähnchenschlegel.*
- Eva quiere **la pechuga.** | ▫ *Eva möchte die Hähnchenbrust.*
- Julio quiere **las alitas.** | ▫ *Julio möchte die Hühnerflügel.*

Das Verb **querer** + *Infinitivsätze*

- Querían *cerrar la calle por el accidente.* | ▫ *Sie wollten die Straße wegen des Unfalls sperren.*
- Si es así, no querrá *salir.* | ▫ *Wenn das so ist, wird er nicht rauskommen wollen.*
- ¿No querrías *emigrar para trabajar?* | ▫ *Würdest du nicht auswandern wollen, um zu arbeiten?*
- ¿No quieres *trabajar más horas?* | ▫ *Willst du nicht mehr Stunden arbeiten?*
- Quería *adelgazar* pero no lo conseguía. | ▫ *Er wollte abnehmen, aber er schaffte es nicht.*
- No querrá *salir* si está enfermo. | ▫ *Er wird nicht ausgehen wollen, wenn er krank ist.*

Das Verb **querer** + Nebensätze (im *Konjunktiv*) eingeleitet von **que**

- Queremos **que** nos *pidan* permiso. | ▫ *Wir möchten, dass er uns um Erlaubnis bittet.*
- Quieren **que** *salgamos* con las manos en alto. | ▫ *Sie wollen, dass wir mit erhobenen Händen rausgehen.*
- ¿No queréis **que** os *suban* el sueldo? | ▫ *Wollt ihr nicht, dass sie euch das Gehalt erhöhen?*
- No quiere **que** *vayas* a su boda. | ▫ *Sie möchte nicht, dass du zu ihrer Hochzeit gehst.*

Nützliche Redewendungen mit **querer**

- Quiero y no puedo. | ▫ *Ein Möchtegern sein.*

Das Verb **soler** ist ein Modalverb und drückt eine gewisse wiederkehrende Aktivität aus, die für gewöhnlich ausgeübt wird. Daher sind die Futur- und Konditionalformen äußerst ungebräuchlich, ebenso wie die Progressivformen.

Formas simples de indicativo [① o > ue in betonter Silbe]			
Presente	**Imperfecto**	**Indefinido** (selten)	**Futuro** (selten)
suelo sueles suele solemos soléis suelen	solía solías solía solíamos solíais solían	solí soliste solió solimos solisteis solieron	soleré solerás solerá soleremos soleréis solerán
Formas simples de subjuntivo ①		**Imperativo** ①	**Condicional**
Presente	**Pasado**	**Imperativo**	**Simple** (selten)
suela suelas suela solamos soláis suelan	soliese o soliera solieses o solieras soliese o soliera soliésemos o soliéramos solieseis o solierais soliesen o solieran	*nicht gebräuchlich* (tú) suele (ud.) suela (nos.) solamos (vos.) soled (uds.) suelan	solería solerías solería soleríamos soleríais solerían
Formas compuestas de indicativo	**y**		**subjuntivo**
Perfecto	**Presente** (PROG) (selten)	**Pasado** (PROG) (selten)	**Pluscuamperfecto**
he solido has solido ha solido hemos solido habéis solido han solido	estoy soliendo estás soliendo está soliendo estamos soliendo estáis soliendo están soliendo	estuviera soliendo estuvieras soliendo estuviera soliendo estuviéramos soliendo estuvierais soliendo estuvieran soliendo	hubiese solido hubieses solido hubiese solido hubiésemos solido hubieseis solido hubiesen solido

Belebte Subjekte mit soler + **Infinitiv**

- Eva suele **comprar** la fruta en el mercado. | ▫ *In der Regel kauft Eva das Obst auf dem Markt.*
- Luis suele **salir** a pasear a diario. | ▫ *Luis geht täglich spazieren.*
- Los ciudadanos suelen **votar** cada 4 años. | ▫ *Die Bürger wählen alle 4 Jahre.*

Unbelebte Subjekte mit soler + **Infinitiv**

- Los claveles suelen **florecer** en verano. | ▫ *Die Nelken blühen im Sommer.*
- Las inundaciones suelen **darse** / se suelen **dar** en otoño. | ▫ *Überschwemmungen gibt es im Herbst.*
- El azafrán se suele **recoger** / suele **recogerse** a finales de octubre. | ▫ *Safran wird Ende Oktober geerntet.*

Das Verb soler mit Vergangenheitstempora + *Infinitivsätze*

- Se ha solido *usar agua oxigenada para desinfectar.* | ▫ *Wasserstoffperoxid wurde zum Desinfizieren benutzt.*
- Se solía *fabricar papel con compuestos de azufre.* | ▫ *Papier wurde mit Schwefelverbindungen hergestellt.*
- En Canarias solían y suelen *cuajar la leche con flor de cardo.* | ▫ *Auf den Kanaren wurde und wird Milch mit Distelblüten geronnen.*

Nützliche Redewendungen mit soler

- Se suele pillar antes al mentiroso que al cojo. | ▫ *Lügen haben kurze Beine.*

CALENTAR: calentado | calentando

Das Verb **calentar** ist ein transitives Verb, welches auch intransitiv als **calentarse** gebraucht werden kann.

Formas simples de indicativo [① e > ie in betonter Silbe]			
Presente	**Imperfecto**	**Indefinido**	**Futuro**
caliento calientas calienta calentamos calentáis calientan	calentaba calentabas calentaba calentábamos calentabais calentaban	calenté calentaste calentó calentamos calentasteis calentaron	calentaré calentarás calentará calentaremos calentaréis calentarán
Formas simples de subjuntivo ①		**Imperativo** ①	**Condicional**
Presente	**Pasado**	**Imperativo**	**Simple**
caliente calientes caliente calentemos calentéis calienten	calentase o calentara calentases o calentaras calentase o calentara calentásemos o calentáramos calentaseis o calentaseis calentasen o calentaran	 (tú) calienta (ud.) caliente (nos.) calentemos (vos.) calentad (uds.) calienten	calentaría calentarías calentaría calentaríamos calentaríais calentarían
Formas compuestas de indicativo	**y**	**subjuntivo**	
Perfecto	**Presente** (PROG)	**Pasado** (PROG)	**Pluscuamperfecto**
he calentado has calentado ha calentado hemos calentado habéis calentado han calentado	estoy calentando estás calentando está calentando estamos calentando estáis calentando están calentando	estuviese calentando estuvieses calentando estuviese calentando estuviésemos calentando estuvieseis calentando estuviesen calentando	hubiese calentado hubieses calentado hubiese calentado hubiésemos calentado hubieseis calentado hubiesen calentado

Das Verb calentar

- Caliente el horno a 170° antes de meter el pan. | ▫ *Heizen Sie den Ofen vor dem Backen auf 170 Grad vor.*
- Calientan la sopa en el microondas. | ▫ *Sie wärmen die Suppe in der Mikrowelle auf.*

Nützliche Wendungen mit calentar und calentarse

- Los fascistas calientan la sangre a las masas. | ▫ *Die Faschisten stacheln die breite Masse an.*
- Catalina **se** arrima al sol que más calienta. | ▫ *Catalina schleimt sich ein.*
- El sin techo **se** calienta arrimándose al fuego. | ▫ *Der Obdachlose wärmt sich am Feuer.*

Folgende Verben werden ähnlich konjugiert

- ▶ **ensangrentar** ▪ Llegó ensangrentado al hospital. | ▫ *Er kam blutüberströmt ins Krankenhaus.*
- ▶ **merendar** ▪ Los niños meriendan a las 4. | ▫ *Die Kinder nehmen um 4 eine Zwischenmahlzeit zu sich.*
- ▶ **quebrar** ▪ Esperemos que no quiebre la empresa. | ▫ *Wir hoffen, dass die Firma nicht Pleite macht.*
- ▶ **recalentar** ▪ Hoy recaliento la comida de ayer. | ▫ *Ich wärme heute das Mittagessen von gestern auf.*
- ▶ **reventar** ▪ ¿Revientan los neumáticos a más de 50° C? | ▫ *Platzen die Reifen ab 50 Grad Celsius?*
- ▶ **salpimentar** ▪ ¡Antes de freír la carne, salpimiéntala! | ▫ *Vor dem Braten, das Fleisch mit Salz und Pfeffer würzen!*
- ▶ **sembrar** ▪ Siempre siembra guisantes en noviembre. | ▫ *Sie sät Erbsen immer im November.*
- ▶ **sentarse** ▪ El enfermo se sienta en la sala de espera. | ▫ *Der Patient setzt sich ins Wartezimmer.* (s. 4g)
- ▶ **serrar** ▪ El carpintero sierra con una motosierra. | ▫ *Der Zimmermann* sägt mit einer Motorsäge.
- ▶ **soterrar** ▪ No quiero que sotierren el metro. | ▫ *Ich möchte nicht, dass sie die U-Bahn unterführen.*
- ▶ **subarrendar** ▪ Subarriendo la casa para poder pagarla. | ▫ *Ich vermiete das Haus unter, um es zahlen zu können.*

Das Verb **cerrar** ist ein transitives Verb, das ***schließen*** bedeutet und pronominal als **cerrarse** verwendet werden kann.

Formas simples de indicativo [① e > ie in betonter Silbe]			
Presente	**Imperfecto**	**Indefinido**	**Futuro**
cierro cierras cierra cerramos cerráis cierran	cerraba cerrabas cerraba cerrábamos cerrabais cerraban	cerré cerraste cerró cerramos cerrasteis cerraron	cerraré cerrarás cerrará cerraremos cerraréis cerrarán
Formas simples de subjuntivo ①		**Imperativo** ①	**Condicional**
Presente	**Pasado**	**Imperativo**	**Simple**
cierre cierres cierre cerremos cerréis cierren	cerrase o cerrara cerrases o cerraras cerrase o cerrara cerrásemos o cerráramos cerraseis o cerrarais cerrasen o cerraran	 (tú) cierra (ud.) cierre (nos.) cerremos (vos.) cerrad (uds.) cierren	cerraría cerrarías cerraría cerraríamos cerraríais cerrarían
Formas compuestas de indicativo	**y**		**subjuntivo**
Perfecto	**Presente** (PROG)	**Pasado** (PROG)	**Pluscuamperfecto**
he cerrado has cerrado ha cerrado hemos cerrado habéis cerrado han cerrado	estoy cerrando estás cerrando está cerrando estamos cerrando estáis cerrando están cerrando	estuviese cerrando estuvieses cerrando estuviese cerrando estuviésemos cerrando estuvieseis cerrando estuviesen cerrando	hubiese cerrando hubieses cerrando hubiese cerrando hubiésemos cerrando hubieseis cerrando hubiesen cerrando

Das Verb cerrar und die pronominale Variante cerrarse

- ¡Cierra el grifo cuando te enjabones! | ▫ *Dreh bitte den Wasserhahn zu, wenn du dich einseifst.*
- No creo que cierre la tienda. | ▫ *Ich glaube nicht, dass sie das Geschäft schließt.*
- Si no cierras el cajón con llave … | ▫ *Wenn du die Schublade nicht abschließt, …*
- La herida no cierra por la diabetes. | ▫ *Die Wunde heilt wegen des Diabetes nicht.*
- Hemos cerrado el balance. | ▫ *Wir haben den Jahresabschlussbericht abgeschlossen.*
- **Se** cierra la sesión. | ▫ *Die Sitzung ist geschlossen.*
- La ventana **se** cerró de golpe por el viento. | ▫ *Das Fenster ist wegen des Windes ruckartig zugeschlagen.*

Nützliche Redewendungen mit cerrar

- En un abrir y cerrar de ojos. | ▫ *Im Nullkommanix.*
- Es la hora de cerrar. | ▫ *Wir schließen.*
- Cartel en la puerta: "Cerrado por defunción". | ▫ *Schild an der Tür: „Wegen Trauerfall geschlossen".*

Folgende Verben werden ähnlich konjugiert

▶ **arrendar** ▪ Mis vecinos arriendan el piso. | ▫ *Meine Nachbarn vermieten die Wohnung.*
▶ **asentar** ▪ Los visigodos se asentaron en España. | ▫ *Die Westgoten siedelten in Spanien.*
▶ **aterrar** ▪ Aterraron los escombros en la orilla del río. | ▫ *Sie bedeckten den Bauschutt am Flussufer.*
▶ **atravesar** ▪ El Ebro atraviesa Zaragoza. | ▫ *Der Ebro fließt durch Saragossa.*
▶ **cimentar** ▪ El empleo cimenta/cimienta el bienestar. | ▫ *Arbeit verankert Wohlstand.*
▶ **desenterrar** ▪ El perro desentierra el hueso. | ▫ *Der Hund gräbt den Knochen aus.*
▶ **encerrar** ▪ La gata se encierra por los petardos. | ▫ *Die Katze sperrt sich wegen der Böller ein.*
▶ **enterrar** ▪ Algunas culturas entierran a sus muertos. | ▫ *Einige Kulturen begraben ihre Toten.*

Das Verb **despertar** ist ein transitives Verb, welches auch intransitiv **despertarse** gebraucht werden kann.

Formas simples de indicativo [① e > ie in betonter Silbe]			
Presente	**Imperfecto**	**Indefinido**	**Futuro**
despierto despiertas despierta despertamos despertáis despiertan	despertaba despertabas despertaba despertábamos despertabais despertaban	desperté despertaste despertó despertamos despertasteis despertaron	despertaré despertarás despertará despertaremos despertaréis despertarán
Formas simples de subjuntivo ①		**Imperativo** ①	**Condicional**
Presente	**Pasado**	**Imperativo**	**Simple**
despierte despiertes despierte despertemos despertéis despierten	despertase o despertara despertases o despertaras despertase o despertara despertásemos o despertáramos despertaseis o despertarais despertasen o despertaran	 (tú) despierta (ud.) despierte (nos.) despertemos (vos.) despertad (uds.) despierten	despertaría despertarías despertaría despertaríamos despertaríais despertarían
Formas compuestas de indicativo	**y**	**subjuntivo**	
Perfecto	**Presente** (PROG)	**Pasado** (PROG)	**Pluscuamperfecto**
he despertado has despertado ha despertado hemos despertado habéis despertado han despertado	estoy despertando estás despertando está despertando estamos despertando estáis despertando están despertando	estuviese despertando estuvieses despertando estuviese despertando estuviésemos despertando estuvieseis despertando estuviesen despertando	hubiese despertado hubieses despertado hubiese despertado hubiésemos despertado hubieseis despertado hubiesen despertado

Das Verb **despertar** als transitives Verb

- Este programa despierta el interés por el arte. | ▫ *Diese Sendung weckt das Interesse an Kunst.*
- Los olores despiertan el apetito. | ▫ *Die Gerüche erwecken den Appetit.*
- Diego Rivera[4] despertó en Frida Khalo su vocación. | ▫ *Diego Rivera erweckte in F. Khalo ihre Berufung.*

Das Verb **despertarse** als intransitives Verb

- Los agricultores **se** despiertan temprano. | ▫ *Die Bauern wachen früh auf.*
- Su madre **se** despierta sin despertador. | ▫ *Seine Mutter wacht ohne Wecker auf.*
- Inma **se** despierta a menudo. Tiene insomnio. | ▫ *Inma wacht häufig auf. Sie hat Schlafstörungen.*

Folgende Verben werden ähnlich konjugiert

▶ **acertar** ▪ Este ludópata no acierta en la quiniela. | ▫ *Dieser Spielsüchtige gewinnt nicht im Toto.*
▶ **acrecentar** ▪ Las diferencias sociales se acrecientan. | ▫ *Die sozialen Unterschiede steigen.*
▶ **concertar** ▪ Su secretaria le concierta las citas. | ▫ *Seine Sekretärin vereinbart die Termine.*
▶ **deshelar** ▪ El lago se deshiela en mayo. | ▫ *Der See taut im Mai auf.*
▶ **desmembrar** ▪ La niña desmembró la muñeca. | ▫ *Das Mädchen zerlegte die Puppe.*
▶ **desterrar** ▪ Ya no se destierra a los delincuentes. | ▫ *Die Verbrecher werden nicht mehr verbannt.*
▶ **encomendar** ▪ Me encomienda tareas difíciles. | ▫ *Er teilt mir schwierige Aufgaben zu.*
▶ **enmendar** ▪ El Parlamento enmienda esa ley hoy. | ▫ *Das Parlament ändert dieses Gesetz heute.*
▶ **helar** ▪ En junio no hiela por las noches. | ▫ *Im Juni gibt es nachts keinen Frost.*
▶ **herrar** ▪ Este herrero todavía hierra caballos. | ▫ *Dieser Schmied beschlägt die Hufe noch.*
▶ **nevar** ▪ No nieva desde hace años en Bilbao. | ▫ *Seit Jahren schneit es nicht mehr in Bilbao.*
▶ **remendar** ▪ Las abuelas remendaban los calcetines. | ▫ *Die Großmütter flickten die Socken.*

[4] Diego Rivera (1886–1957) war der Ehemann der mexikanischen Malerin Frida Khalo (1907–1954).

Das Verb **empezar** bedeutet ***beginnen*** und ist ein intransitives Verb, welches auch transitiv gebraucht werden kann. Eine identische Bedeutung und Beugung hat das Verb **comenzar**.

Formas simples de indicativo [① e > ie in betonter Silbe, ② z > c vor e]			
Presente	**Imperfecto**	**Indefinido**	**Futuro**
empiezo empiezas empieza empezamos empezáis empiezan	empezaba empezabas empezaba empezábamos empezabais empezaban	empecé empezaste empezó empezamos empezasteis empezaron	empezaré empezarás empezará empezaremos empezaréis empezarán
Formas simples de subjuntivo ①②		**Imperativo** ①②	**Condicional**
Presente	**Pasado**	**Imperativo**	**Simple**
empiece empieces empiece empecemos empecéis empiecen	empezase o empezara empezases o empezaras empezase o empezara empezásemos o empezáramos empezaseis o empezarais empezasen o empezaran	 (tú) empieza (ud.) empiece (nos.) empecemos (vos.) empezad (uds.) empiecen	empezaría empezarías empezaría empezaríamos empezaríais empezarían
Formas compuestas de indicativo	**y**	**subjuntivo**	
Perfecto	**Presente** (PROG)	**Pasado** (PROG)	**Pluscuamperfecto**
he empezado has empezado ha empezado hemos empezado habéis empezado han empezado	estoy empezando estás empezando está empezando estamos empezando estáis empezando están empezando	estuviese empezando estuvieses empezando estuviese empezando estuviésemos empezando estuvieseis empezando estuviesen empezando	hubiese empezado hubieses empezado hubiese empezado hubiésemos empezado hubieseis empezado hubiesen empezado

Die Verben **empezar** und **comenzar** als intransitive Verben werden mit Ereignissen verwendet

- La primavera empieza el 22 de marzo. | ▫ *Der Frühling beginnt am 22. März.*
- El telediario comienza a las tres. | ▫ *Die Nachrichten beginnen um 15 Uhr.*
- La lección magistral empezó puntualmente. | ▫ *Die Vorlesung fing pünktlich an.*

Das Verb **empezar** als transitives Verb und mit der Präposition **a** + Infinitiv

- Inma empezó la obra en agosto. | ▫ *Inma fing mit dem Auftrag im August an.*
- Empezamos el día con una mala noticia. | ▫ *Wir begannen den Tag mit einer schlechten Nachricht.*
- Su hijo empieza **a** entrenarse para las Olimpiadas. | ▫ *Ihr Sohn startet mit dem Olympiatraining.*

Nützliche Redewendungen mit **empezar**

- No se empieza la casa por el tejado. | ▫ *Man zäumt das Pferd nicht von hinten auf.*
- Ha empezado con buen pie. | ▫ *Er hat einen guten Start gehabt.*
- La palabra "comenzar" empieza por ce. | ▫ *Das Wort „comenzar" beginnt mit C.*

Folgende Verben werden ähnlich konjugiert

► **comenzar** ▪ Ese año comenzaron las lluvias en mayo. | ▫ *In jenem Jahr fing die Regenzeit im Mai an.*
► **recomenzar** ▪ Las clases recomienzan en mayo. | ▫ *Der Unterricht wird im Mai wieder aufgenommen.*
► **tropezar** ▪ Tropezó con el bordillo y cayó. | ▫ *Er stolperte über die Bordsteinkante und fiel.*
► **tropezarse** ▪ Me tropecé con José en el mercado. | ▫ *Ich traf zufällig José auf dem Wochenmarkt.*

NEGAR: negado | negando

Das Verb **negar** bedeutet ***leugnen*** oder ***sich weigern*** und ist ein transitives Verb, welches auch pronominal als **negarse** verwendet wird. Als Objekte können Nomina oder Infinitiv- und Nebensätze fungieren.

Formas simples de indicativo [① e > ie in betonter Silbe, ② u vor e]			
Presente	**Imperfecto**	**Indefinido**	**Futuro**
niego niegas niega negamos negáis niegan	negaba negabas negaba negábamos negabais negaban	negué negaste negó negamos negasteis negaron	negaré negarás negará negaremos negaréis negarán
Formas simples de subjuntivo ①②		**Imperativo** ①②	**Condicional**
Presente	**Pasado**	**Imperativo**	**Simple**
niegue niegues niegue neguemos neguéis nieguen	negase o negara negases o negaras negase o negara negásemos o negáramos negaseis o negarais negasen o negaran	(tú) niega (ud.) niegue (nos.) neguemos (vos.) negad (uds.) nieguen	negaría negarías negaría negaríamos negaríais negarían
Formas compuestas de indicativo	**y**		**subjuntivo**
Perfecto	**Presente** (PROG)	**Pasado** (PROG)	**Pluscuamperfecto**
he negado has negado ha negado hemos negado habéis negado han negado	estoy negando estás negando está negando estamos negando estáis negando están negando	estuviese negando estuvieses negando estuviese negando estuviésemos negando estuvieseis negando estuviesen negando	hubiese negado hubieses negado hubiese negado hubiésemos negado hubieseis negado hubiesen negado

Das Verb **negar** + *Infinitiv*- und Nebensätze (im *Konjunktiv*) eingeleitet von **que**

- El acusado **niega** las acusaciones. | ▫ *Der Beschuldigte weist die Vorwürfe zurück.*
- El acusado **niega** *haber estado en el lugar del crimen.* | ▫ *Der Beschuldigte bestreitet, am Tatort gewesen zu sein.*
- El acusado **niega** **que** *haya estado* en el lugar del crimen. | ▫ *Der Beschuldigte bestreitet, dass er am Tatort war.*

Das Verb **negar** + Präposition **a** + *Infinitiv*

- El acusado se negó **a** *declarar.* | ▫ *Der Beschuldigte verweigerte die Aussage.*
- El testigo no puede negarse **a** *declarar.* | ▫ *Der Zeuge kann die Aussage nicht verweigern.*

Folgende Verben werden ähnlich konjugiert

- ▶ **abnegar** ▪ Nuestras madres fueron siempre abnegadas. | ▫ *Unsere Mütter waren immer selbstlos.*
- ▶ **cegar** ▪ La luz de aquel coche le cegó. | ▫ *Das Licht jenes Autos blendete sie.*
- ▶ **denegar** ▪ A Inma le denegaron la entrada a Perú. | ▫ *Inma wurde die Einreise nach Peru verweigert.*
- ▶ **desasosegar** ▪ Me desasosiega la inseguridad laboral. | ▫ *Mich beunruhigt die Arbeitsunsicherheit.*
- ▶ **desplegar** ▪ No creo que desplieguen las tropas. | ▫ *Ich glaube nicht, dass sie die Truppen einsetzen.*
- ▶ **fregar** ▪ Después de cenar, friega los platos. | ▫ *Nach dem Abendessen spült er die Teller.*
- ▶ **plegar** ▪ El arquitecto pliega los planos y se va. | ▫ *Der Architekt faltet die Pläne und geht.*
- ▶ **regar** ▪ El pensionista riega su jardín todos los días. | ▫ *Der Rentner gießt seinen Garten jeden Tag.*
- ▶ **renegar** ▪ Mujica no reniega de su pasado tupamaro. | ▫ *Mujica leugnet seine Tupamaro-Vergangenheit nicht.*
- ▶ **segar** ▪ El abuelo todavía siega la hierba con la hoz. | ▫ *Opa schneidet das Gras mit der Sichel.*

Das Verb **pensar** bedeutet ***denken*** und ist ein transitives Verb.

Formas simples de indicativo [① e > ie in betonter Silbe]			
Presente	**Imperfecto**	**Indefinido**	**Futuro**
pienso piensas piensa pensamos pensáis piensan	pensaba pensabas pensaba pensábamos pensabais pensaban	pensé pensaste pensó pensamos pensasteis pensaron	pensaré pensarás pensará pensaremos pensaréis pensarán
Formas simples de subjuntivo ①		**Imperativo** ①	**Condicional**
Presente	**Pasado**	**Imperativo**	**Simple**
piense pienses piense pensemos penséis piensen	pensase o pensara pensases o pensaras pensase o pensara pensásemos o pensáramos pensaseis o pensarais pensasen o pensaran	 (tú) piensa (ud.) piense (nos.) pensemos (vos.) pensad (uds.) piensen	pensaría pensarías pensaría pensaríamos pensaríais pensarían
Formas compuestas de indicativo	**y**		**subjuntivo**
Perfecto	**Presente** (PROG)	**Pasado** (PROG)	**Pluscuamperfecto**
he pensado has pensado ha pensado hemos pensado habéis pensado han pensado	estoy pensando estás pensando está pensando estamos pensando estáis pensando están pensando	estuviese pensando estuvieses pensando estuviese pensando estuviésemos pensando estuvieseis pensando estuviesen pensando	hubiese pensado hubieses pensado hubiese pensado hubiésemos pensado hubieseis pensado hubiesen pensado

Das Verb **pensar** + Nebensätze eingeleitet von **Konjunktionen**

- ¡Piensa **si** te conviene ese coche! | ▫ *Denke darüber nach, ob dieses Auto zu dir passt!*
- ¡No pienses **que** te ayudarán! | ▫ *Denke ja nicht, dass sie dir helfen werden!*

Das Verb **pensar** + *Infinitivsätze* und **pensárselo**

- No piensan *acatar la directriz del partido.* | ▫ *Sie denken nicht daran, der Parteirichtlinie zu folgen.*
- Estoy pensando *comprarme un coche.* | ▫ *Ich denke darüber nach, mir ein Auto zu kaufen.*
- Yo también estoy pensándomelo. | ▫ *Ich denke auch darüber nach.*

Das Verb **pensar** + **Präpositionen**

- ¿Qué piensas **de**l nuevo presidente? | ▫ *Was denkst du über den neuen Präsidenten?*
- ¿**En** qué estará pensando? | ▫ *Was er wohl denkt?*

Nützliche Redewendungen mit **pensar**

- Piensa mal y acertarás. | ▫ *Gesundes Misstrauen pflegen.*
- ¡Ni pensarlo! | ▫ *Auf gar keinen Fall.*

Folgende Verben werden ähnlich konjugiert

▶ **confesar** ▪ El acusado confesó el atraco al banco. | ▫ *Der Beschuldigte hat den Bankraub gestanden.*
▶ **manifestar** ▪ El experto manifestó que era cierto. | ▫ *Der Experte sagte, dass es wahr war.*
▶ **mentar**[5] ▪ El capo de la mafia mentó al policía. | ▫ *Der Mafiaboss erwähnte den Polizeibeamten.*
▶ **repensar** ▪ Después de pensarlo y repensarlo, me fui. | ▫ *Nach vielen Überlegungen ging ich.*

[5] Das Verb **mentar** wird im Indikativ und Konjuktiv Präsens größtenteils wie **mentir** konjugiert.

Das Verb **sentar** bedeutet ***sitzen*** und ist ein intransitives Verb, welches auch transitiv verwendet werden kann. Beachten Sie, dass das Verb **sentir**, ***fühlen*** (60e) teilweise identisch konjugiert wird.

Formas simples de indicativo [① e > ie in betonter Silbe]			
Presente	**Imperfecto**	**Indefinido**	**Futuro**
siento	sentaba	senté	sentaré
sientas	sentabas	sentaste	sentarás
sienta	sentaba	sentó	sentará
sentamos	sentábamos	sentamos	sentaremos
sentáis	sentabais	sentasteis	sentaréis
sientan	sentaban	sentaron	sentarán
Formas simples de subjuntivo ①		**Imperativo** ①	**Condicional**
Presente	**Pasado**	**Imperativo**	**Simple**
siente	sentase o sentara		sentaría
sientes	sentases o sentaras	(tú) sienta	sentarías
siente	sentase o sentara	(ud.) siente	sentaría
sentemos	sentásemos o sentáramos	(nos.) sentemos	sentaríamos
sentéis	sentaseis o sentarais	(vos.) sentad	sentaríais
sienten	sentasen o sentaran	(uds.) sienten	sentarían
Formas compuestas de indicativo	**y**	**subjuntivo**	
Perfecto	**Presente** (PROG)	**Pasado** (PROG)	**Pluscuamperfecto**
he sentado	estoy sentando	estuviese sentando	hubiese sentado
has sentado	estás sentando	estuvieses sentando	hubieses sentado
ha sentado	está sentando	estuviese sentando	hubiese sentado
hemos sentado	estamos sentando	estuviésemos sentando	hubiésemos sentado
habéis sentado	estáis sentando	estuvieseis sentando	hubieseis sentado
han sentado	están sentando	estuviesen sentando	hubiesen sentado

Das Verb sentar als transitives Verb

- El padre sienta al niño en la trona. | ▫ *Der Vater setzt das Kind auf den hohen Kinderstuhl.*
- ¡Este hombre no sienta cabeza! | ▫ *Dieser Mann kommt nicht zur Vernunft!*
- Esta sentencia sienta un precedente. | ▫ *Jenes Urteil stellt einen Präzedenzfall dar.*

Das Verb sentarse als pronominales intransitives Verb

- Los invitados se sientan en este banco. | ▫ *Die Gäste setzen sich auf diese Bank.*
- El señor mayor siente cansancio pronto y se sienta. | ▫ *Der alte Herr ermüdet schnell und setzt sich.*

Das Verb sentar + **Adverbien**

- El color rojo le sienta **bien.** | ▫ *Rot steht ihr gut.*
- Los pimientos le sientan **mal.** | ▫ *Ihm bekommt Paprika nicht.*

Folgende Verben werden ähnlich konjugiert

▶ **desplegar** ▪ No creo que desplieguen las tropas. | ▫ *Ich glaube nicht, dass sie die Truppen einsetzen.*
▶ **enmendar** ▪ El Parlamento enmienda esa ley hoy. | ▫ *Das Parlament ändert dieses Gesetz heute.*
▶ **gobernar** ▪ Pepe Mujica gobernó Uruguay entre 2009 y 2015. | ▫ *Mujica regierte Uruguay von 2009 bis 2015.*
▶ **merendar** ▪ Los niños meriendan a las 4. | ▫ *Die Kinder nehmen um 4 eine Zwischenmahlzeit zu sich.*
▶ **remendar** ▪ Las abuelas remendaban los calcetines. | ▫ *Die Großmütter flickten die Socken.*
▶ **temblar** ▪ El niño tiembla de frío/miedo en casa. | ▫ *Das Kind zitterte zu Hause vor Kälte/Angst.*

TENTAR: tentado | tentando

Das Verb **tentar** bedeutet ***verführen*** und ist ein transitives Verb, welches auch intransitiv gebraucht wird.

Formas simples de indicativo [① e > ie in betonter Silbe]			
Presente	**Imperfecto**	**Indefinido**	**Futuro**
tiento tientas tienta tentamos tentáis tientan	tentaba tentabas tentaba tentábamos tentabais tentaban	tenté tentaste tentó tentamos tentasteis tentaron	tentaré tentarás tentará tentaremos tentaréis tentarán
Formas simples de subjuntivo ①		**Imperativo** ①	**Condicional**
Presente	**Pasado**	**Imperativo**	**Simple**
tiente tientes tiente tentemos tentéis tienten	tentase o tentara tentases o tentaras tentase o tentara tentásemos o tentáramos tentaseis o tentarais tentasen o tentaran	 (tú) tienta (ud.) tiente (nos.) tentemos (vos.) tentad (uds.) tienten	tentaría tentarías tentaría tentaríamos tentaríais tentarían
Formas compuestas de indicativo	**y**		**subjuntivo**
Perfecto	**Presente** (PROG)	**Pasado** (PROG)	**Pluscuamperfecto**
he tentado has tentado ha tentado hemos tentado habéis tentado han tentado	estoy tentando estás tentando está tentando estamos tentando estáis tentando están tentando	estuviese tentando estuvieses tentando estuviese tentando estuviésemos tentando estuvieseis tentando estuviesen tentando	hubiese tentado hubieses tentado hubiese tentado hubiésemos tentado hubieseis tentado hubiesen tentado

Das Verb **tentar** + *Infinitivsätze* oder mit **a** + Infinitiv

- Me tienta *hacer el Camino de Santiago en bici.* | ▫ *Mich reizt es, den Jakobsweg mit dem Rad zu fahren.*
- Carlos me tentó **a** aprender catalán. | ▫ *Carlos führte mich in die Versuchung, Katalanisch zu lernen.*

Das Verb **tentar** + **direkte Objekte** oder optionale **indirekte Objekte** **tentarle**

- El parado tienta **la suerte** pero siempre pierde en el juego. | ▫ *Der Arbeitslose versucht sein Glück, aber er verliert immer im Spiel.*
- El demonio **nos** tienta siempre. | ▫ *Der Teufel führt uns immer in Versuchung.*
- ¡No **me** tientes! | ▫ *Führe mich nicht in Versuchung.*

Folgende Verben werden ähnlich konjugiert

- ▶ **alentar** ▪ Me alienta saber que tiene trabajo. | ▫ *Es ermutigt mich zu wissen, dass er Arbeit hat.*
- ▶ **apretar** ▪ Me aprietan los zapatos nuevos. | ▫ *Die neuen Schuhe drücken.*
- ▶ **desalentar** ▪ Me desalienta pensar en el mañana. | ▫ *Es nimmt mir den Mut, über morgen nachzudenken.*
- ▶ **desconcertar** ▪ Nos desconcierta la calma del ministro ante el virus. | ▫ *Die Ruhe des Ministers vor dem Virus verunsichert uns.*
- ▶ **desgobernar** ▪ Los partidos hegemónicos todavía desgobiernan. | ▫ *Die Systemparteien wirtschaften alles herunter.*
- ▶ **emparentar*** ▪ No estoy emparentada con ellos. | ▫ *Ich bin mit ihnen nicht verwandt.*
- ▶ **escarmentar** ▪ A ver si su hijo escarmienta ya. | ▫ *Mal sehen, ob sein Sohn aus den Fehlern lernt.*
- ▶ **recomendar** ▪ El dentista recomienda este dentífrico. | ▫ *Der Zahnarzt empfiehlt diese Zahncreme.*

***Hinweis!** „**emparentar**" hat zwei Konjugationsmöglichkeiten: „emparento/empariento".

Das Verb **actuar** bedeutet ***im Theater spielen, fungieren, handeln*** und ist ein intransitives Verb.

Formas simples de indicativo [① u > ú bei Akzent auf u]			
Presente	**Imperfecto**	**Indefinido**	**Futuro**
actúo actúas actúa actuamos actuáis actúan	actuaba actuabas actuaba actuábamos actuabais actuaban	actué actuaste actuó actuamos actuasteis actuaron	actuaré actuarás actuará actuaremos actuaréis actuarán
Formas simples de subjuntivo ①		**Imperativo** ①	**Condicional**
Presente	**Pasado**	**Imperativo**	**Simple**
actúe actúes actúe actuemos actuéis actúen	actuase o actuara actuases o actuaras actuase o actuara actuásemos o actuáramos actuaseis o actuarais actuasen o actuaran	 (tú) actúa (ud.) actúe (nos.) actuemos (vos.) actuad (uds.) actúen	actuaría actuarías actuaría actuaríamos actuaríais actuarían
Formas compuestas de indicativo	**y**	**subjuntivo**	
Perfecto	**Presente** (PROG)	**Pasado** (PROG)	**Pluscuamperfecto**
he actuado has actuado ha actuado hemos actuado habéis actuado han actuado	estoy actuando estás actuando está actuando estamos actuando estáis actuando están actuando	estuviese actuando estuvieses actuando estuviese actuando estuviésemos actuando estuvieseis actuando estuviesen actuando	hubiese actuado hubieses actuado hubiese actuado hubiésemos actuado hubieseis actuado hubiesen actuado

Das Verb **actuar** und **actuar** + **como** + **Nomina**

- La soprano actúa en el Teatro Nacional. | ▫ *Die Sopransängerin spielt im Nationaltheater.*
- Los CFC[6] actúan **como catalizadores** en la destrucción de la capa de ozono. | ▫ *Die FCKW-Gase fungieren wie Katalysatoren bei der Ozonschichtvernichtung.*
- Los cónsules actúan **como notarios.** | ▫ *Die Konsule fungieren wie Notare.*

Das Verb **actuar** + **Adverbialbestimmungen**

- El presidente actúa **a la ligera** en este asunto. | ▫ *Der Präsident agierte leichtsinnig in dieser Sache.*
- El atracador actuó **a cara descubierta.** | ▫ *Der Bankräuber agierte barhäuptig.*
- Estos abogados actúan **de mala fe.** | ▫ *Diese Anwälte handeln bösgläubig.*
- Este médico actúa **de buena fe.** | ▫ *Dieser Arzt arbeitet nach bestem Wissen und Gewissen.*

Folgende Verben werden ähnlich konjugiert

- ▶ **consensuar** ▪ Los políticos consensúan los pactos. | ▫ *Politiker stimmen* über *die Abkommen ab.*
- ▶ **deshabituar** ▪ En la terapia te deshabitúan al alcohol. | ▫ *In der Therapie wird dir der Alkohol entzogen.*
- ▶ **desvirtuar** ▪ El abogado debe desvirtuar la presunción de inocencia. | ▫ *Der Anwalt muss die Unschuldsvermutung widerlegen.*
- ▶ **efectuar** ▪ El sospechoso efectuó una llamada desde el móvil. | ▫ *Der Verdächtigte machte einen Anruf von seinem Mobiltelefon.*
- ▶ **evaluar** ▪ España evalúa remodelar el ejército. | ▫ *Spanien überlegt sich, die Streitkräfte zu erneuern.*
- ▶ **fluctuar** ▪ El nivel de agua fluctúa en la costa. | ▫ *Der Meeresspiegel variiert an der Küste.*
- ▶ **habituar** ▪ No me habitúo al cambio de horario. | ▫ *Ich gewöhne mich nicht an die Zeitumstellung.*
- ▶ **sobreactuar** ▪ La policía sobreactuó en la manifestación. | ▫ *Die Polizei reagierte bei der Demo über.*

[6] CFC (Clorurocarburo): FCKW (Fluorchlorkohlenwasserstoffe)

Das Verb **continuar** ist ein transitives Verb, welches auch intransitiv verwendet werden kann.

Formas simples de indicativo [① u > ú bei Akzent auf u]			
Presente	**Imperfecto**	**Indefinido**	**Futuro**
continúo continúas continúa continuamos continuáis continúan	continuaba continuabas continuaba continuábamos continuabais continuaban	continué continuaste continuó continuamos continuasteis continuaron	continuaré continuarás continuará continuaremos continuaréis continuarán
Formas simples de subjuntivo ①		**Imperativo** ①	**Condicional**
Presente	**Pasado**	**Imperativo**	**Simple**
continúe continúes continúe continuemos continuéis continúen	continuase o continuara continuases o continuaras continuase o continuara continuásemos o continuáramos continuaseis o continuarais continuasen o continuaran	 (tú) continúa (ud.) continúe (nos.) continuemos (vos.) continuad (uds.) continúen	continuaría continuarías continuaría continuaríamos continuaríais continuarían
Formas compuestas de indicativo	**y**	**subjuntivo**	
Perfecto	**Presente** (PROG)	**Pasado** (PROG)	**Pluscuamperfecto**
he continuado has continuado ha continuado hemos continuado habéis continuado han continuado	estoy continuando estás continuando está continuando estamos continuando estáis continuando están continuando	estuviese continuando estuvieses continuando estuviese continuando estuviésemos continuando estuvieseis continuando estuviesen continuando	hubiese continuado hubieses continuado hubiese continuado hubiésemos continuado hubieseis continuado hubiesen continuado

Das Verb **continuar** als transitives Verb

- Los estudiantes continúan su carrera. | ▫ *Die Studierenden studieren weiter.*

Das Verb **continuar** als intransitives Verb

- Continúan en el Norte las fuertes lluvias. | ▫ *Es gibt weiterhin starke Regenfälle im Norden.*
- José continúa con sus planes. | ▫ *José macht mit seinen Plänen weiter.*

Das Verb **continuar** + **Gerundium** oder **Partizip**

- Hoy continúa **nevando** en toda la península. | ▫ *Heute schneit es auf der gesamten Halbinsel weiter.*
- Continúa **saliendo** petróleo del barco encallado. | ▫ *Öl sickert aus dem auf Grund gelaufenen Schiff.*
- A pesar de la cura, la herida continúa **abierta**. | ▫ *Trotz der Behandlung ist die Wunde noch offen.*
- La tienda continúa **cerrada** por el derrumbe. | ▫ *Der Laden ist wegen des Einsturzes immer noch zu.*

Folgende Verben werden ähnlich konjugiert

▶ **acentuar** ▪ La palabra "calor" es aguda y no se acentúa. | ▫ *Das Wort „calor" bekommt keine Tilde.*
▶ **atenuar** ▪ La aspirina atenúa el dolor. | ▫ *Aspirin mildert den Schmerz.*
▶ **devaluar** ▪ El BCE[7] ha devaluado el euro. | ▫ *Die EZB hat den Euro abgewertet.*
▶ **graduar** ▪ Me gradúan las gafas en esa tienda. | ▫ *Man fertigt mir die Brille in jenem Geschäft an.*
▶ **perpetuar** ▪ La corrupción se perpetúa en España. | ▫ *Korruption besteht in Spanien fort.*
▶ **revaluar** ▪ El Euro se revalúa. | ▫ *Der Euro gewinnt an Wert.*
▶ **situar** ▪ El Euro se sitúa entre el dólar y la libra. | ▫ *Der Euro steht zwischen Dollar und Pfund.*

[7] BCE (Banco Central Europeo): EZB (Europäische Zentralbank)

PUNTUAR: puntuado | puntuando

Das Verb **puntuar** bedeutet ***punkten*** und kann als transitives sowie intransitives Verb verwendet werden.

Formas simples de indicativo [① u > ú bei Akzent auf u]			
Presente	**Imperfecto**	**Indefinido**	**Futuro**
puntúo puntúas puntúa puntuamos puntuáis puntúan	puntuaba puntuabas puntuaba puntuábamos puntuabais puntuaban	puntué puntuaste puntuó puntuamos puntuasteis puntuaron	puntuaré puntuarás puntuará puntuaremos puntuaréis puntuarán
Formas simples de subjuntivo ①		**Imperativo** ①	**Condicional**
Presente	**Pasado**	**Imperativo**	**Simple**
puntúe puntúes puntúe puntuemos puntuéis puntúen	puntuase o puntuara puntuases o puntuaras puntuase o puntuara puntuásemos o puntuáramos puntuaseis o puntuarais puntuasen o puntuaran	 (tú) puntúa (ud.) puntúe (nos.) puntuemos (vos.) puntuad (uds.) puntúen	puntuaría puntuarías puntuaría puntuaríamos puntuaríais puntuarían
Formas compuestas de indicativo	**y**	**subjuntivo**	
Perfecto	**Presente** (PROG)	**Pasado** (PROG)	**Pluscuamperfecto**
he puntuado has puntuado ha puntuado hemos puntuado habéis puntuado han puntuado	estoy puntuando estás puntuando está puntuando estamos puntuando estáis puntuando están puntuando	estuviese puntuando estuvieses puntuando estuviese puntuando estuviésemos puntuando estuvieseis puntuando estuviesen puntuando	hubiese puntuado hubieses puntuado hubiese puntuado hubiésemos puntuado hubieseis puntuado hubiesen puntuado

Das Verb **puntuar** als ***benoten***

- El profesor puntúa de forma muy transparente. | ▫ *Der Lehrer benotet auf sehr transparente Art.*

Das Verb **puntuar** als ***punkten***

- Las sustituciones puntúan para las oposiciones. | ▫ *Die Vertretungen punkten für die Auswahlprüfungen.*
- Los conocimientos de idiomas puntúan para el cargo. | ▫ *Sprachkenntnisse qualifizieren für den Posten.*
- La experiencia laboral no puntúa. | ▫ *Die Arbeitserfahrung punktet nicht für die Auswahlprüfungen.*
- La educación de los hijos puntúa para la pensión de las mujeres en Alemania. | ▫ *Kindererziehung punktet für die Rente der Frauen.*

Folgende Verben werden ähnlich konjugiert

- ▶ **consensuar** ▪ El abogado consensuó la pena con la fiscalía. | ▫ *Der Anwalt vereinbarte die Strafe mit dem Staatsanwalt.*
- ▶ **exceptuar** ▪ Si se exceptúa este artículo del CP[8] … | ▫ *Wenn man von diesem Paragrafen des StGB absieht …*
- ▶ **extenuar** ▪ Los médicos extenúan las precauciones. | ▫ *Die Ärzte folgen den Vorsichtsmaßnahmen akribisch.*
- ▶ **insinuar** ▪ La experta insinúa que la hipótesis del robo es plausible. | ▫ *Die Expertin deutet an, dass die Hypothese eines Raubes möglich ist.*
- ▶ **menstruar** ▪ Las mujeres menstrúan mensualmente. | ▫ *Frauen menstruieren monatlich.*
- ▶ **tatuar** ▪ Ella solo tatúa con colores naturales. | ▫ *Sie tätowiert nur mit Naturfarben.*
- ▶ **usufructuar** ▪ Yo usufructúo el rendimiento de ese inmueble. | ▫ *Ich habe das Nutz- und Nießbrauchrecht jener Immobilie inne.*

[8] CP (Código Penal): StGB (Strafgesetzbuch)

Das Verb **adquirir** bedeutet ***erwerben, erlangen***, erscheint i. d. R. mit belebten Subjekten und ist transitiv.

Formas simples de indicativo [① e > ie in betonter Silbe]			
Presente	**Imperfecto**	**Indefinido**	**Futuro**
adquiero adquieres adquiere adquirimos adquirís adquieren	adquiría adquirías adquiría adquiríamos adquiríais adquirían	adquirí adquiriste adquirió adquirimos adquiristeis adquirieron	adquiriré adquirirás adquirirá adquiriremos adquiriréis adquirirán
Formas simples de subjuntivo ①		**Imperativo** ①	**Condicional**
Presente	**Pasado**	**Imperativo**	**Simple**
adquiera adquieras adquiera adquiramos adquiráis adquieran	adquiriese o adquiriera adquirieses o adquirieras adquiriese o adquiriera adquiriésemos o adquiriéramos adquirieseis o adquirierais adquiriesen o adquirieran	 (tú) adquiere (ud.) adquiera (nos.) adquiramos (vos.) adquirid (uds.) adquieran	adquiriría adquirirías adquiriría adquiriríamos adquiriríais adquirirían
Formas compuestas de indicativo	**y**		**subjuntivo**
Perfecto	**Presente** (PROG)	**Pasado** (PROG)	**Pluscuamperfecto**
he adquirido has adquirido ha adquirido hemos adquirido habéis adquirido han adquirido	estoy adquiriendo estás adquiriendo está adquiriendo estamos adquiriendo estáis adquiriendo están adquiriendo	estuviera adquiriendo estuvieras adquiriendo estuviera adquiriendo estuviéramos adquiriendo estuvierais adquiriendo estuvieran adquiriendo	hubiese adquirido hubieses adquirido hubiese adquirido hubiésemos adquirido hubieseis adquirido hubiesen adquirido

Das Verb **adquirir** mit der Bedeutung ***erwerben***

- El activista adquirió un terreno rural. | ▫ *Der Aktivist erwarb ein Grundstück auf dem Land.*
- Mis abuelos adquirieron una vivienda a partes iguales. | ▫ *Meine Großeltern erwarben ihre Wohnung zur Hälfte.*
- Los *fondos buitre* adquirieron propiedad inmobiliaria en la crisis del 2007. | ▫ *Die Geierfonds erwarben Immobilien in der Krise des Jahres 2007.*
- Si usted adquiere vivienda de protección oficial (VPO), debe cumplir estos requisitos mínimos. | ▫ *Wenn Sie eine soziale Wohnung erwerben, müssen Sie diese Mindestvoraussetzungen erfüllen.*
- No hay fórmulas mágicas para adquirir vocabulario. | ▫ *Es gibt keine Wundermittel* für den *Wortschatzerwerb.*

Das Verb **adquirir** mit anderen Bedeutungen

- La fuga del rey adquiere tintes cómicos. | ▫ *Die Flucht des Königs birgt eine gewisse Komik.*
- El científico adquirió fama internacional por una vacuna. | ▫ *Der Wissenschaftler erlangte internationales Ansehen wegen einer Impfung.*
- El síndrome de inmunodeficiencia adquirida (SIDA) segó muchas vidas. | ▫ *Das Humane Immundefizienz-Virus (HIV) hat vielen das Leben gekostet.*

Das Verb **adquirir** als Pronominalverb **adquirirse**

- Los buenos hábitos alimenticios se adquieren en la niñez más temprana. | ▫ *Gute Essgewohnheiten werden in der frühen Kindheit erworben.*
- Se adquiere la condición de diputado con la recogida del acta. | ▫ *Das Amt des Volksvertreters wird mit der Abholung der Ernennungsurkunde erworben.*

Das Verb **agradecer** bedeutet ***sich bedanken***, nimmt i. d. R. belebte Subjekte und ist transitiv.

Formas simples de indicativo [① c > zc vor a und o]			
Presente	**Imperfecto**	**Indefinido**	**Futuro**
agradezco agradeces agradece agradecemos agradecéis agradecen	agradecía agradecías agradecía agradecíamos agradecíais agradecían	agradecí agradeciste agradeció agradecimos agradecisteis agradecieron	agradeceré agradecerás agradecerá agradeceremos agradeceréis agradecerán
Formas simples de subjuntivo ①		**Imperativo** ①	**Condicional**
Presente	**Pasado**	**Imperativo**	**Simple**
agradezca agradezcas agradezca agradezcamos agradezcáis agradezcan	agradeciese o agradeciera agradecieses o agradecieras agradeciese o agradeciera agradeciésemos o agradeciéramos agradecieseis o agradecierais agradeciesen o agradecieran	 (tú) agradece (ud.) agradezca (nos.) agradezcamos (vos.) agradeced (uds.) agradezcan	agradecería agradecerías agradecería agradeceríamos agradeceríais agradecerían
Formas compuestas de indicativo	**y**	**subjuntivo**	
Perfecto	**Presente** (PROG)	**Pasado** (PROG)	**Pluscuamperfecto**
he agradecido has agradecido ha agradecido hemos agradecido habéis agradecido han agradecido	estoy agradeciendo estás agradeciendo está agradeciendo estamos agradeciendo estáis agradeciendo están agradeciendo	estuviera agradeciendo estuvieras agradeciendo estuviera agradeciendo estuviéramos agradeciendo estuvierais agradeciendo estuvieran agradeciendo	hubiese agradecido hubieses agradecido hubiese agradecido hubiésemos agradecido hubieseis agradecido hubiesen agradecido

Das Verb **agradecer** + **direkte Objekte**

- La huerta agradecería **un poco de lluvia.** | ▫ *Der Garten würde sich* über *ein wenig Regen freuen.*
- ¡No me **lo** agradezca a mí! | ▫ *Mir müssen Sie nicht danken!*
- Picasso[9] agradeció a Francia **su generosidad.** | ▫ *Picasso dankte Frankreich für seine Großzügigkeit.*

Das Verb **agradecer** + Nebensätze (im *Konjunktiv*) eingeleitet von **que**

- Le agradezco **que** *haya venido*. | ▫ *Ich danke Ihnen, dass Sie gekommen sind.*

Das Verb **agradecer** als Partizip **agradecido**

- Carlos: "Le estoy **agradecido** por su apoyo". | ▫ *Carlos: „Ich danke Ihnen für Ihre Unterstützung".*
- Nosotras le estamos **agradecidas.** | ▫ *Wir bedanken uns bei Ihnen.*

Nützliche Redewendungen und Sprichwörter

- De gente bien nacida es ser agradecida. | ▫ *Es ziemt sich dankbar zu sein.*

Folgende Verben werden ähnlich konjugiert

- ▶ **aborrecer** ▪ Aborrezco el chucrut. | ▫ *Ich hasse Sauerkraut.*
- ▶ **adolecer** ▪ Adolezco de hipertensión. | ▫ *Ich leide an Bluthochdruck.*
- ▶ **compadecer** ▪ Compadezco a los alumnos confinados. | ▫ *Ich bemitleide die eingesperrten Schüler.*
- ▶ **comparecer** ▪ Comparezco ante sus señorías … | ▫ *Ich trete vor Ihnen auf, verehrte Abgeordnete …*
- ▶ **padecer** ▪ Padece de una enfermedad coronaria. | ▫ *Er leidet an einer Herz- und Kreislauferkrankung.*

[9] Pablo Ruiz Picasso (1881–1972) war ein bedeutender spanischer Maler, der die Malerei des 20. Jahrhunderts prägte.

Das Verb **amanecer** bedeutet ***hell werden***, ist intransitiv und tritt i. d. R. in Verbindung mit unbelebten Subjekten auf. Belebte Subjekte können in metaphorischen Lesarten erscheinen.

Formas simples de indicativo [① c > zc vor a und o]			
Presente	**Imperfecto**	**Indefinido**	**Futuro**
amanezco amaneces amanece amanecemos amanecéis amanecen	amanecía amanecías amanecía amanecíamos amanecíais amanecían	amanecí amaneciste amaneció amanecimos amanecisteis amanecieron	amaneceré amanecerás amanecerá amaneceremos amaneceréis amanecerán
Formas simples de subjuntivo ①		**Imperativo** ①	**Condicional**
Presente	**Pasado**	**Imperativo**	**Simple**
amanezca amanezcas amanezca amanezcamos amanezcáis amanezcan	amaneciese o amaneciera amanecieses o amanecieras amaneciese o amaneciera amaneciésemos o amaneciéramos amanecieseis o amanecierais amaneciesen o amanecieran	 (tú) amanece (ud.) amanezca (nos.) amanezcamos (vos.) amaneced (uds.) amanezcan	amanecería amanecerías amanecería amaneceríamos amaneceríais amanecerían
Formas compuestas de indicativo	**y**		**subjuntivo**
Perfecto	**Presente** (PROG)	**Pasado** (PROG)	**Pluscuamperfecto**
he amanecido has amanecido ha amanecido hemos amanecido habéis amanecido han amanecido	estoy amaneciendo estás amaneciendo está amaneciendo estamos amaneciendo estáis amaneciendo están amaneciendo	estuviera amaneciendo estuvieras amaneciendo estuviera amaneciendo estuviéramos amaneciendo estuvierais amaneciendo estuvieran amaneciendo	hubiese amanecido hubieses amanecido hubiese amanecido hubiésemos amanecido hubieseis amanecido hubiesen amanecido

Das Verb **amanecer**

- Cuando amanezca, saldremos de viaje. | ▫ *Bei Sonnenaufgang werden wir die Reise starten.*
- En ciudades industriales amanece, pero no sale el sol. | ▫ *In industriellen Städten wird es hell, aber die Sonne scheint nicht.*

Das Verb **amanecer** + **belebte Subjekte** in metaphorischen Lesarten

- **Nosotras** amanecimos en una casa de campo. | ▫ *Wir wachten in einem Haus auf dem Land auf.*
- Espero que no amanezcamos en comisaría. | ▫ *Ich hoffe, dass wir nicht in der Polizeistation aufwachen.*

Das Verb **amanecer** + **Witterungsadjektive**

- Hoy amaneció **nublado** debido a la borrasca. | ▫ *Heute brach der Tag wegen des Tiefs bewölkt an.*

Nützliche Äußerungen und Sprichwörter

- No por mucho madrugar amanece más temprano. | ▫ *Eile allein tut es nicht.*

Folgende Verben werden ähnlich konjugiert

- ▶ **adormecer** ▪ Adormeció al bebé meciendo la cuna. | ▫ *Sie lullte das Baby in den Schlaf ein.*
- ▶ **anochecer** ▪ En verano anochece tarde. | ▫ *Im Sommer dämmert es spät.*
- ▶ **aridecer** ▪ Cuando falta la lluvia, aridece. | ▫ *Wenn Regen fehlt, trocknet es aus.*
- ▶ **atardecer** ▪ Son las cinco y está atardeciendo. | ▫ *Es ist 5 Uhr und es dämmert.*
- ▶ **clarecer** ▪ Ya empieza a clarecer el día. | ▫ *Es dämmert bereits.*
- ▶ **humedecer** ▪ Humedezco la ropa antes de plancharla. | ▫ *Ich feuchte die Wäsche vor dem Bügeln an.*
- ▶ **oscurecer** ▪ Cuando viene el frente, oscurece de repente. | ▫ *Wenn die Front kommt, dunkelt es rasch.*
- ▶ **resplandecer** ▪ Con el cielo sin nubes, el sol resplandece. | ▫ *Bei wolkenfreiem Himmel strahlt die Sonne.*

CONOCER: conocido | conociendo

Das Verb **conocer** bedeutet ***wissen***, bedarf belebter Subjekte und ist transitiv.

Formas simples de indicativo [① c > zc vor a und o]			
Presente	**Imperfecto**	**Indefinido**	**Futuro**
conozco conoces conoce conocemos conocéis conocen	conocía conocías conocía conocíamos conocíais conocían	conocí conociste conoció conocimos conocisteis conocieron	conoceré conocerás conocerá conoceremos conoceréis conocerán
Formas simples de subjuntivo ①		**Imperativo** ①	**Condicional**
Presente	**Pasado**	**Imperativo**	**Simple**
conozca conozcas conozca conozcamos conozcáis conozcan	conociese o conociera conocieses o conocieras conociese o conociera conociésemos o conociéramos conocieseis o conocierais conociesen o conocieran	*nicht gebräuchlich* (tú) conoce (ud.) conozca (nos.) conozcamos (vos.) conoced (uds.) conozcan	conocería conocerías conocería conoceríamos conoceríais conocerían
Formas compuestas de indicativo	**y**	**subjuntivo**	
Perfecto	**Presente** (PROG)	**Pasado** (PROG)	**Pluscuamperfecto**
he conocido has conocido ha conocido hemos conocido habéis conocido han conocido	estoy conociendo estás conociendo está conociendo estamos conociendo estáis conociendo están conociendo	estuviera conociendo estuvieras conociendo estuviera conociendo estuviéramos conociendo estuvierais conociendo estuvieran conociendo	hubiese conocido hubieses conocido hubiese conocido hubiésemos conocido hubieseis conocido hubiesen conocido

Das Verb conocer + direkte Objekte

- Conozco **el nombre de tu jefe.** | ▫ *Ich kenne den Namen deines Chefs.*
- Conocemos **la obra de Alejo Carpentier**[10]. | ▫ *Wir kennen das Werk von Alejo Carpentier.*
- Dudo que Juan conozca **esta cita.** | ▫ *Ich bezweifle, dass Juan dieses Zitat kennt.*
- ¿Conoces **el contenido de la carta**? | ▫ *Kennst du den Inhalt des Briefes?*
- Conoce **las razones de esa decisión.** | ▫ *Er kennt die Gründe jener Entscheidung.*
- Conocía **los planes de su marido.** | ▫ *Sie kannte die Pläne ihres Ehemannes.*

Das Verb desconocer + Nebensätze eingeleitet von **Konjunktionen** oder **Fragewörtern**

- Desconoce **si** asistirá a la reunión. | ▫ *Sie weiß nicht, ob er am Meeting teilnehmen wird.*

- Desconozco **cuándo** he de presentarme. | ▫ *Ich weiß nicht, wann ich erscheinen sollte.*
- Desconocen **cómo** lo traerán del hospital. | ▫ *Sie wissen nicht, wie er vom Krankenhaus abgeholt wird.*

Folgende Verben werden ähnlich konjugiert

► **carecer** ▪ Este piso carece de aire acondicionado. | ▫ *Diese Wohnung hat keine Klimaanlage.*
► **complacer** ▪ Nos complace saber que ha aceptado. | ▫ *Wir freuen uns, dass er akzeptiert hat.*
► **reconocer** ▪ El enfermo ha reconocido a su padre. | ▫ *Der Kranke hat seinen Vater wiedererkannt.*

[10] Alejo Carpentier (1904–1980) war ein französisch-kubanischer Politiker und Schriftsteller.

Das Verb **crecer** bedeutet ***wachsen*** und ist intransitiv.

Formas simples de indicativo [① c > zc vor a und o]			
Presente	**Imperfecto**	**Indefinido**	**Futuro**
crezco creces crece crecemos crecéis crecen	crecía crecías crecía crecíamos crecíais crecían	crecí creciste creció crecimos crecisteis crecieron	creceré crecerás crecerá creceremos creceréis crecerán
Formas simples de subjuntivo ①		**Imperativo** ①	**Condicional**
Presente	**Pasado**	**Imperativo**	**Simple**
crezca crezcas crezca crezcamos crezcáis crezcan	creciese o creciera crecieses o crecieras creciese o creciera creciésemos o creciéramos crecieseis o crecierais creciesen o crecieran	 (tú) crece (ud.) crezca (nos.) crezcamos (vos.) creced (uds.) crezcan	crecería crecerías crecería creceríamos creceríais crecerían
Formas compuestas de indicativo	**y**		**subjuntivo**
Perfecto	**Presente** (PROG)	**Pasado** (PROG)	**Pluscuamperfecto**
he crecido has crecido ha crecido hemos crecido habéis crecido han crecido	estoy creciendo estás creciendo está creciendo estamos creciendo estáis creciendo están creciendo	estuviera creciendo estuvieras creciendo estuviera creciendo estuviéramos creciendo estuvierais creciendo estuvieran creciendo	hubiese crecido hubieses crecido hubiese crecido hubiésemos crecido hubieseis crecido hubiesen crecido

Das Verb crecer als *wachsen* und in Zusammengang mit anderen **Verben**

- No creo que crezca porque tiene enanismo. | ▫ *Ich glaube nicht, dass er wachsen wird, da er kleinwüchsig ist.*
- Los helechos crecen en zonas húmedas. | ▫ *Farn wächst in feuchten Gebieten.*
- Después del corte, el cebollino **vuelve** a crecer. | ▫ *Nach dem Schnitt wächst Schnittlauch nach.*
- La cartera de clientes **va** creciendo. | ▫ *Der Kundenbestand wächst stetig.*

Das Verb crecer als Partizip crecido (Genus- und Numeruskongruenz mit dem Subjekt)

- Los ríos van crecidos después de la lluvia. | ▫ *Die Flüsse fließen nach dem Regen voll.*
- Sus hijos ya están crecidos. | ▫ *Seine Kinder sind schon groß.*
- Transplantan solo árboles crecidos. | ▫ *Sie pflanzen nur die ausgewachsenen Bäume um.*

Nützliche Zitate mit crecer

- "Al poder le ocurre como al nogal: no deja crecer nada bajo su sombra." | ▫ *„Der Macht geschieht dasselbe wie dem Walnussbaum: er lässt nichts unter seinem Schatten wachsen."* – Antonio Gala[11]

Folgende Verben werden ähnlich konjugiert

► **convalecer** ▪ Estoy convaleciente de mi accidente. | ▫ *Ich erhole mich jetzt von meinem Unfall.*
► **decrecer** ▪ Las reservas de agua han decrecido. | ▫ *Die Wasserreserven sind zurückgegangen.*
► **desvanecer** ▪ Me desvanezco con ciertos olores. | ▫ *Bei manchen Gerüchen falle ich in Ohnmacht.*
► **establecer** ▪ La normativa establece lo contrario. | ▫ *Die Regelung legt das Gegenteil fest.*
► **guarnecer** ▪ Guarnecemos la carne con guisantes. | ▫ *Wir garnieren das Fleisch mit Erbsen.*
► **ofrecer** ▪ ¡No ofrezcan comida a los animales del zoo! | ▫ *Füttern Sie die Tiere im Zoo nicht!*
► **prevalecer** ▪ Espero que prevalezca la cordura. | ▫ *Ich hoffe, dass der Verstand sich durchsetzt.*

[11] Antonio Gala (1930) ist ein spanischer Lyriker und Schriftsteller.

ENCARECER: encarecido | encareciendo

Das Verb **encarecer** bedeutet ***teurer werden*** und kann sowohl transitiv als auch intransitiv sein.

Formas simples de indicativo [① c > zc vor a und o]			
Presente	**Imperfecto**	**Indefinido**	**Futuro**
encarezco encareces encarece encarecemos encarecéis encarecen	encarecía encarecías encarecía encarecíamos encarecíais encarecían	encarecí encareciste encareció encarecimos encarecisteis encarecieron	encareceré encarecerás encarecerá encareceremos encareceréis encarecerán
Formas simples de subjuntivo ①		**Imperativo** ①	**Condicional**
Presente	**Pasado**	**Imperativo**	**Simple**
encarezca encarezcas encarezca encarezcamos encarezcáis encarezcan	encareciese o encareciera encarecieses o encarecieras encareciese o encareciera encareciésemos o encareciéramos encarecieseis o encarecierais encareciesen o encarecieran	 (tú) encarece (ud.) encarezca (nos.) encarezcamos (vos.) encareced (uds.) encarezcan	encarecería encarecerías encarecería encareceríamos encareceríais encarecerían
Formas compuestas de indicativo	**y**	**subjuntivo**	
Perfecto	**Presente** (PROG)	**Pasado** (PROG)	**Pluscuamperfecto**
he encarecido has encarecido ha encarecido hemos encarecido habéis encarecido han encarecido	estoy encareciendo estás encareciendo está encareciendo estamos encareciendo estáis encareciendo están encareciendo	estuviera encareciendo estuvieras encareciendo estuviera encareciendo estuviéramos encareciendo estuvierais encareciendo estuvieran encareciendo	hubiese encarecido hubieses encarecido hubiese encarecido hubiésemos encarecido hubieseis encarecido hubiesen encarecido

Das Verb **encarecer** als transitives Verb

- La mano de obra encarece el producto final. | ▫ *Die Personalkosten verteuern das Endprodukt.*
- Es normal que el transporte lo encarezca. | ▫ *Es ist normal, dass der Transport es verteuert.*

Das Verb **encarecer** als intransitives Verb

- La vivienda encareció hasta 2007. | ▫ *Die Immobilien verteuerten sich bis 2007.*
- El coste de la vida encarecerá con la extinción del petróleo barato. | ▫ *Die Lebenshaltungskosten werden sich mit dem Ende des billigen Öls verteuern.*

Folgende Verben werden ähnlich konjugiert

- ▶ **encrudecer** ▪ La precariedad se encrudece. | ▫ *Die unsicheren Arbeitsverhältnisse verhärten sich.*
- ▶ **endurecer** ▪ El cemento ha endurecido. | ▫ *Der Zement ist fest geworden.*
- ▶ **enflaquecer** ▪ Don Quijote enflaqueció hasta los huesos. | ▫ *Don Quixote magerte bis auf Haut und Knochen ab.*
- ▶ **engrandecer** ▪ La inclusión de los aymara en el proyecto "Lingua Airwaves" engrandece la causa indígena. | ▫ *Die Aufnahme der Aymara im Projekt „Lingua Airwaves" stärkt die Indigenenfrage.*
- ▶ **enlentecerse** ▪ Este remedio hace que se enlentezca el envejecimiento. | ▫ *Diese Arznei verlangsamt das Älterwerden.*
- ▶ **enriquecerse** ▪ El político se enriqueció ilícitamente. | ▫ *Der Politiker bereicherte sich illegalerweise.*
- ▶ **ensombrecer** ▪ Dudo que este pequeño desliz ensombrezca su trayectoria. | ▫ *Ich bezweifle, dass dieser kleine Fehltritt seinen Werdegang trübt.*
- ▶ **fortalecer** ▪ Esta vitamina fortalece la salud. | ▫ *Dieses Vitamin kräftigt die Gesundheit.*

Das Verb **enrojecer** bedeutet ***erröten***, bedarf belebter Subjekte und ist intransitiv.

Formas simples de indicativo [① c > zc vor a und o]			
Presente	**Imperfecto**	**Indefinido**	**Futuro**
enrojezco enrojeces enrojece enrojecemos enrojecéis enrojecen	enrojecía enrojecías enrojecía enrojecíamos enrojecíais enrojecían	enrojecí enrojeciste enrojeció enrojecimos enrojecisteis enrojecieron	enrojeceré enrojecerás enrojecerá enrojeceremos enrojeceréis enrojecerán
Formas simples de subjuntivo ①		**Imperativo** ①	**Condicional**
Presente	**Pasado**	**Imperativo**	**Simple**
enrojezca enrojezcas enrojezca enrojezcamos enrojezcáis enrojezcan	enrojeciese o enrojeciera enrojecieses o enrojecieras enrojeciese o enrojeciera enrojeciésemos o enrojeciéramos enrojecieseis o enrojecierais enrojeciesen o enrojecieran	 (tú) enrojece (ud.) enrojezca (nos.) enrojezcamos (vos.) enrojeced (uds.) enrojezcan	enrojecería enrojecerías enrojecería enrojeceríamos enrojeceríais enrojecerían
Formas compuestas de indicativo		**y**	**subjuntivo**
Perfecto	**Presente** (PROG)	**Pasado** (PROG)	**Pluscuamperfecto**
he enrojecido has enrojecido ha enrojecido hemos enrojecido habéis enrojecido han enrojecido	estoy enrojeciendo estás enrojeciendo está enrojeciendo estamos enrojeciendo estáis enrojeciendo están enrojeciendo	estuviera enrojeciendo estuvieras enrojeciendo estuviera enrojeciendo estuviéramos enrojeciendo estuvierais enrojeciendo estuvieran enrojeciendo	hubiese enrojecido hubieses enrojecido hubiese enrojecido hubiésemos enrojecido hubieseis enrojecido hubiesen enrojecido

Das Verb enrojecer + belebte Subjekte

- **El alumno** enrojeció al recoger las notas. | ▫ *Der Schüler errötete bei der Notenvergabe.*
- ¡No nos hagas enrojecer! | ▫ *Dass wir nicht erröten!*
- Si **la pierna** enrojece hay riesgo de trombo. | ▫ *Wenn das Bein errötet, besteht Tromboserisiko.*
- Si **el cutis** está enrojecido, hay acné rosácea. | ▫ *Wenn die Haut rot ist, hat man Rosazea.*

Folgende Verben werden ähnlich konjugiert

- ▶ **amarillecer** ▪ El papel con mucha lignina amarillece pronto. | ▫ *Papier mit viel Lignin vergilbt schnell.*
- ▶ **blanquecer** ▪ Los joyeros blanquecieron las monedas. | ▫ *Die Goldschmiede polierten die Münzen.*
- ▶ **emblanquecer** ▪ El agua emblanquece cuando se torna nieve. | ▫ *Wasser wird weiß, wenn es zu Schnee wird.*
- ▶ **ennegrecer** ▪ Es normal que las fachadas ennegrezcan en ciudades industriales. | ▫ *Es ist normal, dass die Fassaden in Industriestädten schwarz anlaufen.*
- ▶ **ensombrecer** ▪ La fuga del rey emérito ensombrece la reputación de España. | ▫ *Die Flucht des Königs trübt den Ruf Spaniens.*
- ▶ **esclarecer** ▪ Dudo que la justicia esclarezca los hechos. | ▫ *Ich bezweifle, dass die Justiz die Tat aufklärt.*
- ▶ **fosforecer** ▪ Algunas algas fosforecen. | ▫ *Einige Algen phosphoreszieren.*
- ▶ **palidecer** ▪ El paciente palideció por el diagnóstico. | ▫ *Der Patient erblasste wegen der Diagnose.*
- ▶ **reverdecer** ▪ ¡Que llueva para que reverdezcan los prados! | ▫ *Es soll regnen, damit die Wiesen grünen.*

Das Verb **entristecer** bedeutet ***traurig werden/machen***, ist meist intransitiv, kann jedoch auch transitiv verwendet werden. Als intransitives Verb (***traurig machen***) kann es mit unbelebten Subjekten auftreten.

Formas simples de indicativo [① c > zc vor a und o]			
Presente	**Imperfecto**	**Indefinido**	**Futuro**
entristezco entristeces entristece entristecemos entristecéis entristecen	entristecía entristecías entristecía entristecíamos entristecíais entristecían	entristecí entristeciste entristeció entristecimos entristecisteis entristecieron	entristeceré entristecerás entristecerá entristeceremos entristeceréis entristecerán
Formas simples de subjuntivo ①		**Imperativo** ①	**Condicional**
Presente	**Pasado**	**Imperativo**	**Simple**
entristezca entristezcas entristezca entristezcamos entristezcáis entristezcan	entristeciese o entristeciera entristecieses o entristecieras entristeciese o entristeciera entristeciésemos o entristeciéramos entristecieseis o entristecierais entristeciesen o entristecieran	 (tú) entristece (ud.) entristezca (nos.) entristezcamos (vos.) entristeced (uds.) entristezcan	entristecería entristecerías entristecería entristeceríamos entristeceríais entristecerían
Formas compuestas de indicativo	**y**	**subjuntivo**	
Perfecto	**Presente** (PROG)	**Pasado** (PROG)	**Pluscuamperfecto**
he entristecido has entristecido ha entristecido hemos entristecido habéis entristecido han entristecido	estoy entristeciendo estás entristeciendo está entristeciendo estamos entristeciendo estáis entristeciendo están entristeciendo	estuviera entristeciendo estuvieras entristeciendo estuviera entristeciendo estuviéramos entristeciendo estuvierais entristeciendo estuvieran entristeciendo	hubiese entristecido hubieses entristecido hubiese entristecido hubiésemos entristecido hubieseis entristecido hubiesen entristecido

Das Verb **entristecer** als transitives sowie intransitives Verb + optionale **Dativobjekte**

- Entristezco cada vez que veo las noticias. | ▫ *Ich werde jedes Mal traurig, wenn ich die Nachrichten sehe.*
- **Nos** entristece la desigualdad. | ▫ *Die Ungleichheit macht uns traurig.* (Achtung: Akkusativ im Deutschen)
- No hay nada que **me** entristezca. | ▫ *Es gibt nichts, was mich traurig macht.*

Das Verb **entristecer** + Nebensätze (im *Konjunktiv*) eingeleitet von **que** in der Funktion des Subjekts

- Les entristece **que** su hijo *esté* enfermo. | ▫ *Es macht sie traurig, dass ihr Sohn krank ist.*
- Le entristeció **que** *ganasen* los radicales. | ▫ *Es machte ihn traurig, dass die Radikalen gewannen.*

Das Verb **entristecer** + *Infinitivsätze*

- Nos entristeció *ver pobreza en Perú.* | ▫ *Es machte uns traurig, die Armut in Peru zu sehen.*
- Le entristece *traer malas noticias.* | ▫ *Es macht sie traurig, schlechte Botschaften zu* überbringen.

Folgende Verben werden ähnlich konjugiert

- ▶ **enmudecer** ▪ Al oír el grito, enmudecimos. | ▫ *Als wir den Schrei hörten, verstummten wir.*
- ▶ **enorgullecer** ▪ Nos enorgullece que termines medicina. | ▫ *Wir sind stolz, dass du das Medizinstudium beendest.*
- ▶ **enrarecer** ▪ El ambiente laboral está enrarecido. | ▫ *Das Arbeitsklima ist stickig.*
- ▶ **ensordecer** ▪ Ensordeció por su trabajo en la mina. | ▫ *Er wurde wegen der Arbeit am Bergwerk taub.*
- ▶ **envilecer** ▪ La ONG[12] envileció a sus miembros. | ▫ *Die NGO* würdigte ihre Mitglieder *herab.*

[12] ONG (Organización no gubernamental): NGO (Non-governmental organization = Nichtregierungsorganisation)

Das Verb **estremecerse** bedeutet ***erschaudern***, selektiert belebte Subjekte und ist intransitiv.

Formas simples de indicativo [① c > zc vor a und o]			
Presente	**Imperfecto**	**Indefinido**	**Futuro**
estremezco estremeces estremece estremecemos estremecéis estremecen	estremecía estremecías estremecía estremecíamos estremecíais estremecían	estremecí estremeciste estremeció estremecimos estremecisteis estremecieron	estremeceré estremecerás estremecerá estremeceremos estremeceréis estremecerán
Formas simples de subjuntivo ①		**Imperativo** ①	**Condicional**
Presente	**Pasado**	**Imperativo**	**Simple**
estremezca estremezcas estremezca estremezcamos estremezcáis estremezcan	estremeciese o estremeciera estremecieses o estremecieras estremeciese o estremeciera estremeciésemos o estremeciéramos estremecieseis o estremecierais estremeciesen o estremecieran	 (tú) estremece (ud.) estremezca (nos.) estremezcamos (vos.) estremeced (uds.) estremezcan	estremecería estremecerías estremecería estremeceríamos estremeceríais estremecerían
Formas compuestas de indicativo	**y**	**subjuntivo**	
Perfecto	**Presente** (PROG)	**Pasado** (PROG)	**Pluscuamperfecto**
he estremecido has estremecido ha estremecido hemos estremecido habéis estremecido han estremecido	estoy estremeciendo estás estremeciendo está estremeciendo estamos estremeciendo estáis estremeciendo están estremeciendo	estuviera estremeciendo estuvieras estremeciendo estuviera estremeciendo estuviéramos estremeciendo estuvierais estremeciendo estuvieran estremeciendo	hubiese estremecido hubieses estremecido hubiese estremecido hubiésemos estremecido hubieseis estremecido hubiesen estremecido

Das Verb estremecerse

- La mujer se estremeció en la oscuridad. | ▫ *Die Frau erschauderte in der Dunkelheit.*
- No hay nadie que no se estremezca. | ▫ *Es gibt niemanden, der nicht erschaudert.*

Folgende Verben werden ähnlich konjugiert

- ► **acaecer** ▪ La muerte de Evita Perón[13] acaeció en 1952. | ▫ *Der Tod von Evita Perón ereignete sich im Jahr 1952.*
- ► **acontecer** ▪ El golpe de estado del 23F[14] aconteció en 1981. | ▫ *Der Staatsstreich des 23F geschah 1981.*
- ► **desentumecer** ▪ Voy a pasear para que se desentumezcan las piernas. | ▫ *Ich gehe spazieren, damit die Beine aus der Erstarrung erwachen.*
- ► **enmohecer** ▪ No quieren que la pared enmohezca. | ▫ *Sie möchten nicht, dass die Wand verschimmelt.*
- ► **enmugrecer** ▪ La reubicación de las fábricas impide que enmugrezcan las fachadas de la ciudad. | ▫ *Die Verlegung der Fabriken verhindert, dass die Fassaden der Städte beschmutzt werden.*
- ► **enternecer** ▪ Me enternecen los gatitos pequeños. | ▫ *Die kleinen Kätzchen rühren mich.*
- ► **entumecer** ▪ No quiero que se me entumezcan las piernas. | ▫ *Ich möchte nicht, dass meine Beine einschlafen.*
- ► **florecer** ▪ Dudo que el azafrán florezca en septiembre. | ▫ *Ich bezweifle, dass der Safran im September blühen wird.*

[13] Eva María Duarte, bekannt als Evita Perón (1919–1952), war die Frau des argentinischen Präsidenten Juan Domingo Perón (1895–1974).

[14] Mit dem Kürzel 23F wird auf den Staatsstreich am 23. Februar 1981 in Spanien Bezug genommen.

Das Verb **fallecer** bedeutet ***sterben***, selektiert belebte Subjekte und ist intransitiv.

Formas simples de indicativo [① c > zc vor a und o]			
Presente	**Imperfecto**	**Indefinido**	**Futuro**
fallezco falleces fallece fallecemos fallecéis fallecen	fallecía fallecías fallecía fallecíamos fallecíais fallecían	fallecí falleciste falleció fallecimos fallecisteis fallecieron	falleceré fallecerás fallecerá falleceremos falleceréis fallecerán
Formas simples de subjuntivo ①		**Imperativo** ①	**Condicional**
Presente	**Pasado**	**Imperativo**	**Simple**
fallezca fallezcas fallezca fallezcamos fallezcáis fallezcan	falleciese o falleciera fallecieses o fallecieras falleciese o falleciera falleciésemos o falleciéramos fallecieseis o fallecierais falleciesen o fallecieran	 (tú) fallece (ud.) fallezca (nos.) fallezcamos (vos.) falleced (uds.) fallezcan	fallecería fallecerías fallecería falleceríamos falleceríais fallecerían
Formas compuestas de indicativo	**y**		**subjuntivo**
Perfecto	**Presente** (PROG)	**Pasado** (PROG)	**Pluscuamperfecto**
he fallecido has fallecido ha fallecido hemos fallecido habéis fallecido han fallecido	estoy falleciendo estás falleciendo está falleciendo estamos falleciendo estáis falleciendo están falleciendo	estuviera falleciendo estuvieras falleciendo estuviera falleciendo estuviéramos falleciendo estuvierais falleciendo estuvieran falleciendo	hubiese fallecido hubieses fallecido hubiese fallecido hubiésemos fallecido hubieseis fallecido hubiesen fallecido

Das Verb fallecer + Modalergänzungen eingeleitet von **Präpositionen**

- El activista falleció **por** casusas naturales. | ▫ *Der Aktivist starb aus natürlichen Gründen.*
- Fallecieron **por** causas desconocidas. | ▫ *Sie starben aus unbekannten Gründen.*
- Falleceremos **en** soledad. | ▫ *Wir werden einsam sterben.*
- Evita Perón[15] falleció de cáncer muy joven. | ▫ *Evita Perón starb sehr jung wegen Krebs.*
- Como fallezca tu padre **sin** testamento … | ▫ *Sollte dein Vater ohne Testament sterben…*
- "Billy el Niño", torturador franquista, falleció **con** las medallas puestas en mayo de 2020. |
▫ *„Billy el Niño", franquistischer Folterer, starb 2020 mit all seinen Medaillen.*

Nützliche Redewendungen mit fallecer

- A tu enemigo fallecido, perdón y olvido. | ▫ *Deinem verstorbenen Feind, Verzeihung und Vergessen.*

Folgende Verben werden ähnlich konjugiert

▶ **desfallecer** ▪ Es normal que desfallezcamos con este calor. | ▫ *Bei der Hitze ist es normal, dass wir in Ohnmacht fallen.*

▶ **languidecer** ▪ Ella languidece cada vez que llama su novio. | ▫ *Sie verzehrt sich jedes Mal, wenn ihr Freund anruft.*

▶ **nacer** ▪ Su nieto nacerá en abril. | ▫ *Ihr Enkelkind wird im April geboren werden.*

▶ **pacer** ▪ En ese prado pacen las ovejas. | ▫ *Die Schafe grasen auf jener Wiese.*

▶ **perecer** ▪ El cantante Efrén Rubén pereció en un accidente. | ▫ *Der Sänger E. Rubén kam bei einem Unfall um.*

[15] Eva María Duarte (1919–1952), bekannt als Evita Perón, war die Ehefrau des argentinischen Präsidenten Juan Domingo Perón (1895–1974).

Das Verb **merecer** bedeutet ***verdienen***, selektiert in der Regel belebte Subjekte und ist transitiv.

Formas simples de indicativo [① c > zc vor a und o]			
Presente	**Imperfecto**	**Indefinido**	**Futuro**
merezco mereces merece merecemos merecéis merecen	merecía merecías merecía merecíamos merecíais merecían	merecí mereciste mereció merecimos merecisteis merecieron	mereceré merecerás merecerá mereceremos mereceréis merecerán
Formas simples de subjuntivo ①		**Imperativo** ①	**Condicional**
Presente	**Pasado**	**Imperativo**	**Simple**
merezca merezcas merezca merezcamos merezcáis merezcan	mereciese o mereciera merecieses o merecieras mereciese o mereciera mereciésemos o mereciéramos merecieseis o merecierais mereciesen o merecieran	*nicht gebräuchlich* (tú) merece (ud.) merezca (nos.) merezcamos (vos.) mereced (uds.) merezcan	merecería merecerías merecería mereceríamos mereceríais merecerían
Formas compuestas de indicativo	**y**	**subjuntivo**	
Perfecto	**Presente** (PROG)	**Pasado** (PROG)	**Pluscuamperfecto**
he merecido has merecido ha merecido hemos merecido habéis merecido han merecido	estoy mereciendo estás mereciendo está mereciendo estamos mereciendo estáis mereciendo están mereciendo	estuviera mereciendo estuvieras mereciendo estuviera mereciendo estuviéramos mereciendo estuvierais mereciendo estuvieran mereciendo	hubiese merecido hubieses merecido hubiese merecido hubiésemos merecido hubieseis merecido hubiesen merecido

Das Verb merecer + **direkte Objekte**

- Yo merezco **un aumento de sueldo.** | ▫ *Ich verdiene eine Gehaltserhöhung.*

Das Verb merecer + *Infinitiv*- und Nebensätze (im *Konjunktiv*) eingeleitet von **que**

- La candidata merece *ser considerada.* | ▫ *Die Kandidatin verdient es, berücksichtigt zu werden.*
- Merece **que** *sea considerado.* | ▫ *Er verdient, dass er berücksichtigt wird.*

Nützliche Redewendungen mit merecer

- No creo que merezcamos ese honor. | ▫ *Ich glaube nicht, dass wir diese Ehre verdienen.*

Folgende Verben werden ähnlich konjugiert

- ▶ **desobedecer** ▪ El capitán desobedeció las órdenes. | ▫ *Der Kapitän befolgte die Befehle nicht.*
- ▶ **enaltecer** ▪ Según dicen, enalteció el terrorismo. | ▫ *Nach Hörensagen verherrlichte er den Terrorismus.*
- ▶ **enardecer** ▪ Se enardecen los ánimos con VOX[16]. | ▫ *Die Gemüter erregen sich aufgrund von VOX.*
- ▶ **entorpecer** ▪ ¡No entorpezcan la circulación! | ▫ *Behindern Sie nicht den Verkehr!*
- ▶ **favorecer** ▪ El pelo corto le favorece mucho. | ▫ *Der kurze Haarschnitt steht ihm gut.*
- ▶ **obedecer** ▪ No creo que obedezca a mala fe. | ▫ *Ich glaube nicht, dass es böswillig gemeint ist.*

[16] VOX ist eine spanische rechtsradikale und rechtspopulistische Partei, die im Dezember 2013 vom abtrünnigen Santiago Abascal (1976) der konservativen und christdemokratischen Partei *Partido Popular* gegründet wurde.

PERTENECER: pertenecido | perteneciendo

Das Verb **pertenecer** bedeutet ***gehören*** und ist intransitiv.

Formas simples de indicativo [① c > zc vor a und o]			
Presente	**Imperfecto**	**Indefinido**	**Futuro**
pertenezco perteneces pertenece pertenecemos pertenecéis pertenecen	pertenecía pertenecías pertenecía pertenecíamos pertenecíais pertenecían	pertenecí perteneciste perteneció pertenecimos pertenecisteis pertenecieron	perteneceré pertenecerás pertenecerá perteneceremos perteneceréis pertenecerán
Formas simples de subjuntivo ①		**Imperativo** ①	**Condicional**
Presente	**Pasado**	**Imperativo**	**Simple**
pertenezca pertenezcas pertenezca pertenezcamos pertenezcáis pertenezcan	perteneciese o perteneciera pertenecieses o pertenecieras perteneciese o perteneciera perteneciésemos o perteneciéramos pertenecieseis o pertenecierais perteneciesen o pertenecieran	(tú) pertenece (ud.) pertenezca (nos.) pertenezcamos (vos.) perteneced (uds.) pertenezcan	pertenecería pertenecerías pertenecería perteneceríamos perteneceríais pertenecerían
Formas compuestas de indicativo	**y**	**subjuntivo**	
Perfecto	**Presente** (PROG)	**Pasado** (PROG)	**Pluscuamperfecto**
he pertenecido has pertenecido ha pertenecido hemos pertenecido habéis pertenecido han pertenecido	estoy perteneciendo estás perteneciendo está perteneciendo estamos perteneciendo estáis perteneciendo están perteneciendo	estuviera perteneciendo estuvieras perteneciendo estuviera perteneciendo estuviéramos perteneciendo estuvierais perteneciendo estuvieran perteneciendo	hubiese pertenecido hubieses pertenecido hubiese pertenecido hubiésemos pertenecido hubieseis pertenecido hubiesen pertenecido

Das Verb **pertenecer** mit der Bedeutung ***gehören***

- Aeropuerto: ¿Le pertenece esta maleta? | ▫ *Am Flughafen: Gehört Ihnen dieser Koffer?*
- Debe pertenecerle a él por el sello que lleva. | ▫ *Wegen des Stempels muss es ihm gehören.*

Das Verb **pertenecer** mit der Bedeutung ***Teil eines Ganzen sein***

- No pertenezco a esa asociación. | ▫ *Ich gehöre jenem Verein nicht an.*
- Mis antepasados pertenecen a la etnia gitana. | ▫ *Meine Vorfahren sind Sinti und Roma.*
- Estos objetos pertenecen a la Edad de Bronce. | ▫ *Diese Gegenstände gehören in die Bronzezeit.*
- Esa empresa pertenece al Grupo Mondragón. | ▫ *Diese Firma gehört zur Gruppe Mondragón.*
- El logo pertenece a un fondo buitre de EEUU[17]. | ▫ *Das Logo gehört einem US-Geierfonds.*
- Aunque no pertenezcamos al club, … | ▫ *Auch wenn wir dem Verein nicht angehören, …*

Folgende Verben werden ähnlich konjugiert

▶ **abastecer** ▪ El huerto solar abastece la ciudad de luz. | ▫ *Die Solaranlage speist die Stadt mit Strom.*
▶ **aparecer** ▪ El apellido aparece por primera vez en 1649. | ▫ *Der Nachname wird erstmals 1649 erwähnt.*
▶ **desabastecer** ▪ El barrio está desabastecido de luz. | ▫ *Das Viertel ist nicht mit Strom versorgt.*
▶ **desaparecer** ▪ El río Guadiana aparece y desaparece. | ▫ *Der Fluss Guadiana fließt über- und unterirdisch.*
▶ **parecer** ▪ Me parezco mucho a mi abuelo. | ▫ *Ich sehe meinem Opa sehr ähnlich.*
▶ **permanecer** ▪ La biblioteca permanece cerrada. | ▫ *Die Bibliothek bleibt geschlossen.*
▶ **reaparecer** ▪ Plácido Domingo ha reaparecido. | ▫ *Plácido Domingo ist wieder aufgetaucht.*
▶ **restablecer** Se ha restablecido el suministro eléctrico. | ▫ *Die Stromversorgung ist wiederhergestellt.*

[17] EEUU (Estados Unidos): USA

Das Verb **rejuvenecer** bedeutet ***verjüngern***, selektiert belebte Subjekte und ist intransitiv.

Formas simples de indicativo [① c > zc vor a und o]			
Presente	**Imperfecto**	**Indefinido**	**Futuro**
rejuvenezco rejuveneces rejuvenece rejuvenecemos rejuvenecéis rejuvenecen	rejuvenecía rejuvenecías rejuvenecía rejuvenecíamos rejuvenecíais rejuvenecían	rejuvenecí rejuveneciste rejuveneció rejuvenecimos rejuvenecisteis rejuvenecieron	rejuveneceré rejuvenecerás rejuvenecerá rejuveneceremos rejuveneceréis rejuvenecerán
Formas simples de subjuntivo ①		**Imperativo** ①	**Condicional**
Presente	**Pasado**	**Imperativo**	**Simple**
rejuvenezca rejuvenezcas rejuvenezca rejuvenezcamos rejuvenezcáis rejuvenezcan	rejuveneciese o rejuveneciera rejuvenecieses o rejuvenecieras rejuveneciese o rejuveneciera rejuveneciésemos o rejuveneciéramos rejuvenecieseis o rejuvenecierais rejuveneciesen o rejuvenecieran	 (tú) rejuvenece (ud.) rejuvenezca (nos.) rejuvenezcamos (vos.) rejuveneced (uds.) rejuvenezcan	rejuvenecería rejuvenecerías rejuvenecería rejuveneceríamos rejuveneceríais rejuvenecerían
Formas compuestas de indicativo	**y**		**subjuntivo**
Perfecto	**Presente** (PROG)	**Pasado** (PROG)	**Pluscuamperfecto**
he rejuvenecido has rejuvenecido ha rejuvenecido hemos rejuvenecido habéis rejuvenecido han rejuvenecido	estoy rejuveneciendo estás rejuveneciendo está rejuveneciendo estamos rejuveneciendo estáis rejuveneciendo están rejuveneciendo	estuviera rejuveneciendo estuvieras rejuveneciendo estuviera rejuveneciendo estuviéramos rejuveneciendo estuvierais rejuveneciendo estuvieran rejuveneciendo	hubiese rejuvenecido hubieses rejuvenecido hubiese rejuvenecido hubiésemos rejuvenecido hubieseis rejuvenecido hubiesen rejuvenecido

Das Verb **rejuvenecer**

- La ropa moderna rejuvenece. | ▫ *Moderne Kleidung verjüngt einen.*
- La alegría rejuvenece y la tristeza envejece. | ▫ *Die Freude verjüngt einen und die Trauer lässt einen altern.*

Das Verb **rejuvenecer** + **Präpositionen** + **Nomina**

- El abuelo rejuveneció **en vacaciones.** | ▫ *Opa verjüngte in den Ferien.*

Folgende Verben werden ähnlich konjugiert

- ▶ **embellecer** ▪ Las cremas no embellecen. | ▫ *Cremes verschönen nicht.*
- ▶ **embravecer** ▪ El mar se embraveció al anochecer. | ▫ *Die See wurde am Abend rau.*
- ▶ **embrutecer** ▪ Los presos de Guantánamo embrutecieron. | ▫ *Die Guantanamo*häftlinge verrohten.
- ▶ **enfurecer** ▪ No me extraña que enfurezca. | ▫ *Es wundert mich nicht, dass er zornig wird.*
- ▶ **enloquecer** ▪ Supongamos que enloquezca Trump. | ▫ *Nehmen wir an, dass Trump wahnsinnig wird.*
- ▶ **envejecer** ▪ El ejercicio ayuda a envejecer de forma sana. | ▫ *Sport hilft gesund zu altern.*
- ▶ **palidecer** ▪ La mujer palideció al ver la puerta de su piso abierta. | ▫ *Die Frau erblasste, als sie ihre Wohnungstür offen vorfand.*
- ▶ **reverdecer** ▪ Los campos reverdecen en primavera. | ▫ *Die Felder ergrünen im Frühling wieder.*
- ▶ **recrudecer** ▪ Las condiciones laborales se recrudecen. | ▫ *Die Arbeitsbedingungen verschärfen sich.*
- ▶ **robustecer** ▪ Los abonos robustecen las plantas. | ▫ *Die Düngemittel stärken die Pflanzen.*

Das Verb **aislar** ist ein transitives Verb und bedeutet ***isolieren, dämmen***.

Formas simples de indicativo [① i > í bei Akzent auf i]			
Presente	**Imperfecto**	**Indefinido**	**Futuro**
aíslo aíslas aísla aislamos aisláis aíslan	aislaba aislabas aislaba aislábamos aislabais aislaban	aislé aislaste aisló aislamos aislasteis aislaron	aislaré aislarás aislará aislaremos aislaréis aislarán
Formas simples de subjuntivo ①		**Imperativo** ①	**Condicional**
Presente	**Pasado**	**Imperativo**	**Simple**
aísle aísles aísle aislemos aisléis aíslen	aislase o aislara aislases o aislaras aislase o aislara aislásemos o aisláramos aislaseis o aislarais aislasen o aislaran	 (tú) aísla (ud.) aísle (nos.) aislemos (vos.) aislad (uds.) aíslen	aislaría aislarías aislaría aislaríamos aislaríais aislarían
Formas compuestas de indicativo	**y**		**subjuntivo**
Perfecto	**Presente** (PROG)	**Pasado** (PROG)	**Pluscuamperfecto**
he aislado has aislado ha aislado hemos aislado habéis aislado han aislado	estoy aislando estás aislando está aislando estamos aislando estáis aislando están aislando	estuviese aislando estuvieses aislando estuviese aislando estuviésemos aislando estuvieseis aislando estuviesen aislando	hubiese aislado hubieses aislado hubiese aislado hubiésemos aislado hubieseis aislado hubiesen aislado

Das Verb aislar

- Mañana aíslan las paredes de la casa. | ▫ *Morgen werden die Wände des Hauses gedämmt.*
- Hoy aíslan a Juan por el virus. | ▫ *Sie isolieren Juan heute wegen des Virus.*
- Los bomberos aislaron el incendio. | ▫ *Die Feuerwehrmänner isolierten den Brand.*
- El electricista ha aislado los cables. | ▫ *Der Elektriker hat die Kabel isoliert.*
- Los investigadores aislaron el virus del sida de la saliva. | ▫ *Forscher isolierten den Aidsvirus im Speichel.*
- El bloqueo económico busca aislar a Cuba. | ▫ *Wirtschaftssanktionen sollen Cuba isolieren.* (wörtl.: *suchen zu isolieren*)

Das Verb aislar als Partizip aislado

- Ese caso de tuberculosis es un caso aislado. | ▫ *Jener Tuberkulosefall ist ein Einzelfall.*
- ¡Este acto vandálico es un hecho aislado! | ▫ *Diese vandalische Tat ist ein Einzelfall!*

Folgende Verben werden ähnlich konjugiert

- ▶ **ahijar** ▪ La tigresa ahijó al cachorro de tigre huérfano. | ▫ *Die Tigerin adoptierte das Waisentigerjunge.*
- ▶ **airar** ▪ El cliente salió airado de la tienda. | ▫ *Der Kunde verließ den Laden zornig.*
- ▶ **arcaizar** ▪ El futuro de subjuntivo es arcaizante. | ▫ *Konjunktiv Futur ist archaisch.*
- ▶ **desenraizar** ▪ Los operarios desenraízan el terreno. | ▫ *Die Arbeiter machen das Gelände wurzelfrei.*
- ▶ **desraizar** ▪ Los operarios desraízan la planta invasiva. | ▫ *Die Arbeiter entwurzeln die invasive Pflanze.*
- ▶ **enraizar** ▪ Esta práctica religiosa está muy enraizada. | ▫ *Diese religiöse Praktik ist tief verwurzelt.*
- ▶ **hebraizar** ▪ El judío hebraizó su apellido. | ▫ *Der Jude hebräisierte seinen Nachnamen.*
- ▶ **judaizar** ▪ Los conversos judaizaban después de 1492. | ▫ *Die zum Christentum konvertierten Juden praktizierten das Judentum nach 1492 im Geheimen weiter.*

Das Verb **andar** bedeutet *laufen* und ist ein intransitives Verb, welches auch eine quasi transitive Verwendung hat.

Formas simples de indicativo			
Presente	**Imperfecto**	**Indefinido**	**Futuro**
ando andas anda andamos andáis andan	andaba andabas andaba andábamos andabais andaban	anduve anduviste anduvo anduvimos anduvisteis anduvieron	andaré andarás andará andaremos andaréis andarán
Formas simples de subjuntivo		**Imperativo**	**Condicional**
Presente	**Pasado**	**Imperativo**	**Simple**
ande andes ande andemos andéis anden	anduviese o anduviera anduvieses o anduvieras anduviese o anduviera anduviésemos o anduviéramos anduvieseis o anduvierais anduviesen o anduvieran	 (tú) anda (ud.) ande (nos.) andemos (vos.) andad (uds.) anden	andaría andarías andaría andaríamos andaríais andarían
Formas compuestas de indicativo	**y**		**subjuntivo**
Perfecto	**Presente** (PROG)	**Pasado** (PROG)	**Pluscuamperfecto**
he andado has andado ha andado hemos andado habéis andado han andado	estoy andando estás andando está andando estamos andando estáis andando están andando	estuviese andando estuvieses andando estuviese andando estuviésemos andando estuvieseis andando estuviesen andando	hubiese andado hubieses andado hubiese andado hubiésemos andado hubieseis andado hubiesen andado

Das Verb andar kann in seltenen Fällen mit **direkten Objekten** verwendet werden

- Fue andando **10 kilómetros.** | ▫ *Er lief 10 km.*

Das Verb andar im **Gerundium**, das eine Progressivlesart implizieren kann

- Salió **andando** del hospital. | ▫ *Sie verließ das Krankenhaus zu Fuß.*
- Se mueve en silla de ruedas, pero entró **andando.** | ▫ *Sie fährt Rollstuhl, aber sie trat zu Fuß ein.*

Das Verb andar mit **Gerundium**, das eine Progressivlesart implizieren kann

- Anduvimos **buscando** trabajo en Lima. | ▫ *Wir suchten eine Zeit lang Arbeit in Lima.*
- Anduvieron **reparando** el puente de Eiffel. | ▫ *Sie versuchten die Eiffel-Brücke zu reparieren.*

Nützliche Redewendungen mit andar

- ¡Quien mal anda, mal acaba! | ▫ *Was böse begonnen, muss böse enden*!
- Los empresarios andan de capa caída. | ▫ *Die Unternehmer sind bedrückt.*
- Anduve de la ceca a la Meca en Tráfico. | ▫ *Ich lief von Pontius zu Pilatus im Verkehrsamt.*
- ¡No andes por las ramas sin irte al tronco! | ▫ *Rede nicht um den heißen Brei!*
- "Caminante, no hay camino, se hace camino al andar". | ▫ *„Wanderer, es gibt keinen Weg. Beim Wandern baut man den Weg."* – Antonio Machado[18]

Folgende Verben werden ähnlich konjugiert

► **desandar** ▪ Es necesario desandar ese camino recorrido. | ▫ *Man muss den zurückgelegten Weg zurückverfolgen.*

[18] Antonio Machado (1875–1939) war ein spanischer Lyriker, der zur literarischen Bewegung der *Generación del 98* gehörte.

Das Verb **andar** ist ein intransitives Vollverb, welches eine Vielzahl von Bedeutungen hat.

Das Verb **andar** + **Präpositionen**

- Anda **con** indígenas de Bolivia. | ▫ *Er verkehrt mit bolivianischen Eingeborenen.*
- Su hijo anda **en** cuarto de filología. | ▫ *Ihr Sohn studiert Philologie im vierten Jahr.*
- Los bebés andan **a** gatas. | ▫ *Babies laufen auf allen Vieren.*
- Ese coche histórico anda **a** paso de tortuga. | ▫ *Dieser historische Wagen fährt im Schneckentempo.*
- Anduvieron **detrás** de la herencia de su tío. | ▫ *Sie waren hinter dem Erbe des Onkels her.*
- La policía anduvo **tras** el narcotraficante. | ▫ *Die Polizei war hinter dem Drogendealer her.*
- Juanito anda **sin** rumbo en la vida. | ▫ *Juanito läuft ziellos durchs Leben.*

Das Verb **andar** + **Präpositionen** und festen Redewendungen

- El reloj/la lavadora no anda. | ▫ *Die Uhr/Waschmaschine läuft nicht.*
- La aspiradora anda **en** el almacén. | ▫ *Der Staubsauger muss im Lager sein.*
- Anda **de** boca en boca que dimitirá. | ▫ *Es spricht sich rum, dass er sein Amt niederlegen wird.*
- Su madre anda **de** cabeza con la tensión. | ▫ *Seine Mutter wird wahnsinnig mit ihrem Blutdruck.*

Das Verb **andar** + **Adjektive** oder **Partizipien**

- Andaba **triste** desde el asesinato de su hermano. | ▫ *Sie war traurig nach dem Mord ihres Bruders.*
- El exbanquero Blesa andaba **raro** y se suicidó. | ▫ *Blesa war betrübt und nahm sich das Leben.*
- Pilar anda **descalza** en casa. | ▫ *Pilar läuft barfuß zu Hause.*
- José anduvo **desnudo** en la playa nudista. | ▫ *José lief nackt am FKK-Strand herum.*
- La abuela anda **desorientada**. Tiene demencia. | ▫ *Oma ist orientierungslos. Sie ist dement.*
- Tiene depresión profunda y anda **desaliñado.** | ▫ *Er ist depressiv und läuft ungepflegt rum.*
- Anduvieron **preocupados** por su salud. | ▫ *Sie machten sich Sorgen um ihre Gesundheit.*
- Julio andaba **desesperado** con su madre. | ▫ *Julio wurde wahnsinnig mit seiner Mutter.*
- Andaba **desquiciado** por el desahucio. | ▫ *Sie hatte wegen der Zwangsräumung den Halt verloren.*
- Andaba **encorvado** por la escoliosis. | ▫ *Er lief krumm wegen der Rückgratverkrümmung.*
- Ando **jorobado**. | ▫ *Mir geht es (gesundheitlich) schlecht im Moment.* (joroba = Buckel)
- Andarían **sumidos** en la miseria. | ▫ *Sie mussten in Elend versunken sein.*

Das Verb **andar** + **Partizipien** oder **Adverbien** + Präposition *de*

- Anda **sobrado** *de* contratos. | ▫ *Er kann sich vor Verträgen nicht retten.*
- Si anduviese **bien** *de* dinero/**mal** *de* salud, … | ▫ *Wenn er finanziell gut / gesundheitlich schlecht drauf wäre, …*

Das Verb **andarse** + feste Redewendungen mit **Präpositionen**

- No se anda **con** chiquitas/contemplaciones. | ▫ *Er geht nicht gerade feinfühlig um.*
- ¡Ándense **con** cuidado! | ▫ *Passen Sie gut auf sich auf!*
- Se anda **con** pies de plomo en el trabajo. | ▫ *Er handelt vorsichtig auf der Arbeit.*

Das Verb **andar** + feste Redewendungen

- Anduvimos como Pedro por su casa en Lima. | ▫ *Wir haben uns völlig ungeniert in Lima bewegt.*
- Andaba con la mosca detrás de la oreja. | ▫ *Er war auf der Hut.*

Nützliche Redewendungen mit **andar**

- ¡Ande yo caliente, ríase la gente! | ▫ *Lass die Leute reden und die Hunde bellen.*

Das Verb **asir** [19] bedeutet ***anfassen***, ist transitiv und kann pronominal als **asirse** verwendet werden.

Formas simples de indicativo [① g vor a und o]			
Presente	**Imperfecto**	**Indefinido**	**Futuro**
asgo ases ase asimos asís asen	asía asías asía asíamos asíais asían	así asiste asió asimos asisteis asieron	asiré asirás asirá asiremos asiréis asirán
Formas simples de subjuntivo ①		**Imperativo** ①	**Condicional**
Presente	**Pasado**	**Imperativo**	**Simple**
asga asgas asga asgamos asgáis asgan	asiese o asiera asieses o asieras asiese o asiera asiésemos o asiéramos asieseis o asierais asiesen o asieran	 (tú) ase (ud.) asga (nos.) asgamos (vos.) asid (uds.) asgan	asiría asirías asiría asiríamos asiríais asirían
Formas compuestas de indicativo	**y**		**subjuntivo**
Perfecto	**Presente** (PROG)	**Pasado** (PROG)	**Pluscuamperfecto**
he asido has asido ha asido hemos asido habéis asido han asido	estoy asiendo estás asiendo está asiendo estamos asiendo estáis asiendo están asiendo	estuviese asiendo estuvieses asiendo estuviese asiendo estuviésemos asiendo estuvieseis asiendo estuviesen asiendo	hubiese asido hubieses asido hubiese asido hubiésemos asido hubieseis asido hubiesen asido

Das Verb **asir** + **direkte Objekte**

- El cocinero asió la sartén por el mango. | ▫ *Der Koch packte die Pfanne am Stiel.*
- ¡No asgas **la cazuela de barro** sin trapo! | ▫ *Fasse den Tontopf nicht ohne einen Lappen an!*
- ¡Ase **el mueble** por ahí y yo lo asgo aquí! | ▫ *Packe das Möbelstück da und ich packe es hier!*

Das Verb **asir** als Pronominalverb **asirse**

- Me asgo a la barandilla para sujetarme. | ▫ *Ich halte mich am Geländer fest.*
- ¡No te asgas a esa reja! | ▫ *Halte dich nicht an jenem Gitter fest.*

Das Verb **asir** als Partizip **asido** (Genus- und Numeruskongruenz mit dem Subjekt)

- Los abuelos caminan asidos de la mano. | ▫ *Die Alten laufen Hand in Hand.*
- Los pequeños van asidos cuando salen de paseo. | ▫ *Die Kleinen gehen Hand in Hand beim Spaziergang.*
- Las niñas de párvulos vienen asidas. | ▫ *Die Vorschulmädchen kommen Hand in Hand.*

Folgende Verben werden ähnlich konjugiert

► **desasir** ▪ Hemos desasido la cesta. | ▫ *Wir haben den Korb losgelassen.*

[19] Nur bestimmte Formen des Verbs **asir** werden in der heutigen Zeit verwendet und das auch noch sehr selten.

Das Verb **aunar** bedeutet ***bündeln, vereinen*** und ist transitiv.

Formas simples de indicativo [① u > ú bei Akzent auf u]			
Presente	**Imperfecto**	**Indefinido**	**Futuro**
aúno aúnas aúna aunamos aunáis aúnan	aunaba aunabas aunaba aunábamos aunabais aunaban	auné aunaste aunó aunamos aunasteis aunaron	aunaré aunarás aunará aunaremos aunaréis aunarán
Formas simples de subjuntivo ①		**Imperativo** ①	**Condicional**
Presente	**Pasado**	**Imperativo**	**Simple**
aúne aúnes aúne aunemos aunéis aúnen	aunase o aunara aunases o aunaras aunase o aunara aunásemos o aunáramos aunaseis o aunarais aunasen o aunaran	 (tú) aúna (ud.) aúne (nos.) aunemos (vos.) aunad (uds.) aúnen	aunaría aunarías aunaría aunaríamos aunaríais aunarían
Formas compuestas de indicativo	**y**	**subjuntivo**	
Perfecto	**Presente** (PROG)	**Pasado** (PROG)	**Pluscuamperfecto**
he aunado has aunado ha aunado hemos aunado habéis aunado han aunado	estoy aunando estás aunando está aunando estamos aunando estáis aunando están aunando	estuviese aunando estuvieses aunando estuviese aunando estuviésemos aunando estuvieseis aunando estuviesen aunando	hubiese aunado hubieses aunado hubiese aunado hubiésemos aunado hubieseis aunado hubiesen aunado

Das Verb aunar wird in der Regel mit **direkten Objekten** im Plural verwendet

- Los bomberos aunaron **esfuerzos** para apagar el incendio. | ▫ *Die Feuerwehrmänner bündelten alle Kräfte, um das Feuer zu löschen.*

Das Verb aunar + **abstrakte direkte Objekte**

- El currículo escolar aúna **rigor y creatividad.** | ▫ *Der Studienplan vereint Stringenz und Kreativität.*
- Será un éxito si aúnan **fuerza e ilusión.** | ▫ *Es wird ein Erfolg, wenn sie Kraft und Freude vereinen.*

Das Verb aunar + **direkte Objekte**, die Ziel oder Tendenz bedeuten

- Trataremos de aunar **posturas.** | ▫ *Wir werden versuchen, Haltungen zu vereinen.*

Folgende Verben werden ähnlich konjugiert

▶ **ahumar** ▪ No ahúmo el queso antes de 3 meses. | ▫ *Ich räuchere den Käse nicht vor 3 Monaten.*
▶ **aullar** ▪ El lobo aúlla en lo alto del monte. | ▫ *Der Wolf jault auf der Spitze des Berges.*
▶ **aupar** ▪ El padre aupó a su hijo de corta edad. | ▫ *Der Vater hob sein kleinaltriges Kind hoch.*
▶ **desahumar** ▪ Todavía no han desahumado el piso. | ▫ *Sie haben die Wohnung noch nicht enträuchert.*
▶ **maullar** ▪ Los gatos maúllan mucho en febrero. | ▫ *Die Katzen miauen viel in Februar.*

Das Verb **averiguar** bedeutet ***herausfinden*** und ist transitiv.

Formas simples de indicativo [① u > ü vor e]			
Presente	**Imperfecto**	**Indefinido**	**Futuro**
averiguo averiguas averigua averiguamos averiguáis averiguan	averiguaba averiguabas averiguaba averiguábamos averiguabais averiguaban	averigüé averiguaste averiguó averiguamos averiguasteis averiguaron	averiguaré averiguarás averiguará averiguaremos averiguaréis averiguarán
Formas simples de subjuntivo ①		**Imperativo** ①	**Condicional**
Presente	**Pasado**	**Imperativo**	**Simple**
averigüe averigües averigüe averigüemos averigüéis averigüen	averiguase o averiguara averiguases o averiguaras averiguase o averiguara averiguásemos o averiguáramos averiguaseis o averiguarais averiguasen o averiguaran	 (tú) averigua (ud.) averigüe (nos.) averigüemos (vos.) averiguad (uds.) averigüen	averiguaría averiguarías averiguaría averiguaríamos averiguaríais averiguarían
Formas compuestas de indicativo	**y**		**subjuntivo**
Perfecto	**Presente** (PROG)	**Pasado** (PROG)	**Pluscuamperfecto**
he averiguado has averiguado ha averiguado hemos averiguado habéis averiguado han averiguado	estoy averiguando estás averiguando está averiguando estamos averiguando estáis averiguando están averiguando	estuviese averiguando estuvieses averiguando estuviese averiguando estuviésemos averiguando estuvieseis averiguando estuviesen averiguando	hubiese averiguado hubieses averiguado hubiese averiguado hubiésemos averiguado hubieseis averiguado hubiesen averiguado

Das Verb **averiguar** + **direkte Objekte**

- ¡Averigüe **la procedencia** de esta carta! | ▫ *Finden Sie die Herkunft dieses Briefes heraus!*

Das Verb **averiguar** + Nebensätze eingeleitet von **que** und **si**

- Averigüé **que** ese pintor era mi abuelo. | ▫ *Ich fand heraus, dass jener Maler mein Opa war.*
- Averiguamos **que** era daltónico. | ▫ *Wir fanden heraus, dass er farbenblind war.*
- ¡Averigüemos **si** piensa asistir! | ▫ *Lass uns herausfinden, ob er teilnehmen wird.*
- Déjeme averiguar **si** paga puntualmente. | ▫ *Lassen Sie mich herausfinden, ob er pünktlich zahlt.*

Das Verb **averiguar** + Nebensätze eingeleitet von **Fragepronomina**

- Averiguaremos **cómo** llegó. | ▫ *Wir werden herausfinden, wie er ankam.*
- ¡Averigua **cuándo** llamó! | ▫ *Finde heraus, wann er anrief!*
- Dudo que averigüe **cómo** llegar aquí. | ▫ *Ich bezweifle, dass sie herausfindet, wie sie hierherkommt.*
- Ruego averigüen **quién** vertió la basura. | ▫ *Ich bitte darum, dass Sie herausfinden, wer den Müll auskippte.*

Folgende Verben werden ähnlich konjugiert

- ▶ **atestiguar** ▪ Este documento atestigua que el acusado desconocía los hechos. | ▫ *Dieses Dokument zeigt, dass der Angeklagte den Tatbestand nicht kannte.*
- ▶ **desambiguar** ▪ El contexto desambigua el significado de algunas palabras. | ▫ *Der Kontext disambiguiert die Bedeutung mancher Wörter.*
- ▶ **deslenguar** ▪ El exdiputado es un deslenguado. | ▫ *Der ehemalige Abgeordnete ist ein Lästermaul.*
- ▶ **santiguar** ▪ ¡Santígüese al entrar a la iglesia! | ▫ *Bekreuzigen Sie sich, bevor Sie die Kirche betreten!*

EVACUAR: evacuado | evacuando

Das Verb **evacuar** ist transitiv und hat eine Vielzahl von Bedeutungen.

Formas simples de indicativo			
Presente	**Imperfecto**	**Indefinido**	**Futuro**
evacuo o evacúo evacuas o evacúas evacua o evacúa evacuamos evacuáis evacuan o evacúan	evacuaba evacuabas evacuaba evacuábamos evacuabais evacuaban	evacué evacuaste evacuó evacuamos evacuasteis evacuaron	evacuaré evacuarás evacuará evacuaremos evacuaréis evacuarán
Formas simples de subjuntivo		**Imperativo**	**Condicional**
Presente	**Pasado**	**Imperativo**	**Simple**
evacue o evacúe evacues o evacúes evacue o evacúe evacuemos evacuéis evacue o evacúe	evacuase o evacuara evacuases o evacuaras evacuase o evacuara evacuásemos o evacuáramos evacuaseis o evacuarais evacuasen o evacuaran	 (tú) evacua o evacúa (ud.) evacue evacúe (nos.) evacuemos (vos.) evacuad (uds.) evacuen o evacúen	evacuaría evacuarías evacuaría evacuaríamos evacuaríais evacuarían
Formas compuestas de indicativo	**y**	**subjuntivo**	
Perfecto	**Presente** (PROG)	**Pasado** (PROG)	**Pluscuamperfecto**
he evacuado has evacuado ha evacuado hemos evacuado habéis evacuado han evacuado	estoy evacuando estás evacuando está evacuando estamos evacuando estáis evacuando están evacuando	estuviese evacuando estuvieses evacuando estuviese evacuando estuviésemos evacuando estuvieseis evacuando estuviesen evacuando	hubiese evacuado hubieses evacuado hubiese evacuado hubiésemos evacuado hubieseis evacuado hubiesen evacuado

Das Verb evacuar mit der Bedeutung *evakuieren, räumen* oder *verlassen* + **direkte Objekte**

- La policía evacúa **el edificio**. | ▫ *Die Polizei räumt das Gebäude.*
- ¡Evacúen **la nave** inmediatamente! | ▫ *Verlassen Sie das Schiff unverzüglich!*
- Los militares han evacuado **la zona inundada**. | ▫ *Das Militär hat das überschwemmte Gebiet evakuiert.*
- Debido a la explosión están evacuando **la fábrica**. | ▫ *Wegen der Explosion räumt man im Augenblick die Fabrik.*
- Evacúan **a los montañeros** en helicóptero. | ▫ *Sie evakuieren die Bergsteiger per Hubschrauber.*

Das Verb evacuar mit der Bedeutung *leeren* + **direkte Objekte**

- Los bomberos han evacuado **los tanques del petrolero naufragado**. | ▫ *Die Feuerwehr hat die Tanks des Öltankers geleert.*
- El paciente no evacúa. | ▫ *Der Patient hat keinen Stuhlgang.*
- No evacúa **el vientre** desde hace tres días. | ▫ *Er hat seit drei Tagen keinen Stuhlgang.*

Folgende Verben werden ähnlich konjugiert

▶ **adecuar** ▪ Los Pérez adecúan el piso a las necesidades de su padre. | ▫ *Die Pérez passen die Wohnung den Bedürfnissen ihres Vaters an.*

▶ **estatuar**[20] ▪ El ayuntamiento estatuó la plaza. | ▫ *Der Gemeinderat hat den Platz mit Statuen geschmückt.*

▶ **licuar** ▪ La cocinera está licuando las frutas. | ▫ *Die Köchin presst das Obst.*

[20] Das Verb **estatuar** hat nur die erste Konjugationsmöglichkeit im Präsens.

MENGUAR: menguado | menguando

Das Verb **menguar** bedeutet ***verringern*** und kann sowohl transitiv als auch intransitiv verwendet werden.

Formas simples de indicativo [① u > ü vor e]			
Presente	**Imperfecto**	**Indefinido**	**Futuro**
menguo	menguaba	mengüé	menguaré
menguas	menguabas	menguaste	menguarás
mengua	menguaba	menguó	menguará
menguamos	menguábamos	menguamos	menguaremos
menguáis	menguabais	menguasteis	menguaréis
menguan	menguaban	menguaron	menguarán

Formas simples de subjuntivo ①		**Imperativo** ①	**Condicional**
Presente	**Pasado**	**Imperativo**	**Simple**
mengüe	menguase o menguara		menguaría
mengües	menguases o menguaras	(tú) mengua	menguarías
mengüe	menguase o menguara	(ud.) mengüe	menguaría
mengüemos	menguásemos o menguáramos	(nos.) mengüemos	menguaríamos
mengüéis	menguaseis o menguarais	(vos.) menguad	menguaríais
mengüen	menguasen o menguaran	(uds.) mengüen	menguarían

Formas compuestas de indicativo	**y**		**subjuntivo**
Perfecto	**Presente** (PROG)	**Pasado** (PROG)	**Pluscuamperfecto**
he menguado	estoy menguando	estuviese menguando	hubiese menguado
has menguado	estás menguando	estuvieses menguando	hubieses menguado
ha menguado	está menguando	estuviese menguando	hubiese menguado
hemos menguado	estamos menguando	estuviésemos menguando	hubiésemos menguado
habéis menguado	estáis menguando	estuvieseis menguando	hubieseis menguado
han menguado	están menguando	estuviesen menguando	hubiesen menguado

Das Verb **menguar** + **direkte Objekte**

- Debes menguar **diez puntos** en la sisa. | ▫ *Du musst 10 Stiche am Ärmelloch abnehmen.*
- Debes menguar **diez puntos** en la manga. | ▫ *Du musst zehn Stiche am Ärmel abnehmen.*
- Redujimos costes sin menguar **la calidad**. | ▫ *Wir senkten die Kosten, ohne die Qualität zu verschlechtern.*

Das Verb **menguar** als intransitives Verb

- El nivel de agua ha menguado. | ▫ *Der Wasserstand ist gesunken.*
- La masa forestal ha menguado mucho. | ▫ *Die Forstgebiete haben sich deutlich verringert.*

Folgende Verben werden ähnlich konjugiert

► **aguar** ▪ Tuve que aguar mis ambiciones. | ▫ *Ich musste meine Ambitionen zurückstecken.*
► **amortiguar** ▪ Este mecanismo amortigua los golpes. | ▫ *Dieser Mechanismus dämpft die Stöße.*
► **apaciguar** ▪ Hasta que se apacigüen los ánimos … | ▫ *Bis die Gemüter sich besänftigen …*
► **desaguar** ▪ Están desaguando el sótano. | ▫ *Sie pumpen das Wasser aus dem Keller.*
► **fraguar** ▪ El científico fraguó este proyecto. | ▫ *Dieser Wissenschaftler schmiedete dieses Projekt.*

Das Verb **caber** bedeutet ***passen*** oder ***durchpassen*** und ist ein intransitives Verb.

Formas simples de indicativo			
Presente	**Imperfecto**	**Indefinido**	**Futuro**
quepo cabes cabe cabemos cabéis caben	cabía cabías cabía cabíamos cabíais cabían	cupe cupiste cupo cupimos cupisteis cupieron	cabré cabrás cabrá cabremos cabréis cabrán
Formas simples de subjuntivo		**Imperativo**	**Condicional**
Presente	**Pasado**	**Imperativo**	**Simple**
quepa quepas quepa quepamos quepáis quepan	cupiese o cupiera cupieses o cupieras cupiese o cupiera cupiésemos o cupiéramos cupieseis o cupierais cupiesen o cupieran	*nicht gebräuchlich* (tú) cabe (ud.) quepa (nos.) quepamos (vos.) cabed (uds.) quepan	cabría cabrías cabría cabríamos cabríais cabrían
Formas compuestas de indicativo	**y**	**subjuntivo**	
Perfecto	**Presente** (PROG)	**Pasado** (PROG)	**Pluscuamperfecto**
he cabido has cabido ha cabido hemos cabido habéis cabido han cabido	estoy cabiendo estás cabiendo está cabiendo estamos cabiendo estáis cabiendo están cabiendo	estuviese cabiendo estuvieses cabiendo estuviese cabiendo estuviésemos cabiendo estuvieseis cabiendo estuviesen cabiendo	hubiese cabido hubieses cabido hubiese cabido hubiésemos cabido hubieseis cabido hubiesen cabido

Das Verb **caber** mit der Bedeutung *passen* + Ortsangaben eingeleitet von **Präpositionen**

- El sofá no cabe **por** la puerta. | ▫ *Das Sofa passt nicht durch die Tür.*
- ¡El piano no cabe **en** ese coche! | ▫ *Das Klavier passt nicht in jenes Auto!*

Das Verb **caber** + **Subjekte** (in der Regel nachgestellt)

- Aunque cupiese **esa remota posibilidad** … | ▫ *Auch wenn es diese entfernte Möglichkeit gäbe, …*
- Ante esta resolución no cabe **recurso.** | ▫ *Dieser Verfügung kann nicht widersprochen werden.*

Das Verb **caber** + **duda**

- No le **quepa** la menor **duda** de que actuaremos. | ▫ *Seien Sie versichert, dass wir handeln* (auch: *spielen*) *werden.*
- No os **quepa duda** de que os ayudaremos. | ▫ *Seid versichert, dass wir euch helfen werden.*

Das Verb **caber** + Nebensätze

- Cabe que llegue antes el avión de las ocho. | ▫ *Es ist möglich, dass das 8 Uhr-Flugzeug früher ankommt.*

Das Verb **caber** + *Infinitivsätze*

- Cabe entregar *la documentación más tarde.* | ▫ *Es ist möglich, die Unterlagen später einzureichen.*
- Cabe *solicitar la ayuda en línea.* | ▫ *Es ist möglich, die Unterstützung online zu beantragen.*

Nützliche Redewendungen mit **caber**

- Bueno y barato no caben en un zapato. | ▫ *Man kann nicht alles haben.*
- En chica cabeza, caben grandes ideas. | ▫ *In einem kleinen Kopf können große Ideen gedeihen.*

Das Verb **caer** bedeutet *fallen*, ist intransitiv und kann pronominal als **caerse** gebraucht werden.

Formas simples de indicativo			
Presente	**Imperfecto**	**Indefinido**	**Futuro**
caigo caes cae caemos caéis caen	caía caías caía caíamos caíais caían	caí caíste cayó caímos caísteis cayeron	caeré caerás caerá caeremos caeréis caerán
Formas simples de subjuntivo		**Imperativo**	**Condicional**
Presente	**Pasado**	**Imperativo**	**Simple**
caiga caigas caiga caigamos caigáis caigan	cayese o cayera cayeses o cayeras cayese o cayera cayésemos o cayéramos cayeseis o cayerais cayesen o cayeran	 (tú) cae (ud.) caiga (nos.) caigamos (vos.) caed (uds.) caigan	caería caerías caería caeríamos caeríais caerían
Formas compuestas de indicativo	y		**subjuntivo**
Perfecto	**Presente** (PROG)	**Pasado** (PROG)	**Pluscuamperfecto**
he caído has caído ha caído hemos caído habéis caído han caído	estoy cayendo estás cayendo está cayendo estamos cayendo estáis cayendo están cayendo	estuviese cayendo estuvieses cayendo estuviese cayendo estuviésemos cayendo estuvieseis cayendo estuviesen cayendo	hubiese caído hubieses caído hubiese caído hubiésemos caído hubieseis caído hubiesen caído

Das Verb caer + Orts- und Zeitangaben

- Nos caímos por las escaleras. | ▫ *Wir sind die Treppe runtergefallen.*
- Cayeron 74 soldados españoles en Iraq. | ▫ *Im Irak fielen 74 spanische Soldaten.*
- Florida cayó en manos de EEUU en 1819. | ▫ *Florida fiel 1819 unter amerikanische Herrschaft.*
- La farmacia cae a la derecha. | ▫ *Die Apotheke befindet sich von hier gesehen rechts.*
- Este año caen los Carnavales en febrero. | ▫ *Fasching ist dieses Jahr im Februar.*
- El euro cayó en picado el viernes. | ▫ *Der Euro stürzte am Freitag ab.*
- Se le cayó mucho pelo en el embarazo. | ▫ *Sie verlor viel Haar in der Schwangerschaft.*
- El fin del capitalismo salvaje está al caer. | ▫ *Das Ende des wilden Kapitalismus steht vor der Tür.*

Das Verb caer + **Adjektive** und *Adverbien* (Genus- und Numeruskongruenz) mit dem Subjekt

- Ellas cayeron **presas** en una red de narcotráfico. | ▫ *Sie fielen einem Drogenkartell zum Opfer.*
- Nosotros no caímos **enfermos** por coronavirus. | ▫ *Wir erkrankten nicht am Coronavirus.*
- Mariano Rajoy le cae **gordo**. | ▫ *Er mag Mariano Rajoy nicht.*
- Nosotros no le caemos *bien* al jefe. | ▫ *Der Chef mag uns nicht.*

Nützliche Redewendungen mit caer

- ¡Ahora caigo! | ▫ *Jetzt kapiere ich das!*
- ¿Te has caído de una higuera? | ▫ *Bist du doof?* (higuera = Feigenbaum)
- El soldado huyó del fuego para caer en brasas. | ▫ *Der Soldat kam vom Regen in die Traufe.*

Folgende Verben werden ähnlich konjugiert

► **decaer** ▪ Los trabajadores están decaídos. | ▫ *Die Belegschaft ist mit ihrer Moral am Boden.*
► **recaer** ▪ La responsabilidad de educar recae sobre los padres. | ▫ *Eltern haben die Erziehungspflicht.*

Das Verb **ceñir** bedeutet ***sich an etwas halten*** und ist transitiv, hat aber eine intransitive Verwendung in Begleitung von einem Dativobjekt.

Formas simples de indicativo			
Presente	**Imperfecto**	**Indefinido**	**Futuro**
ciño ciñes ciñe ceñimos ceñís ciñen	ceñía ceñías ceñía ceñíamos ceñíais ceñían	ceñí ceñiste ciñó ceñimos ceñisteis ciñeron	ceñiré ceñirás ceñirá ceñiremos ceñiréis ceñirán
Formas simples de subjuntivo		**Imperativo**	**Condicional**
Presente	**Pasado**	**Imperativo**	**Simple**
ciña ciñas ciña ciñamos ciñáis ciñan	ciñese o ciñera ciñeses o ciñeras ciñese o ciñera ciñésemos o ciñéramos ciñeseis o ciñerais ciñesen o ciñeran	 (tú) ciñe (ud.) ciña (nos.) ciñamos (vos.) ceñid (uds.) ciñan	ceñiría ceñirías ceñiría ceñiríamos ceñiríais ceñirían
Formas compuestas de indicativo	**y**	**subjuntivo**	
Perfecto	**Presente** (PROG)	**Pasado** (PROG)	**Pluscuamperfecto**
he ceñido has ceñido ha ceñido hemos ceñido habéis ceñido han ceñido	estoy ciñendo estás ciñendo está ciñendo estamos ciñendo estáis ciñendo están ciñendo	estuviera ciñendo estuvieras ciñendo estuviera ciñendo estuviéramos ciñendo estuvierais ciñendo estuvieran ciñendo	hubiese ceñido hubieses ceñido hubiese ceñido hubiésemos ceñido hubieseis ceñido hubiesen ceñido

Das Verb ceñir + **direkte Objekte** oder als Partizip ceñido

- El sastre ciñó **el cuello** del vestido. | ▫ *Der Schneider passte den Kleiderkragen an.*
- El vestido es muy ceñido. | ▫ *Das Kleid ist sehr eng / körperbetont.*

Das Verb ceñirse + Präposition **a**

- El contrato no se ciñe **a** lo pactado. | ▫ *Der Vertrag hält sich nicht an das Vereinbarte.*
- La norma se ciñe **a** la legislación vigente. | ▫ *Die Verordnung hält sich an das geltende Recht.*
- Hemos de ceñirnos **al** orden del día. | ▫ *Wir müssen uns an die Tagesordnung halten.*
- Los gastos deben ceñirse **al** presupuesto. | ▫ *Die Ausgaben müssen innerhalb des Etats liegen.*

Folgende Verben werden ähnlich konjugiert

- ▶ **constreñir** ▪ El Código de Circulación constriñe la libertad de movimiento. | ▫ *Die Straßenverkehrsordnung schränkt die Bewegungsfreiheit ein.*
- ▶ **desceñir** ▪ El torero desciñó la faja. | ▫ *Der Stierkämpfer löste den Hüftgürtel.*
- ▶ **desteñir** ▪ Estos pantalones han desteñido. | ▫ *Diese Hose ist ausgeblichen.*
- ▶ **estreñir** ▪ Mi hijo es muy estreñido. | ▫ *Mein Sohn hat Probleme mit dem Stuhlgang.*
- ▶ **reñir** ▪ José y Emilia riñeron ayer. | ▫ *José und Emilia stritten sich gestern.*
- ▶ **reteñir** ▪ Debo reteñir esta blusa roja. | ▫ *Ich muss diese rote Bluse wieder färben.*
- ▶ **teñir** ▪ Este peluquero tiñe el pelo con tinte natural. | ▫ *Dieser Frisör färbt die Haare mit Naturfarben.*

Das Verb **introducir** bedeutet ***einführen*** und ist transitiv.

Formas simples de indicativo			
Presente	**Imperfecto**	**Indefinido**	**Futuro**
introduzco introduces introduce introducimos introducís introducen	introducía introducías introducía introducíamos introducíais introducían	introduje introdujiste introdujo introdujimos introdujisteis introdujeron	introduciré introducirás introducirá introduciremos introduciréis introducirán
Formas simples de subjuntivo		**Imperativo**	**Condicional**
Presente	**Pasado**	**Imperativo**	**Simple**
introduzca introduzcas introduzca introduzcamos introduzcáis introduzcan	introdujese o introdujera introdujeses o introdujeras introdujese o introdujera introdujésemos o introdujéramos introdujeseis o introdujerais introdujesen o introdujeran	 (tú) introduce (ud.) introduzca (nos.) introduzcamos (vos.) introducid (uds.) introduzcan	introduciría introducirías introduciría introduciríamos introduciríais introducirían
Formas compuestas de indicativo	**y**		**subjuntivo**
Perfecto	**Presente** (PROG)	**Pasado** (PROG)	**Pluscuamperfecto**
he introducido has introducido ha introducido hemos introducido habéis introducido han introducido	estoy introduciendo estás introduciendo está introduciendo estamos introduciendo estáis introduciendo están introduciendo	estuviese introduciendo estuvieses introduciendo estuviese introduciendo estuviésemos introduciendo estuvieseis introduciendo estuviesen introduciendo	hubiese introducido hubieses introducido hubiese introducido hubiésemos introducido hubieseis introducido hubiesen introducido

Die Verben introducir + **direkte Objekte** und introducirse

- El viajero introdujo **monedas** en el cajero. | ▫ *Der Reisende führte Münzen in den Automaten ein.*
- Federico II introdujo **el cultivo de patata** en Prusia en 1756. | ▫ *Friedrich II. führte den Kartoffelanbau in Preußen ab 1756 ein.*
- El inversor quiere que introduzcamos **el teletrabajo**. | ▫ *Der Investor möchte, dass wir Homeoffice einführen.*
- Los romanos introdujeron **la escuela pública**. | ▫ *Die Römer führten die öffentliche Schule ein.*
- Introdujimos **a su hija** a la alta sociedad. | ▫ *Wir stellten ihre Tochter der edlen Gesellschaft vor.*
- Introdujimos **la llave** en la bocallave. | ▫ *Wir führten den Schlüssel ins Schlüsselloch ein.*
- Se introdujo en círculos de empresas mineras. | ▫ *Er drang in Kreisen der Bergbaufirmen ein.*

Das Verb introducir + **Zeitangaben**

- Introdujo **lentamente** el tubo al herido. | ▫ *Sie intubierte den Verletzten langsam.*

Folgende Verben werden ähnlich konjugiert

- ▶ **aducir** ▪ El alumno adujo que no estaba en clase. | ▫ *Der Schüler trug vor, dass er nicht in der Klasse war.*
- ▶ **autoinducir** ▪ El movimiento de un imán autoinduce una corriente eléctrica en una bobina. | ▫ *Die Bewegung eines Magnets um eine Drahtspule verursacht einen Stromfluss.*
- ▶ **deducir** ▪ Deduzco que no te presentarás. | ▫ *Dem entnehme ich, dass du dich nicht vorstellen wirst.*
- ▶ **inducir** ▪ El médico indujo el estado de coma. | ▫ *Der Arzt leitete das Koma ein.*
- ▶ **traducir** ▪ Su hijo tradujo a un poeta francés. | ▫ *Ihr Sohn hat einen französischen Dichter übersetzt.*

Das Verb **producir** bedeutet ***herstellen***, ***verursachen*** und ist transitiv.

Formas simples de indicativo			
Presente	**Imperfecto**	**Indefinido**	**Futuro**
produzco produces produce producimos producís producen	producía producías producía producíamos producíais producían	produje produjiste produjo produjimos produjisteis produjeron	produciré producirás producirá produciremos produciréis producirán
Formas simples de subjuntivo		**Imperativo**	**Condicional**
Presente	**Pasado**	**Imperativo**	**Simple**
produzca produzcas produzca produzcamos produzcáis produzcan	produjese o produjera produjeses o produjeras produjese o produjera produjésemos o produjéramos produjeseis o produjerais produjesen o produjeran	 (tú) produce (ud.) produzca (nos.) produzcamos (vos.) producid (uds.) produzcan	produciría producirías produciría produciríamos produciríais producirían
Formas compuestas de indicativo	**y**	**subjuntivo**	
Perfecto	**Presente** (PROG)	**Pasado** (PROG)	**Pluscuamperfecto**
he producido has producido ha producido hemos producido habéis producido han producido	estoy produciendo estás produciendo está produciendo estamos produciendo estáis produciendo están produciendo	estuviese produciendo estuvieses produciendo estuviese produciendo estuviésemos produciendo estuvieseis produciendo estuviesen produciendo	hubiese producido hubieses producido hubiese producido hubiésemos producido hubieseis producido hubiesen producido

Das Verb **producir** + **direkte Objekte**

- Esta fábrica producía **plásticos** en cadena. | ▫ *Diese Fabrik produzierte Plastik am Fließband.*
- Este medicamento produce **cansancio.** | ▫ *Dieses Medikament verursacht Müdigkeit.*
- Las ortigas producen **picores.** | ▫ *Brennnesseln verursachen Juckreiz.*
- Estos fondos producen **alto rendimiento.** | ▫ *Diese Fonds werfen hohe Rendite ab.*
- La tila produce **sueño.** | ▫ *Lindenblütentee macht schläfrig.*

Das Verb **producirse** als ***sich ereignen***

- A las cuatro se produjo la explosión de gas. | ▫ *Um 4 Uhr ereignete sich die Gasexplosion.*

Das Verb **producir** + Modal- und Zeitangaben

- Produjimos tablones a medida. | ▫ *Wir produzierten Holzleisten nach Maß.*
- Produjeron la vacuna de un día para otro. | ▫ *Sie stellten den Impfstoff von heute auf morgen her.*

Folgende Verben werden ähnlich konjugiert

▶ **conducir** ▪ El propietario condujo el coche al garaje. | ▫ *Der Besitzer fuhr das Auto zur Werkstatt.*
▶ **coproducir** ▪ López y León coprodujeron la película. | ▫ *López und León produzierten den Film.*
▶ **introducir** ▪ Introdujo la llave en la cerradura. | ▫ *Er führte den Schlüssel ins Schlüsselloch ein.*
▶ **reconducir** ▪ El mediador recondujo la situación. | ▫ *Der Mediator renkte die Situation wieder ein.*
▶ **reproducir** ▪ A su hijo se le reprodujo el cáncer. | ▫ *Ihr Sohn hat wieder Krebs.*
▶ **seducir** ▪ La idea de visitar Bolivia me sedujo. | ▫ *Die Idee, Bolivien zu besuchen, reizte mich.*

Das Verb **construir** bedeutet ***bauen*** und ist transitiv.

Formas simples de indicativo			
Presente	**Imperfecto**	**Indefinido**	**Futuro**
construyo construyes construye construimos construís construyen	construía construías construía construíamos construíais construían	construí construiste construyó construimos construisteis construyeron	construiré construirás construirá construiremos construiréis construirán
Formas simples de subjuntivo		**Imperativo**	**Condicional**
Presente	**Pasado**	**Imperativo**	**Simple**
construya construyas construya construyamos construyáis construyan	construyese o construyera construyeses o construyeras construyese o construyera construyésemos o construyéramos construyeseis o construyerais construyesen o construyeran	 (tú) construye (ud.) construya (nos.) construyamos (vos.) construid (uds.) construyan	construiría construirías construiría construiríamos construiríais construirían
Formas compuestas de indicativo	**y**	**subjuntivo**	
Perfecto	**Presente** (PROG)	**Pasado** (PROG)	**Pluscuamperfecto**
he construido has construido ha construido hemos construido habéis construido han construido	estoy construyendo estás construyendo está construyendo estamos construyendo estáis construyendo están construyendo	estuviese construyendo estuvieses construyendo estuviese construyendo estuviésemos construyendo estuvieseis construyendo estuviesen construyendo	hubiese construido hubieses construido hubiese construido hubiésemos construido hubieseis construido hubiesen construido

Das Verb **construir** im Sinne von ***planen*** und ***bauen*** + **direkte Objekte**

- Los romanos construyeron **el acueducto de Segovia**. | ▫ *Die Römer bauten Segovias Aquädukt.*
- Construyeron **puentes y túneles** para el TAV[21]. | ▫ *Sie bauten Brücken und Tunnels für den TAV.*

Das Verb **construir** als ***bauen*** + **direkte Objekte**

- Es un terreno sin construir. | ▫ *Das Grundstück ist unbebaut.*
- Construyó **una red societaria** para defraudar. | ▫ *Er baute ein Netzwerk, um Steuern zu hinterziehen.*
- "Si mi idioma sacude los cimientos de tu estado, eso significa que has construido **tu estado** en mi tierra." | ▫ *„Wenn meine Sprache die Fundamente deines Staates erschüttert, bedeutet das, dass du deinen Staat in meinem Land errichtet hast."* – Musa Anter[22]

Folgende Verben werden ähnlich konjugiert

- ▶ **deconstruir** ▪ Los expertos deconstruyeron la poesía. | ▫ *Die Experten dekonstruierten die Lyrik.*
- ▶ **derruir** ▪ Las excavadoras derruyeron la ruina. | ▫ *Die Bagger demolierten die Ruine.*
- ▶ **destruir** ▪ Las llamas destruyeron Notre Dame. | ▫ *Das Feuer zerstörte Notre Dame.*
- ▶ **instruir** ▪ Instruyeron a los soldados en la cautela. | ▫ *Die Soldaten wurden in Umsicht unterwiesen.*
- ▶ **obstruir** ▪ Las toallitas desechables obstruyen las cañerías. | ▫ *Pflegetücher verstopfen die Rohre.*
- ▶ **recluir** ▪ Recluyeron a la niña en un convento. | ▫ *Sie sperrten das Mädchen in einem Kloster ein.*
- ▶ **reconstruir** ▪ Las mujeres reconstruyeron ciudades después de la guerra. | ▫ *Nach dem Krieg bauten Frauen Städte wieder auf.*

---

21 TAV (Tren de Alta Velocidad): Hochgeschwindigkeitszug

22 Musa Anter (1920–1992) war ein kurdischer Schriftsteller und Intellektueller.

Das Verb **contribuir** bedeutet ***beitragen*** ist ein intransitives Verb.

Formas simples de indicativo			
Presente	**Imperfecto**	**Indefinido**	**Futuro**
contribuyo contribuyes contribuye contribuimos contribuís contribuyen	contribuía contribuías contribuía contribuíamos contribuíais contribuían	contribuí contribuiste contribuyó contribuimos contribuisteis contribuyeron	contribuiré contribuirás contribuirá contribuiremos contribuiréis contribuirán
Formas simples de subjuntivo		**Imperativo**	**Condicional**
Presente	**Pasado**	**Imperativo**	**Simple**
contribuya contribuyas contribuya contribuyamos contribuyáis contribuyan	contribuyese o contribuyera contribuyeses o contribuyeras contribuyese o contribuyera contribuyésemos o contribuyéramos contribuyeseis o contribuyerais contribuyesen o contribuyeran	 (tú) contribuye (ud.) contribuya (nos.) contribuyamos (vos.) contribuid (uds.) contribuyan	contribuiría contribuirías contribuiría contribuiríamos contribuiríais contribuirían
Formas compuestas de indicativo	**y**	**subjuntivo**	
Perfecto	**Presente** (PROG)	**Pasado** (PROG)	**Pluscuamperfecto**
he contribuido has contribuido ha contribuido hemos contribuido habéis contribuido han contribuido	estoy contribuyendo estás contribuyendo está contribuyendo estamos contribuyendo estáis contribuyendo están contribuyendo	estuviese contribuyendo estuvieses contribuyendo estuviese contribuyendo estuviésemos contribuyendo estuvieseis contribuyendo estuviesen contribuyendo	hubiese contribuido hubieses contribuido hubiese contribuido hubiésemos contribuido hubieseis contribuido hubiesen contribuido

Das Verb **contribuir** + **a** + *Infinitiv*sätze

- La educación gratuita contribuyó a *erradicar el analfabetismo.* | ▫ *Kostenlose Bildung trug dazu bei, den Analphabetismus auszurotten.*
- La mascarilla contribuye a *minimizar los contagios.* | ▫ *Der Mundschutz trägt dazu bei, die Ansteckungen gering zu halten.*

Das Verb **contribuir** + **a** + Nebensätze (im *Konjunktiv*) eingeleitet von **que**

- El límite de velocidad contribuyó **a que** *disminuyera* la tasa de accidentes. | ▫ *Die Geschwindigkeitsbegrenzung trug dazu bei, dass die Unfallrate sank.*
- ¡Contribuyamos **a que** *desaparezca* el cáncer! | ▫ *Tragen wir dazu bei, Krebs auszurotten!*

Folgende Verben werden ähnlich konjugiert

- ▶ **atribuir** ▪ La invención del pantalón se les atribuye a los germanos. | ▫ *Die Erfindung der Hose wird den Germanen zugeschrieben.*
- ▶ **constituir** ▪ El robo constituye un delito. | ▫ *Der Raub stellt eine Straftat dar.*
- ▶ **instituir** ▪ En 1900 se instituyó la SS[23]. | ▫ *Die Gesundheits- und Rentenkasse wurde 1900 eingeführt.*
- ▶ **instruir** ▪ Los dentistas instruyen a los niños en higiene bucal. | ▫ *Die Zahnärzte belehren die Kinder über Mundhygiene.*
- ▶ **prostituir** ▪ Hay personas que prostituyen en el Kiez (Hamburgo). | ▫ *Es gibt Menschen, die sich am Kiez prostituieren.*
- ▶ **reconstituir** ▪ La asociación se reconstituye en SA[24]. | ▫ *Der Verein wandelt sich in eine AG um.*

[23] Seguridad Social (SS): Gesundheits- und Rentenkasse
[24] Sociedad Anónima (SA): Aktiengesellschaft (AG)

Das Verb **disminuir** bedeutet ***senken*** oder ***sinken*** und ist sowohl transitiv als auch intransitiv.

Formas simples de indicativo			
Presente	**Imperfecto**	**Indefinido**	**Futuro**
disminuyo disminuyes disminuye disminuimos disminuís disminuyen	disminuía disminuías disminuía disminuíamos disminuíais disminuían	disminuí disminuiste disminuyó disminuimos disminuisteis disminuyeron	disminuiré disminuirás disminuirá disminuiremos disminuiréis disminuirán
Formas simples de subjuntivo		**Imperativo**	**Condicional**
Presente	**Pasado**	**Imperativo**	**Simple**
disminuya disminuyas disminuya disminuyamos disminuyáis disminuyan	disminuyese o disminuyera disminuyeses o disminuyeras disminuyese o disminuyera disminuyésemos o disminuyéramos disminuyeseis o disminuyerais disminuyesen o disminuyeran	(tú) disminuye (ud.) disminuya (nos.) disminuyamos (vos.) disminuid (uds.) disminuyan	disminuiría disminuirías disminuiría disminuiríamos disminuiríais disminuirían
Formas compuestas de indicativo	**y**	**subjuntivo**	
Perfecto	**Presente** (PROG)	**Pasado** (PROG)	**Pluscuamperfecto**
he disminuido has disminuido ha disminuido hemos disminuido habéis disminuido han disminuido	estoy disminuyendo estás disminuyendo está disminuyendo estamos disminuyendo estáis disminuyendo están disminuyendo	estuviese disminuyendo estuvieses disminuyendo estuviese disminuyendo estuviésemos disminuyendo estuvieseis disminuyendo estuviesen disminuyendo	hubiese disminuido hubieses disminuido hubiese disminuido hubiésemos disminuido hubieseis disminuido hubiesen disminuido

Das Verb **disminuir** als ***sinken***

- Los niveles de colesterol están disminuyendo. | ▫ *Die Cholesterinwerte sinken.*
- No creo que disminuya la humedad. | ▫ *Ich glaube nicht, dass die Feuchtigkeit abnehmen wird.*
- A pesar de la pastilla, no disminuye la fiebre. | ▫ *Trotz der Tablette sinkt die Temperatur nicht.*

Das Verb **disminuir** als ***senken*** + **direkte Objekte**

- Hemos disminuido **la dosis de insulina**. | ▫ *Wir haben die Insulindosierung gesenkt.*

Das Verb **disminuir** + **Modalangaben**

- La contaminación disminuyó **considerablemente**. | ▫ *Die Luftverschmutzung verringerte sich deutlich.*
- El nivel de agua disminuye **lentamente**. | ▫ *Der Wasserspiegel sinkt gemächlich.*
- No creemos que disminuya **de forma sustancial**. | ▫ *Wir glauben nicht, dass es deutlich sinkt.*
- La tasa de paro no disminuye **de forma gradual**. | ▫ *Die Arbeitslosenzahlen sinken nicht stetig.*

Folgende Verben werden ähnlich konjugiert

- ▶ **destituir** ▪ El Congreso destituyó al presidente. | ▫ *Das Parlament setzte den Präsidenten ab.*
- ▶ **excluir** ▪ Esta lista de drogas excluye el alcohol. | ▫ *Diese Drogenaufzählung schließt Alkohol aus.*
- ▶ **incluir** ▪ Se incluye el aceite entre las grasas buenas. | ▫ *Unter den guten Fetten befindet sich das Öl.*
- ▶ **instituir** ▪ Se instituyó la jornada de 8 horas. | ▫ *Vor langer Zeit wurde der Achtstundentag eingeführt.*
- ▶ **obstruir** ▪ El PP[25] obstruyó la labor de la justicia. | ▫ *Die PP behindert die Justizarbeit.*
- ▶ **sustituir** ▪ Sustituyeron la heroína por metadona. | ▫ *Sie ersetzten Heroin durch Methadon.*

[25] PP (Partido Popular): Spanische konservative Partei, die 1976 von einem Ex-Minister des Diktators Franco († 1975), Manuel Fraga († 2012), mit dem Namen *Alianza Popular* (AP) gegründet und eingetragen wurde. Im Jahr 1989 wurde AP in PP umbenannt.

Das Verb **distribuir** bedeutet ***verteilen, ausgeben*** und ist ein transitives Verb.

Formas simples de indicativo			
Presente	**Imperfecto**	**Indefinido**	**Futuro**
distribuyo distribuyes distribuye distribuimos distribuís distribuyen	distribuía distribuías distribuía distribuíamos distribuíais distribuían	distribuí distribuiste distribuyó distribuimos distribuisteis distribuyeron	distribuiré distribuirás distribuirá distribuiremos distribuiréis distribuirán
Formas simples de subjuntivo		**Imperativo**	**Condicional**
Presente	**Pasado**	**Imperativo**	**Simple**
distribuya distribuyas distribuya distribuyamos distribuyáis distribuyan	distribuyese o distribuyera distribuyeses o distribuyeras distribuyese o distribuyera distribuyésemos o distribuyéramos distribuyeseis o distribuyerais distribuyesen o distribuyeran	 (tú) distribuye (ud.) distribuya (nos.) distribuyamos (vos.) distribuid (uds.) distribuyan	distribuiría distribuirías distribuiría distribuiríamos distribuiríais distribuirían
Formas compuestas de indicativo	**y**	**subjuntivo**	
Perfecto	**Presente** (PROG)	**Pasado** (PROG)	**Pluscuamperfecto**
he distribuido has distribuido ha distribuido hemos distribuido habéis distribuido han distribuido	estoy distribuyendo estás distribuyendo está distribuyendo estamos distribuyendo estáis distribuyendo están distribuyendo	estuviese distribuyendo estuvieses distribuyendo estuviese distribuyendo estuviésemos distribuyendo estuvieseis distribuyendo estuviesen distribuyendo	hubiese distribuido hubieses distribuido hubiese distribuido hubiésemos distribuido hubieseis distribuido hubiesen distribuido

Das Verb **distribuir** als ***verteilen, austeilen***

- Los manifestantes distribuyeron folletos. | ▫ *Die Demonstranten teilten Beihefte aus.*
- Los estibadores distribuyen la carga en los barcos. | ▫ *Stauer verteilen die Ladung in den Schiffen.*
- Luis distribuyó mascarillas en las CCAA[26]. | ▫ *Luis verteilte Schutzmasken in den autonomen Regionen.*
- La central transformadora distribuye la electricidad. | ▫ *Das Umspannwerk verteilt den Strom.*

Das Verb **distribuir** + **Modalangaben**

- Los maestros distribuyen **equitativamente** las tareas. | ▫ *Die Lehrer verteilen die Aufgaben gerecht.*
- El respirador distribuye oxígeno **poco a poco.** | ▫ *Das Atemgerät verteilt langsam den Sauerstoff.*

Folgende Verben werden ähnlich konjugiert

- ▶ **afluir** ▪ Algunos ríos afluyen a lagos. | ▫ *Einige Flüsse münden in Seen.*
- ▶ **confluir** ▪ Aquí confluyen dos ríos. | ▫ *Hier fließen zwei Flüsse zusammen.*
- ▶ **diluir** ▪ El azúcar se diluye en el agua. | ▫ *Zucker löst sich in Wasser auf.*
- ▶ **fluir** ▪ Los ríos casi siempre fluyen hacia el mar. | ▫ *Flüsse fließen fast immer in den See.*
- ▶ **huir** ▪ En la *"Desbandá"* de 1937 la gente huía hacia Almería. | ▫ *In der „Desbandá" flohen die Menschen nach Almería.*
- ▶ **redistribuir** ▪ El sistema fiscal redistribuye la riqueza. | ▫ *Das Steuerwesen verteilt Geld wieder um.*
- ▶ **rehuir** ▪ Felipe González[27] rehuyó las preguntas sobre el GAL[28]. | ▫ *Felipe González mied die Fragen über die GAL.*

---

[26] CCAA (Comunidades Autónomas): Autonome Regionen

[27] Felipe González (1942), Ministerpräsident Spaniens zwischen 1982 und 1996. Seit 2014 ist er auch kolumbianischer Staatsbürger.

[28] GAL (Grupos Antiterroristas de Liberación): Mit Staatsgeldern finanzierte Terrorgruppe in Spanien (1983–1987).

Das Verb **intuir** bedeutet ***ahnen*** und ist transitiv.

Formas simples de indicativo			
Presente	**Imperfecto**	**Indefinido**	**Futuro**
intuyo intuyes intuye intuimos intuís intuyen	intuía intuías intuía intuíamos intuíais intuían	intuí intuiste intuyó intuimos intuisteis intuyeron	intuiré intuirás intuirá intuiremos intuiréis intuirán
Formas simples de subjuntivo		**Imperativo**	**Condicional**
Presente	**Pasado**	**Imperativo**	**Simple**
intuya intuyas intuya intuyamos intuyáis intuyan	intuyese o intuyera intuyeses o intuyeras intuyese o intuyera intuyésemos o intuyéramos intuyeseis o intuyerais intuyesen o intuyeran	*nicht gebräuchlich* (tú) intuye (ud.) intuya (nos.) intuyamos (vos.) intuid (uds.) intuyan	intuiría intuirías intuiría intuiríamos intuiríais intuirían
Formas compuestas de indicativo	**y**	**subjuntivo**	
Perfecto	**Presente** (PROG)	**Pasado** (PROG)	**Pluscuamperfecto**
he intuido has intuido ha intuido hemos intuido habéis intuido han intuido	estoy intuyendo estás intuyendo está intuyendo estamos intuyendo estáis intuyendo están intuyendo	estuviese intuyendo estuvieses intuyendo estuviese intuyendo estuviésemos intuyendo estuvieseis intuyendo estuviesen intuyendo	hubiese intuido hubieses intuido hubiese intuido hubiésemos intuido hubieseis intuido hubiesen intuido

Das Verb **intuir** + **direkte Objekte**

- El policía intuyó **el truco del ladrón.** | ▫ *Der Polizist verstand den Trick des Räubers.*
- El ajedrecista intuyó **la jugada del adversario.** | ▫ *Der Schachspieler ahnte die Bewegung des Gegners.*

Das Verb **intuir** + Nebensätze eingeleitet von **que**

- El enfermo intuía **que** iba a llover ese día. | ▫ *Der Patient ahnte, dass es an dem Tag regnen würde.*
- Los científicos intuyeron **que** les darían el premio. | ▫ *Die Wissenschaftler ahnten, dass sie den Preis bekommen würden.*
- Intuimos **que** el alcohol era su mayor problema. | ▫ *Wir ahnten, dass der Alkohol sein größtes Problem war.*
- Intuyeron **que** algo grave había pasado. | ▫ *Sie ahnten, dass etwas Gravierendes geschehen war.*

Folgende Verben werden ähnlich konjugiert

▶ **argüir** ▪ El diputado argüía que apoyaría la ley. | ▫ *Der Parlamentarier argumentierte, dass er das Gesetz befürworten würde.*
▶ **concluir** ▪ El estudio concluye que no hubo contagio. | ▫ *Die Studie stellte fest, dass es keine Ansteckung gab.*
▶ **influir** ▪ Los hábitos alimenticios influyen en la salud. | ▫ *Die Essgewohnheiten beeinflussen die Gesundheit.*
▶ **inmiscuir** ▪ Su padre se inmiscuye en su vida. | ▫ *Sein Vater mischt sich in seinem Leben ein.*

Das Verb **acordar** ist transitiv und bedeutet ***beschließen, vereinbaren***. Pronominal als **acordarse** bedeutet es ***sich erinnern***.

Formas simples de indicativo [① o > ue in betonter Silbe]			
Presente	**Imperfecto**	**Indefinido**	**Futuro**
acuerdo acuerdas acuerda acordamos acordáis acuerdan	acordaba acordabas acordaba acordábamos acordabais acordaban	acordé acordaste acordó acordamos acordasteis acordaron	acordaré acordarás acordará acordaremos acordaréis acordarán
Formas simples de subjuntivo ①		**Imperativo** ①	**Condicional**
Presente	**Pasado**	**Imperativo**	**Simple**
acuerde acuerdes acuerde acordemos acordéis acuerden	acordase o acordara acordases o acordaras acordase o acordara acordásemos o acordáramos acordaseis o acordarais acordasen o acordaran	 (tú) acuerda (ud.) acuerde (nos.) acordemos (vos.) acordad (uds.) acuerden	acordaría acordarías acordaría acordaríamos acordaríais acordarían
Formas compuestas de indicativo	**y**	**subjuntivo**	
Perfecto	**Presente** (PROG)	**Pasado** (PROG)	**Pluscuamperfecto**
he acordado has acordado ha acordado hemos acordado habéis acordado han acordado	estoy acordando estás acordando está acordando estamos acordando estáis acordando están acordando	estuviera acordando estuvieras acordando estuviera acordando estuviéramos acordando estuvierais acordando estuvieran acordando	hubiese acordado hubieses acordado hubiese acordado hubiésemos acordado hubieseis acordado hubiesen acordado

Das Verb **acordar** + **direkte Objekte** sowie *Infinitiv*- und Nebensätze eingeleitet von **que**

- El jefe acuerda **una cita** con el médico. | ▫ *Der Chef macht einen Termin mit dem Arzt.*
- Los combatientes acuerdan **un alto el fuego**. | ▫ *Sie vereinbaren einen Waffenstillstand.*
- Las partes acuerdan *reunirse a menudo*. | ▫ *Die Parteien vereinbaren, sich häufig zu treffen.*
- Acordaron **que** el negocio era al 50%. | ▫ *Sie vereinbarten, dass jeder 50 % des Geschäftes bekam.*

Das Verb **acordarse** als Pronominalverb + Orts- und Zeitangaben

- No me acuerdo dónde puse el papel. | ▫ *Ich erinnere mich nicht, wo ich den Zettel hingelegt habe.*
- Solo se acuerda de su niñez por la demencia. | ▫ *Nur an seine Kindheit erinnert er sich wegen der Demenz.*

Nützliche Redewedungen mit **acordar** und **acordarse**

- ¡Si te he visto, no me acuerdo! | ▫ *Undank ist der Welt Lohn!*

Folgende Verben werden ähnlich konjugiert

▶ **apostar** ▪ Apuesta que ganará su equipo. | ▫ *Er wettet, dass sein Team gewinnen wird.*
▶ **concordar** ▪ El verbo concuerda con el sujeto. | ▫ *Das Verb stimmt mit dem Subjekt* überein.
▶ **probar** ▪ No prueba el alcohol desde el infarto. | ▫ *Er trinkt keinen Alkohol seit dem Infarkt.*
▶ **recordar** ▪ Me recuerdan que hay reunión. | ▫ *Ich werde an das Treffen erinnert.*
▶ **renovar** ▪ Yo renuevo el DNI[29] cada 5 años. | ▫ *Ich bekomme einen neuen Perso alle 5 Jahre.*
▶ **reprobar** ▪ Jamás reprueba su comportamiento. | ▫ *Sie missbilligt sein Verhalten nie.*

[29] DNI (Documento Nacional de Identidad): Perso (Personalausweis)

Das Verb **aprobar** ist transitiv und bedeutet ***bestehen*** oder ***beschließen***.

Formas simples de indicativo [① o > ue in betonter Silbe]			
Presente	**Imperfecto**	**Indefinido**	**Futuro**
apruebo apruebes aprueba aprobamos aprobáis aprueban	aprobaba aprobabas aprobaba aprobábamos aprobabais aprobaban	aprobé aprobaste aprobó aprobamos aprobasteis aprobaron	aprobaré aprobarás aprobará aprobaremos aprobaréis aprobarán
Formas simples de subjuntivo ①		**Imperativo ①**	**Condicional**
Presente	**Pasado**	**Imperativo**	**Simple**
apruebe apruebes apruebe aprobemos aprobéis aprueben	aprobase o aprobara aprobases o aprobaras aprobase o aprobara aprobásemos o aprobáramos aprobaseis o aprobarais aprobasen o aprobaran	 (tú) aprueba (ud.) apruebe (nos.) aprobemos (vos.) aprobad (uds.) aprueben	aprobaría aprobarías aprobaría aprobaríamos aprobaríais aprobarían
Formas compuestas de indicativo	**y**		**subjuntivo**
Perfecto	**Presente** (PROG)	**Pasado** (PROG)	**Pluscuamperfecto**
he aprobado has aprobado ha aprobado hemos aprobado habéis aprobado han aprobado	estoy aprobando estás aprobando está aprobando estamos aprobando estáis aprobando están aprobando	estuviera aprobando estuvieras aprobando estuviera aprobando estuviéramos aprobando estuvierais aprobando estuvieran aprobando	hubiese aprobado hubieses aprobado hubiese aprobado hubiésemos aprobado hubieseis aprobado hubiesen aprobado

Das Verb **aprobar** + **direkte Objekte**

- Los alumnos no siempre aprueban. | ▫ *Die Schüler bestehen nicht immer.*
- Los diputados aprueban **la ley** hoy. | ▫ *Die Parlamentarier verabschieden das Gesetz heute.*
- Sus hijos no aprueban **su conducta**. | ▫ *Seine Kinder heißen sein Verhalten nicht gut.*
- El ayuntamiento aprobó **la obra**. | ▫ *Der Gemeinderat genehmigte die Arbeiten.*

Das Verb **aprobar** + *Infinitivsätze*

- La comisión aprobó *admitir al alumno.* | ▫ *Der Ausschuss beschloss, den Schüler aufzunehmen.*
- Los expertos aprueban *permitir salir.* | ▫ *Die Experten beschließen, das Ausgehen zu erlauben.*

Folgende Verben werden ähnlich konjugiert

▶ **comprobar** ▪ ¡Comprueba si han saltado los fusibles! | ▫ *Prüfe, ob die Sicherung raus ist!*
▶ **demostrar** ▪ Ese hallazgo demuestra que fue asesinado. | ▫ *Jener Fund zeigt, dass er ermordet wurde.*
▶ **denostar** ▪ Es injusto que le denuesten a menudo. | ▫ *Es ist unfair, dass er häufig erniedrigt wird.*
▶ **desaprobar** ▪ El presidente desaprueba su actitud. | ▫ *Der Präsident missbilligt ihre Haltung.*
▶ **discordar** ▪ Pablo Iglesias[30] y Pablo Casado[31] discuerdan. | ▫ *Pablo Iglesias und Pablo Casado passen nicht zusammen.*
▶ **disonar** ▪ Estos acordes disuenan. | ▫ *Diese Akkorde stehen in Dissonanz.*
▶ **mostrar** ▪ Este dato muestra que aquí llovió. | ▫ *Dieser Wert zeigt, dass es hier geregnete hat.*

[30] Pablo Iglesias (1978) ist ein spanischer Politiker und Universitätsdozent, der 2020–2021 Vize-Ministerpräsident war.
[31] Pablo Casado (1981) ist ein spanischer Politiker und seit 2018 Vorsitzender der konservativen Partei „Partido Popular".

AVERGONZAR: avergonzado | avergonzando

Das Verb **avergonzar** bedeutet ***schämen***, ist transitiv und kann auch pronominal gebraucht werden.

Formas simples de indicativo [① o > üe in betonter Silbe, ② z > c vor e]			
Presente	**Imperfecto**	**Indefinido**	**Futuro**
avergüenzo avergüences avergüence avergonzamos avergonzáis avergüencen	avergonzaba avergonzabas avergonzaba avergonzábamos avergonzabais avergonzaban	avergoncé avergonzaste avergonzó avergonzamos avergonzasteis avergonzaron	avergonzaré avergonzarás avergonzará avergonzaremos avergonzaréis avergonzarán
Formas simples de subjuntivo ①, ②		**Imperativo** ①, ②	**Condicional**
Presente	**Pasado**	**Imperativo**	**Simple**
avergüence avergüences avergüence avergoncemos avergoncéis avergüencen	avergonzase o avergonzara avergonzases o avergonzaras avergonzase o avergonzara avergonzásemos o avergonzáramos avergonzaseis o avergonzarais avergonzasen o avergonzaran	 (tú) avergüenza (ud.) avergüence (nos.) avergoncemos (vos.) avergonzad (uds.) avergüencen	avergonzaría avergonzarías avergonzaría avergonzaríamos avergonzaríais avergonzarían
Formas compuestas de indicativo		**y**	**subjuntivo**
Perfecto	**Presente** (PROG)	**Pasado** (PROG)	**Pluscuamperfecto**
he avergonzado has avergonzado ha avergonzado hemos avergonzado habéis avergonzado han avergonzado	estoy avergonzando estás avergonzando está avergonzando estamos avergonzando estáis avergonzando están avergonzando	estuviera avergonzando estuvieras avergonzando estuviera avergonzando estuviéramos avergonzando estuvierais avergonzando estuvieran avergonzando	hubiese avergonzado hubieses avergonzado hubiese avergonzado hubiésemos avergonzado hubieseis avergonzado hubiesen avergonzado

Das Verb **avergonzar** + **direkte Objekte**

- El alumno avergonzó **a la directora**. | ▫ *Der Schüler beschämte die Direktorin.*

Das Verb **avergonzar** als Pronominalverb **avergonzarse** + **de** + **Nomina**

- Ella no se **avergüenza de** su **origen**. | ▫ *Sie schämt sich ihrer Herkunft nicht.*

Das Verb **avergonzar** als Pronominalverb **avergonzarse** + *Infinitivsätze*

- A ella le **avergüenza** *vivir de sus padres*. | ▫ *Sie schämt sich, auf Kosten ihrer Eltern zu leben.*

Das Verb **avergonzarse** + **de** + *Infinitivsätze*

- Se **avergüenza de** *tener que pedir dinero*. | ▫ *Sie schämt sich, nach Geld fragen zu müssen.*

Das Verb **avergonzarse** + Nebensätze (im *Konjunktiv*)

- Me avergonzó que mi madre *tuviese* que pedir ayuda. | ▫ *Ich schämte mich, meine Mutter um Hilfe bitten zu müssen.*

Nützliche Redewendungen mit **avergonzarse**

- ¿No te **avergüenzas**? | ▫ *Schämst du dich nicht?*

Folgende Verben werden ähnlich konjugiert

▶ **degollar** ▪ Espero que no degüellen a la cabra en público. | ▫ *Ich hoffe, dass sie die Ziege nicht öffentlich schächten.*

Das Verb **consolar** bedeutet ***trösten***, ist transitiv und kann als **consolar** mit obligatorischem Dativobjekt verwendet werden.

Formas simples de indicativo [① o > ue in betonter Silbe]			
Presente	**Imperfecto**	**Indefinido**	**Futuro**
consuelo consuelas consuela consolamos consoláis consuelan	consolaba consolabas consolaba consolábamos consolabais consolaban	consolé consolaste consoló consolamos consolasteis consolaron	consolaré consolarás consolará consolaremos consolaréis consolarán
Formas simples de subjuntivo ①		**Imperativo** ①	**Condicional**
Presente	**Pasado**	**Imperativo**	**Simple**
consuele consueles consuele consolemos consoléis consuelen	consolase o consolara consolases o consolaras consolase o consolara consolásemos o consoláramos consolaseis o consolarais consolasen o consolaran	 (tú) consuela (ud.) consuele (nos.) consolemos (vos.) consolad (uds.) consuelen	consolaría consolarías consolaría consolaríamos consolaríais consolarían
Formas compuestas de indicativo	**y**	**subjuntivo**	
Perfecto	**Presente** (PROG)	**Pasado** (PROG)	**Pluscuamperfecto**
he consolado has consolado ha consolado hemos consolado habéis consolado han consolado	estoy consolando estás consolando está consolando estamos consolando estáis consolando están consolando	estuviera consolando estuvieras consolando estuviera consolando estuviéramos consolando estuvierais consolando estuvieran consolando	hubiese consolado hubieses consolado hubiese consolado hubiésemos consolado hubieseis consolado hubiesen consolado

Das Verb **consolar** + **belebte Subjekte** und *Objekte*

- **Mis amigos** consolaron *a la víctima de robo.* | ▫ *Meine Freunde trösteten das Raubopfer.*
- **Mis amigos** *la* consolaron. | ▫ *Meine Freunde trösteten sie.*

Das Verb **consolar** + **indirekte Objekte**

- El vino no **nos** consuela. | ▫ *Der Wein tröstet uns nicht.*

Das Verb **consolar** + **saber** und Nebensätze als Subjekt

- Me consuela **saber** que volviste bien. | ▫ *Es tröstet mich zu wissen, dass du heil zurückgekehrt bist.*

Nützliche Redewendungen mit **consolar**

- ¡Mal de muchos, consuelo de tontos! | ▫ *Geteiltes Leid ist halbes Leid!*

Das Verb **consolar** + Nebensätze (im *Konjunktiv*)

- No me consuela que *pasases* por lo mismo que yo. | ▫ *Es tröstet mich nicht, dass du dasselbe wie ich erlebt hast.*

Folgende Verben werden ähnlich konjugiert

► **aforar**[32] ▪ Los diputados están aforados. | ▫ *Die Parlamentarier genießen Immunität.*
► **desaforar** ▪ El TS[33] desafuera a los aforados. | ▫ *Der OGH entzieht den Immunitätsträgern die Immunität.*
► **desconsolar** ▪ Ella está desconsolada. | ▫ *Sie ist untröstlich.*

[32] **aforar** mit der Bedeutung ***Wert bestimmen***, ***justieren*** wird regelmäßig gebeugt.
[33] TS (Tribunal Supremo): OGH (Oberster Gerichtshof)

Das Verb **costar** ist intransitiv und bedeutet ***kosten***.

Formas simples de indicativo [① o > ue in betonter Silbe]			
Presente	**Imperfecto**	**Indefinido**	**Futuro**
cuesto cuestas cuesta costamos costáis cuestan	costaba costabas costaba costábamos costabais costaban	costé costaste costó costamos costasteis costaron	costaré costarás costará costaremos costaréis costarán
Formas simples de subjuntivo ①		**Imperativo** ①	**Condicional**
Presente	**Pasado**	**Imperativo**	**Simple**
cueste cuestes cueste costemos costéis cuesten	costase o costara costases o costaras costase o costara costásemos o costáramos costaseis o costarais costasen o costaran	 (tú) cuesta (ud.) cueste (nos.) costemos (vos.) costad (uds.) cuesten	costaría costarías costaría costaríamos costaríais costarían
Formas compuestas de indicativo	**y**		**subjuntivo**
Perfecto	**Presente** (PROG)	**Pasado** (PROG)	**Pluscuamperfecto**
he costado has costado ha costado hemos costado habéis costado han costado	estoy costando estás costando está costando estamos costando estáis costando están costando	estuviera costando estuvieras costando estuviera costando estuviéramos costando estuvierais costando estuvieran costando	hubiese costado hubieses costado hubiese costado hubiésemos costado hubieseis costado hubiesen costado

Das Verb costar + **direkte Objekte** und auch optionale *indirekte Objekte* (Achtung: DO im Deutschen)

- Los libros no cuestan **casi nada** en Cuba. | ▫ *Die Bücher kosten fast gar nichts auf Kuba.*
- El ordenador no *le* costó *mucho*. | ▫ *Der Rechner kostete ihn$_{DO}$ nicht viel.*
- *Me* costó **poco** porque estaba rebajado. | ▫ *Ich zahlte wenig, weil er heruntergesetzt war.*

Das Verb costar als Pronominalverb (Experiencer$_{exp}$) + *Infinitivsätze*

- Le$_{exp}$ cuesta *creer que superará la prueba.* | ▫ *Es fällt ihm schwer zu glauben, dass er den Test bestehen wird.*
- Al abuelo le$_{exp}$ cuesta *subir las escaleras.* | ▫ *Opa fällt es schwer, Treppen zu steigen.*

Das Verb costar in festen Verbindungen

- Cueste lo que cueste, conseguiré ese objetivo. | ▫ *Koste es was es wolle, werde ich jenes Ziel erreichen.*

Nützliche Redewendungen mit costar

- ¡El que algo quiere algo le cuesta! | ▫ *Ohne Fleiß kein Preis!*

Folgende Verben werden ähnlich konjugiert

- ▶ **acostar** ▪ Los actores se acuestan tarde. | ▫ *Schauspieler gehen spät ins Bett.*
- ▶ **contar** ▪ Nos cuentan que vendrás al cine. | ▫ *Man sagt uns, dass du ins Kino gehen wirst.*
- ▶ **descontar** ▪ Te descuentan el IVA[34] si lo exportas. | ▫ *Die MwSt. wird bei der Ausfuhr abgezogen.*
- ▶ **recontar** ▪ Recontaron todos los libros. | ▫ *Sie zählten alle Bücher noch einmal.*
- ▶ **recostar** ▪ Se recuesta en el sofá para la siesta. | ▫ *Für die Siesta legt er sich auf dem Sofa hin.*
- ▶ **tostar** ▪ Los domingos tuesta el pan. | ▫ *Sonntags toastet er das Brot.*

[34] IVA (Impuesto sobre el Valor Añadido): MwSt. (Mehrwertsteuer)

Das Verb **encontrar** ist transitiv und bedeutet ***finden***. Es kann auch pronominal gebraucht werden.

Formas simples de indicativo [① o > ue in betonter Silbe]			
Presente	**Imperfecto**	**Indefinido**	**Futuro**
encuentro encuentras encuentra encontramos encontráis encuentran	encontraba encontrabas encontraba encontrábamos encontrabais encontraban	encontré encontraste encontró encontramos encontrasteis encontraron	encontraré encontrarás encontrará encontraremos encontraréis encontrarán
Formas simples de subjuntivo ①		**Imperativo** ①	**Condicional**
Presente	**Pasado**	**Imperativo**	**Simple**
encuentre encuentres encuentre encontremos encontréis encuentren	encontrase o encontrara encontrases o encontraras encontrase o encontrara encontrásemos o encontráramos encontraseis o encontrarais encontrasen o encontraran	 (tú) encuentra (ud.) encuentre (nos.) encontremos (vos.) encontrad (uds.) encuentren	encontraría encontrarías encontraría encontraríamos encontraríais encontrarían
Formas compuestas de indicativo	**y**	**subjuntivo**	
Perfecto	**Presente** (PROG)	**Pasado** (PROG)	**Pluscuamperfecto**
he encontrado has encontrado ha encontrado hemos encontrado habéis encontrado han encontrado	estoy encontrando estás encontrando está encontrando estamos encontrando estáis encontrando están encontrando	estuviera encontrando estuvieras encontrando estuviera encontrando estuviéramos encontrando estuvierais encontrando estuvieran encontrando	hubiese encontrado hubieses encontrado hubiese encontrado hubiésemos encontrado hubieseis encontrado hubiesen encontrado

Das Verb **encontrar** mit **belebten** Subjekten

- **Eva** siempre encuentra trabajo en época estival. | ▫ *Eva findet immer Arbeit in den Sommerferien.*
- No encuentran la llave de la puerta. | ▫ *Sie finden den Türschlüssel nicht.*

Das Verb **encontrar** + **Partizipien** (Genus- und Numeruskongruenz)

- Encontramos el museo **abandonado**. | ▫ *Wir fanden das Museum heruntergekommen.*
- Encuentran a sus abuelos **entristecidos**. | ▫ *Sie finden ihre Großeltern traurig.*

Das Verb **encontrarse** als ***sich befinden*** + Ortsangaben mit **unbelebten** Subjekten

- **Barcelona** se encuentra en Cataluña. | ▫ *Barcelona befindet sich in Katalonien.*
- **Montevideo** se encuentra en Uruguay. | ▫ *Montevideo befindet sich in Uruguay.*

Folgende Verben werden ähnlich konjugiert

- ▶ **engrosar** ▪ Mil personas engruesan la lista del paro en marzo. | ▫ *Tausend Leute erhöhen die Arbeitslosenzahlen im März.*
- ▶ **ensoñar** ▪ Este lugar es de ensueño. | ▫ *Dieser Ort ist traumhaft.* (nicht in vielen Formen konjugierbar)
- ▶ **reencontrar** ▪ Los hermanos se reencontraron 20 años después. | ▫ *Die Brüder trafen sich 20 Jahre danach wieder.*
- ▶ **resonar** ▪ Todavía me resuenan en los oídos los petardos. | ▫ *Noch dröhnen die Knaller in den Ohren.*
- ▶ **sonar** ▪ Mi despertador suena a las seis. | ▫ *Mein Wecker klingelt um 6 Uhr.*
- ▶ **soñar** ▪ Eva sueña con emigrar a Ecuador. | ▫ *Eva träumt davon, nach Ecuador zu ziehen.*

Das Verb **esforzar** ist intransitiv und bedeutet ***sich bemühen***.

Formas simples de indicativo [① o > ue in betonter Silbe, ② c vor e]			
Presente	**Imperfecto**	**Indefinido**	**Futuro**
esfuerzo esfuerzas esfuerza esforzamos esforzáis esfuerzan	esforzaba esforzabas esforzaba esforzábamos esforzabais esforzaban	esforcé esforzaste esforzó esforzamos esforzasteis esforzaron	esforzaré esforzarás esforzará esforzaremos esforzaréis esforzarán
Formas simples de subjuntivo ①, ②		**Imperativo** ①, ②	**Condicional**
Presente	**Pasado**	**Imperativo**	**Simple**
esfuerce esfuerces esfuerce esforcemos esforcéis esfuercen	esforzase o esforzara esforzases o esforzaras esforzase o esforzara esforzásemos o esforzáramos esforzaseis o esforzarais esforzasen o esforzaran	 (tú) esfuerza (ud.) esfuerce (nos.) esforcemos (vos.) esforzad (uds.) esfuercen	esforzaría esforzarías esforzaría esforzaríamos esforzaríais esforzarían
Formas compuestas de indicativo	**y**	**subjuntivo**	
Perfecto	**Presente** (PROG)	**Pasado** (PROG)	**Pluscuamperfecto**
he esforzado has esforzado ha esforzado hemos esforzado habéis esforzado han esforzado	estoy esforzando estás esforzando está esforzando estamos esforzando estáis esforzando están esforzando	estuviera esforzando estuvieras esforzando estuviera esforzando estuviéramos esforzando estuvierais esforzando estuvieran esforzando	hubiese esforzado hubieses esforzado hubiese esforzado hubiésemos esforzado hubieseis esforzado hubiesen esforzado

Das Verb **esforzarse** als Pronominalverb

- No se esfuerza y suspende siempre. | ▫ *Er bemüht sich nicht und fällt immer durch.*
- Aunque se esfuercen, no lo lograrán. | ▫ *Auch wenn sie sich bemühen, werden sie es nicht schaffen.*
- No se esfuerce. No le compraré nada. | ▫ *Bemühen Sie sich nicht. Ich werde Ihnen nichts kaufen.*

Das Verb **esforzarse** als Pronominalverb + **por/para** + *Infinitivsätze*

- El político se esfuerza **por** *parecer cercano.* | ▫ *Der Politiker bemüht sich, volksnah zu erscheinen.*
- Los alumnos se esfuerzan **por** *ser puntuales.* | ▫ *Die Schüler bemühen sich, pünktlich zu sein.*
- Eva se esfuerza mucho **para** *sacar el curso.* | ▫ *Eva bemüht sich, das Semester zu bestehen.*
- Está esforzándose **para** *aprobar el examen de ingreso.* | ▫ *Er bemüht sich, die Aufnahmeprüfung zu bestehen.*

Nützliche Zitate mit **esforzar**

- "El esfuerzo es sólo esfuerzo cuando empieza a doler." | ▫ *„Das Bemühen ist nur dann Anstrengung, wenn es beginnt wehzutun!"* – Ortega y Gasset[35]

Folgende Verben werden ähnlich konjugiert

► **almorzar** ▪ Los escolares almuerzan a las doce | ▫ *Die Schüler essen um 12 Uhr zu Mittag.*
► **forzar** ▪ Los atracadores fuerzan las puertas. | ▫ *Die Räuber brechen die Türen auf.*
► **reforzar** ▪ Este argumento refuerza la hipótesis. | ▫ *Dieses Argument bekräftigt die Hypothese.*

[35] José Ortega y Gasset (1883–1955), spanischer Philosoph und Essayist. Er erlangte 1929 einen hohen Bekanntheitsgrad auch in Deutschland nach der Publikation seines Werkes „Der Aufstand der Massen".

Das Verb **poblar** ist intransitiv, obwohl es einige transitive metaphorische Lesarten hat. Es kann auch pronominal als **poblarse** gebraucht werden.

Formas simples de indicativo [① o > ue in betonter Silbe]			
Presente	**Imperfecto**	**Indefinido**	**Futuro**
pueblo pueblas puebla poblamos pobláis pueblan	poblaba poblabas poblaba poblábamos poblabais poblaban	poblé poblaste pobló poblamos poblasteis poblaron	poblaré poblarás poblará poblaremos poblaréis poblarán
Formas simples de subjuntivo ①		**Imperativo** ①	**Condicional**
Presente	**Pasado**	**Imperativo**	**Simple**
pueble puebles pueble poblemos pobléis pueblen	poblase o poblara poblases o poblaras poblase o poblara poblásemos o pobláramos poblaseis o poblarais poblasen o poblaran	 (tú) puebla (ud.) pueble (nos.) poblemos (vos.) poblad (uds.) pueblen	poblaría poblarías poblaría poblaríamos poblaríais poblarían
Formas compuestas de indicativo	**y**		**subjuntivo**
Perfecto	**Presente** (PROG)	**Pasado** (PROG)	**Pluscuamperfecto**
he poblado has poblado ha poblado hemos poblado habéis poblado han poblado	estoy poblando estás poblando está poblando estamos poblando estáis poblando están poblando	estuviera poblando estuvieras poblando estuviera poblando estuviéramos poblando estuvierais poblando estuvieran poblando	hubiese poblado hubieses poblado hubiese poblado hubiésemos poblado hubieseis poblado hubiesen poblado

Das Verb **poblar** mit der Bedeutung ***besiedeln***

- Los olivos pueblan gran parte de Andalucía. | ▫ *Olivenbäume besiedeln große Teile Andalusiens.*

Das Verb **poblar** mit der Bedeutung ***bevölkern***

- Los celtas poblaron el norte de España. | ▫ *Die Kelten bevölkerten Nordspanien.*
- Los indígenas Aimara pueblan el norte de Chile. | ▫ *Die indigenen Aymara bevölkern Nordchile.*

Das Verb **poblar** in Relativsätzen

- Los peces *que pueblan* los ríos ibéricos … | ▫ *Die Fische, die die iberischen Flüsse besiedeln, …*
- El lince está entre los felinos protegidos que pueblan el sur de España. | ▫ *Der Luchs ist einer der geschützten katzenartigen Tiere, die Südspanien bevölkern.*

Nützliche Redewendungen mit **poblar** (Genus- und Numeruskongruenz mit dem Objekt)

- Tiene barba poblada / cejas pobladas. | ▫ *Er hat dichten Bart / dichte Augenbrauen.*

Folgende Verben werden ähnlich konjugiert

► **despoblar** ▪ Castilla está despoblada. | ▫ *Kastillien ist entvölkert.*
► **repoblar** ▪ Los castellanos repoblaron Andalucía. | ▫ *Die Kastillier bevölkerten Andalusien wieder.*
► **rodar** ▪ En esta calle ruedan películas a menudo. | ▫ *In dieser Straße werden häufig Filme gedreht.*
► **superpoblar** ▪ Dicen que China está superpoblada. | ▫ *Man sagt, dass China überbevölkert sei.*

Das Verb **rogar** bedeutet ***bitten***, ***anflehen*** und ist transitiv. In der Regel erscheint das dazugehörige Objekt als Nebensatz oder mit **por**. Es kann auch pronominal mit **hacerse** de **rogar** gebraucht werden.

Formas simples de indicativo [① o > ue in betonter Silbe, ② u vor e]			
Presente	**Imperfecto**	**Indefinido**	**Futuro**
ruego	rogaba	rogué	rogaré
ruegas	rogabas	rogaste	rogarás
ruega	rogaba	rogó	rogará
rogamos	rogábamos	rogamos	rogaremos
rogáis	rogabais	rogasteis	rogaréis
ruegan	rogaban	rogaron	rogarán
Formas simples de subjuntivo ①, ②		**Imperativo** ①, ②	**Condicional**
Presente	**Pasado**	**Imperativo**	**Simple**
ruegue	rogase o rogara		rogaría
ruegues	rogases o rogaras	(tú) ruega	rogarías
ruegue	rogase o rogara	(ud.) ruegue	rogaría
roguemos	rogásemos o rogáramos	(nos.) roguemos	rogaríamos
roguéis	rogaseis o rogarais	(vos.) rogad	rogaríais
rueguen	rogasen o rogaran	(uds.) rueguen	rogarían
Formas compuestas de indicativo	**y**		**subjuntivo**
Perfecto	**Presente** (PROG)	**Pasado** (PROG)	**Pluscuamperfecto**
he rogado	estoy rogando	estuviera rogando	hubiese rogado
has rogado	estás rogando	estuvieras rogando	hubieses rogado
ha rogado	está rogando	estuviera rogando	hubiese rogado
hemos rogado	estamos rogando	estuviéramos rogando	hubiésemos rogado
habéis rogado	estáis rogando	estuvierais rogando	hubieseis rogado
han rogado	están rogando	estuvieran rogando	hubiesen rogado

Das Verb rogar + **direkte Objekte** oder eventuell **por**

- El acusado rogó **clemencia** al tribunal. | ▫ *Der Beschuldigte flehte das Gericht um Milde an.*
- Su abogado rogó **por** su libertad. | ▫ *Sein Anwalt plädierte für seine Freiheit.*

Das Verb rogar + Nebensätze (im *Konjunktiv*) mit oder ohne einleitende Konjunktion **que**

- Su abogó rogó le *concediesen* la libertad. | ▫ *Sein Anwalt bat darum, ihn freizulassen.*
- Su abogado rogó **que** le *concediesen* la libertad. | ▫ *Sein Anwalt bat darum, ihn freizulassen.*
- Él **ruega** se le *autorice* la visita. | ▫ *Er bittet darum, seinen Besuch zu genehmigen.*
- Él **ruega** **que** se le *autorice* la visita. | ▫ *Er bittet darum, seinen Besuch zu genehmigen.*

Das Verb rogar in Verbindung mit **hacerse** de **rogar**

- María se **hizo** de rogar para acudir a la fiesta. | ▫ *Maria zierte sich, zur Party zu gehen.*

Nützliche Redewendungen mit rogar

- A Dios rogando y con el mazo dando. | ▫ *Hilf dir selbst und dann hilft dir Gott.*

Folgende Verben werden ähnlich konjugiert

► **colgar** ▪ Colgó su abrigo al entrar en el piso. | ▫ *Er hing seinen Mantel beim Betreten der Wohnung auf.*
► **descolgar** ▪ Descuelgo este cuadro para poner otro. | ▫ *Ich hänge dieses Bild ab, um ein anderes aufzuhängen.*

Das Verb **soltar** bedeutet ***loslassen, freilassen***, ist transitiv und hat eine Reihe von weiteren Bedeutungen.

Formas simples de indicativo [① o > ue in betonter Silbe]			
Presente	**Imperfecto**	**Indefinido**	**Futuro**
suelto sueltas suelta soltamos soltáis sueltan	soltaba soltabas soltaba soltábamos soltabais soltaban	solté soltaste soltó soltamos soltasteis soltaron	soltaré soltarás soltará soltaremos soltaréis soltarán
Formas simples de subjuntivo ①		**Imperativo** ①	**Condicional**
Presente	**Pasado**	**Imperativo**	**Simple**
suelte sueltes suelte soltemos soltéis suelten	soltase o soltara soltases o soltaras soltase o soltara soltásemos o soltáramos soltaseis o soltarais soltasen o soltaran	 (tú) suelta (ud.) suelte (nos.) soltemos (vos.) soltad (uds.) suelten	soltaría soltarías soltaría soltaríamos soltaríais soltarían
Formas compuestas de indicativo	**y**		**subjuntivo**
Perfecto	**Presente** (PROG)	**Pasado** (PROG)	**Pluscuamperfecto**
he soltado has soltado ha soltado hemos soltado habéis soltado han soltado	estoy soltando estás soltando está soltando estamos soltando estáis soltando están soltando	estuviera soltando estuvieras soltando estuviera soltando estuviéramos soltando estuvierais soltando estuvieran soltando	hubiese soltado hubieses soltado hubiese soltado hubiésemos soltado hubieseis soltado hubiesen soltado

Das Verb soltar mit belebten Subjekten

- Juan suelta el perro en el jardín. | ▫ *Juan lässt den Hund im Garten frei.*
- María se ha soltado la trenza. | ▫ *Maria hat sich den Zopf gelöst.*
- El presentador soltó un sermón. | ▫ *Der Moderator hielt eine Moralpredigt.*

Das Verb soltar mit unbelebten Subjekten

- El jersey suelta lana. | ▫ *Der Pullover hat Knötchen und Knubbel.*
- La herida suelta pus. | ▫ *Die Wunde ist vereitert.*

Das Verb soltarse als Pronominalverb + a + *Infinitivsätze*

- El bebé se está soltando **a** *andar.* | ▫ *Das Baby traut sich zu laufen.*
- El aprendiz de lenguas se está soltando **a** *hablar.* | ▫ *Der Sprachenlerner traut sich zu sprechen.*

Nützliche Redewendungen mit soltar

- ¡No sueltes un sermón! | ▫ *Halte bitte keine Predigt!*

Folgende Verben werden ähnlich konjugiert

► **colar** ▪ Siempre se cuela en la cola del autobús. | ▫ *Er drängelt immer an der Bushaltestelle.*
► **sobrevolar** ▪ El avión sobrevoló territorio peruano. | ▫ *Das Flugzeug flog* über *peruanisches Territorium.*
► **soldar** ▪ Los operarios soldaron las piezas. | ▫ *Die Mitarbeiter löteten die Teile.*
► **volar** ▪ Los aviones no vuelan por el Covid-19. | ▫ *Wegen Covid-19 fliegen die Flugzeuge nicht.*

VOLCAR: volcado | volcando

Das Verb **volcar** bedeutet ***kipppen, stürzen*** und ist sowohl transitiv als auch intransitiv. Es kann auch pronominal als **volcarse** gebraucht werden.

Formas simples de indicativo [① o > ue in betonter Silbe, ② qu vor e]			
Presente	**Imperfecto**	**Indefinido**	**Futuro**
vuelco vuelcas vuelca volcamos volcáis vuelcan	volcaba volcabas volcaba volcábamos volcabais volcaban	volqué volcaste volcó volcamos volcasteis volcaron	volcaré volcarás volcará volcaremos volcaréis volcarán
Formas simples de subjuntivo ①, ②		**Imperativo ①, ②**	**Condicional**
Presente	**Pasado**	**Imperativo**	**Simple**
vuelque vuelques vuelque volquemos volquéis vuelquen	volcase o volcara volcases o volcaras volcase o volcara volcásemos o volcáramos volcaseis o volcarais volcasen o volcaran	 (tú) vuelca (ud.) vuelque (nos.) volquemos (vos.) volcad (uds.) vuelquen	volcaría volcarías volcaría volcaríamos volcaríais volcarían
Formas compuestas de indicativo	**y**	**subjuntivo**	
Perfecto	**Presente** (PROG)	**Pasado** (PROG)	**Pluscuamperfecto**
he volcado has volcado ha volcado hemos volcado habéis volcado han volcado	estoy volcando estás volcando está volcando estamos volcando estáis volcando están volcando	estuviera volcando estuvieras volcando estuviera volcando estuviéramos volcando estuvierais volcando estuvieran volcando	hubiese volcado hubieses volcado hubiese volcado hubiésemos volcado hubieseis volcado hubiesen volcado

Das Verb volcar + direkte Objekte

- El chófer volcó **la arena** del volquete. | ▫ *Der Fahrer kippte die Ladung des Kipplasters aus.*
- ¡Vuelca **la flanera** para sacar el flan! | ▫ *Stürze die Form, um den Karamelpudding herauszuholen.*
- ¡No vuelque **el contenido del disco duro** hasta que venga el juez! | ▫ *Laden Sie bitte den Inhalt der Festplatte nicht, bis der Richter anwesend ist!*
- En Zaldíbar volcaron **más basura que la que la pendiente del vertedero permitía** y se hundió. | ▫ *In Zaldíbar wurde mehr Müll ausgekippt, als das Gefälle der Deponie erlaubte, und sie sank ein.*

Das Verb volcarse + Präpositionen

- Él se volcó de lleno **en** sus estudios. | ▫ *Er zeigte vollen Einsatz für sein Studium.*
- Ella se vuelca **en** el cuidado de sus padres. | ▫ *Sie legt sich ins Zeug für die Pflege ihrer Eltern.*

Das Verb volcarse als Pronominalverb

- ¡Frena antes de la curva para que no te vuelques! | ▫ *Bremse vor der Kurve, damit du dich nicht überschlägst!*
- El coche se volcó. | ▫ *Das Auto hat sich überschlagen.*

Nützliche Redewendungen mit volcar und volcarse mit der Präposition con

- Se vuelcan **con** el comedor solidario. | ▫ *Sie reißen sich ein Bein aus für die Tafel.*

Folgende Verben werden ähnlich konjugiert

► **revolcarse** ▪ El cerdo se revuelca en el barro. | ▫ *Das Schwein wälzt sich im Schlamm herum.*

Das Verb **dar** ist ditransitiv und hat neben ***geben*** eine Vielzahl von Bedeutungen.

Formas simples de indicativo			
Presente	**Imperfecto**	**Indefinido**	**Futuro**
doy das da damos dais dan	daba dabas daba dábamos dabais daban	di diste dio dimos disteis dieron	daré darás dará daremos daréis darán
Formas simples de subjuntivo		**Imperativo**	**Condicional**
Presente	**Pasado**	**Imperativo**	**Simple**
dé des dé demos deis den	diese o diera dieses o dieras diese o diera diésemos o diéramos dieseis o dierais diesen o dieran	 (tú) da (ud.) dé (nos.) demos (vos.) dad (uds.) den	daría darías daría daríamos daríais darían
Formas compuestas de indicativo	**y**	**subjuntivo**	
Perfecto	**Presente** (PROG)	**Pasado** (PROG)	**Pluscuamperfecto**
he dado has dado ha dado hemos dado habéis dado han dado	estoy dando estás dando está dando estamos dando estáis dando están dando	estuviese dando estuvieses dando estuviese dando estuviésemos dando estuvieseis dando estuviesen dando	hubiese dado hubieses dado hubiese dado hubiésemos dado hubieseis dado hubiesen dado

Das Verb dar + **direkte** und *indirekte* Objekte

- La señora *le* da **una limosna** *al mendigo.* | ▫ *Die Frau gibt dem Bettler eine Spende.*
- La pasajera *le* da **el ticket** *al interventor.* | ▫ *Die Passagierin gibt dem Kontrolleur ihr Ticket.*

Das Verb dar + **direkte Objekte** und *Pronominalobjekte*

- Ella *le* ha dado **un beso.** | ▫ *Sie hat ihn geküsst.*
- Él *le* dio **un abrazo.** | ▫ *Er umarmte ihn.*

Das Verb darse + **el caso** als *vorkommen*

- No se da **el caso** que los trenes esperen. | ▫ *Es kommt nicht vor, dass Züge warten.*
- Se ha dado **el caso** de gente vacunada que enferma. | ▫ *Es ist vorgekommen, dass Geimpfte erkrankten.*

Das Verb dar mit obligatorischem **Dativobjekt** oder darse (S = Subjekt, O = Objekt)

- **Me** da [que lloverá]$_S$. | ▫ *Ich vermute, dass es regnen wird.*
- Esta infección$_S$ *me* está dando [guerra]$_O$. | ▫ *Diese Entzündung bereitet mir viele Probleme.*
- Mi colega$_S$ *me* da [pena]$_O$. | ▫ *Mein Kollege tut mir leid.*

Das Verb dar + **Präpositionen** + *Infinitivsätze*

- El peatón dio **de** *beber al perro.* | ▫ *Der Fußgänger gab dem Hund zu trinken.*
- El médico dio **a** *entender que se curaría.* | ▫ *Der Arzt gab zu verstehen, dass er heilen würde.*
- El jefe dio **a** *conocer que dejaba el trabajo.* | ▫ *Der Chef gab bekannt, dass er gekündigt hatte.*

Nützliche Redewendungen mit dar

- ¡Qué más da! | ▫ *Es ist doch egal!*

Das Verb dar + Nomina

- Sus esfuerzos darán **fruto**. | ▫ *Seine Bemühungen werden Früchte tragen.*
- La pronta recuperación le dio ánimo. | ▫ *Die schnelle Genesung munterte ihn auf.*
- Espera que le den **calabazas**. | ▫ *Sie hofft, dass er sich einen Korb holen wird.*
- Unos desconocidos le dieron **leña**. | ▫ *Unbekannte verprügelten ihn.*
- En 1834 se dio **fin** a la Inquisición. | ▫ *1834 wurde der Inquisition ein Ende gesetzt.*
- No le dieron **importancia** a la estética. | ▫ *Ästhetik hielten sie nicht für wichtig.*
- Le dieron **paso** al señor ciego. | ▫ *Sie ermöglichten dem blinden Mann den Zugang.*
- Ese perro me da **miedo**. | ▫ *Dieser Hund jagt mir Angst ein.*
- No dimos **cuenta** del viaje. | ▫ *Wir berichteten nicht über die Reise.*
- No da **abasto** con las inscripciones. | ▫ *Sie kann sich vor Neuanmeldungen nicht retten.*
- No da **cabida** a debilidades. | ▫ *Er gewährt Schwäche keinen Raum.*
- Dale **recuerdos** a María. | ▫ *Richte Maria Grüße aus.*
- No da ni **golpe** desde que terminó la carrera. | ▫ *Er rührt keinen Finger seit dem Ende des Studiums.*
- No dará **pie** con bola. | ▫ *Er wird den Punkt nicht treffen.*

- Dimos un **portazo** y nos largamos. | ▫ *Wir knallten die Tür zu und verschwanden.*
- Dimos un **paseo**/una **vuelta** | ▫ *Wir machten einen Spaziergang.*
- Te doy *una* **pista**. Es rojo. | ▫ *Ich helfe dir auf die Sprünge. Es ist rot.*
- Dimos *una* **capa**/**mano** de pintura a la mesa. | ▫ *Wir strichen den Tisch an.*
- El chófer dio *un* **frenazo** en seco. | ▫ *Der Fahrer bremste scharf.*
- Julio me está dando la **lata**/**tabarra**/**matraca**/**turra**. | ▫ *Julio geht mir auf den Keks.*
- Ana le dio la **espalda** a Pedro. | ▫ *Ana zeigte Pedro die kalte Schulter.*
- Su jefe le dio la **puntilla**. | ▫ *Sein Chef gab ihm den Rest.*
- Nunca doy mi **brazo** a torcer. | ▫ *Ich gebe nie klein bei.*
- El anfitrión dio la **bienvenida** al invitado. | ▫ *Der Gastgeber hieß den Gast willkommen.*
- El médico le dará la **baja**/la **alta**. | ▫ *Der Arzt wird ihn krank-/gesundschreiben.*
- Con su comportamiento da **ejemplo**. | ▫ *Mit seinem Benehmen ist er ein Vorbild.*
- La señora está dando el **pecho** al bebé. | ▫ *Die Dame stillt das Baby.*
- Los familiares dieron el **pésame** a la viuda. | ▫ *Die Familienangehörigen kondolierten der Witwe.*
- Nos dio **risa** cuando Cospedal[36] mintió. | ▫ *Wir lachten, als Cospedal log.*
- Le dimos la **razón** en eso. | ▫ *Wir gaben ihr in der Sache recht.*
- Se hizo rico sin dar un **palo** al agua. | ▫ *Er wurde reich, so wie die Jungfrau zum Kind kam.*
- Se me dan bien las **matemáticas**. | ▫ *Ich bin gut in Mathematik.*

Das Verb dar + Präpositionen

- El presidente dio **a** conocer el resultado. | ▫ *Der Präsident gab das Ergebnis bekannt.*
- Por fin di **con** lo que buscaba. | ▫ *Endlich fand ich das, was ich suchte.*
- Julio da **de** comer a su mascota. | ▫ *Julio füttert sein Haustier.*
- Dimos **de** lleno en el meollo de la cuestión. | ▫ *Wir trafen den Kern des Problems voll.*
- Esto no da tanto **de** sí. | ▫ *Das ist nicht so ausgiebig.*
- Creo que diste **en** el clavo/blanco. | ▫ *Ich glaube, dass du den Nagel auf den Kopf getroffen hast.*
- Damos **por** terminada la reunión. | ▫ *Wir erklären die Besprechung als beendet.*
- Mi cuñada dio **a** luz ayer. | ▫ *Meine Schwägerin hat gestern entbunden.*

Nützliche Redewendungen mit dar

- Te dieron gato **por** liebre. | ▫ *Man hat dich übers Ohr gehauen.*
- ¡Que te den morcilla! | ▫ *Du kannst mich mal!*

---

[36] María Dolores de Cospedal (1965), ehemalige Verteidigungsministerin (2016–2018) Spaniens.

Das Verb **decir** bedeutet ***sagen*** und ist transitiv.

Formas simples de indicativo			
Presente	**Imperfecto**	**Indefinido**	**Futuro**
digo dices dice decimos decís dicen	decía decías decía decíamos decíais decían	dije dijiste dijo dijimos dijisteis dijeron	diré dirás dirá diremos diréis dirán
Formas simples de subjuntivo		**Imperativo**	**Condicional**
Presente	**Pasado**	**Imperativo**	**Simple**
diga digas diga digamos digáis digan	dijese o dijera dijeses o dijeras dijese o dijera dijésemos o dijéramos dijeseis o dijerais dijesen o dijeran	 (tú) di (ud.) diga (nos.) digamos (vos.) decid (uds.) digan	diría dirías diría diríamos diríais dirían
Formas compuestas de indicativo	**y**		**subjuntivo**
Perfecto	**Presente** (PROG)	**Pasado** (PROG)	**Pluscuamperfecto**
he dicho has dicho ha dicho hemos dicho habéis dicho han dicho	estoy diciendo estás diciendo está diciendo estamos diciendo estáis diciendo están diciendo	estuviese diciendo estuvieses diciendo estuviese diciendo estuviésemos diciendo estuvieseis diciendo estuviesen diciendo	hubiese dicho hubieses dicho hubiese dicho hubiésemos dicho hubieseis dicho hubiesen dicho

Das Verb decir + **direkte Objekte** und optionale *indirekte* Objekt

- Dijeron **barbaridades** de Pablo Iglesias[37]. | ▫ *Sie sagten viel Unsinn über Pablo Iglesias.*
- No *me* dijo **la verdad**. | ▫ *Er sagte mir nicht die Wahrheit.*

Das Verb decir + **que** + Nebensätze

- Dice **que** el tren viene puntual. | ▫ *Er sagt, dass der Zug pünktlich ist.*
- Dicen **que** el rey abdicará. | ▫ *Man sagt, dass der König abdanken werde.*
- ¡No me digas **que** has ganado el gordo! | ▫ *Sag bloß, dass du den Lotteriepreis „Gordo" gewonnen hast!*

Das Verb decir + anderen **Verben**

- No hace **falta** decir que es descabellado. | ▫ *Es ist selbstverständlich, dass es irrsinnig ist.*
- Eso no **quiere** decir nada. | ▫ *Das hat nichts zu bedeuten.*

Nützliche Redewendungen mit decir

- Dicen las malas lenguas que el rey es corrupto. | ▫ *Böse Zungen sagen, dass der König korrupt sei.*
- "Es tan difícil decir la verdad como ocultarla." | ▫ *„Die Wahrheit zu sagen, ist so schwer, wie sie zu verstecken."* – Baltasar Gracián[38]

Folgende Verben werden ähnlich konjugiert

► **desdecir** ▪ El acusado se desdijo en el juzgado. | ▫ *Der Angeklagte widersprach sich im Gericht.*

[37] Pablo Iglesias (1978) ist ein spanischer Politiker und Universitätsdozent, der 2020–2021 Vize-Ministerpräsident war.

[38] Baltasar Gracián (1601–1658) war ein spanischer Jesuit, Philosoph und Schriftsteller, der u. a. für seine Aphorismen bekannt ist. Nach einer Publikation geriet er in Konflikt mit dem Jesuitenorden und erhielt dadurch Publikationsverbot.

Das Verb **decir** + **que** + Nebensätze (verschiedene Bedeutungen)

- La Biblia dice **que** Jesús resucitó. | ▫ *Die Bibel sagt, dass Jesus wiederauferstanden ist.*
- Dicen que Colón era hijo del Papa Inocencio VIII. | ▫ *Man behauptet, dass Kolumbus der Sohn des Papstes Innozenz VIII. war.*
- Se dice **que** la tuberculosis no se ha erradicado. | ▫ *Man sagt, dass Tuberkulose nicht ausgerottet wurde.*
- Aquí dice **que** entregó usted el papel ayer. | ▫ *Hier steht, dass Sie das Dokument gestern abgaben.*
- Esto quiere decir **que** su mal no tiene cura. | ▫ *Das bedeutet, dass ihre Krankheit unheilbar ist.*

Das Verb **decir** + *Infinitivsätze*

- Dice *venir en nombre de su padre.* | ▫ *Er behauptet, dass er im Namen seines Vaters kommt.*
- Dijo *tener los resultados clínicos.* | ▫ *Er sagte, dass er die klinischen Ergebnisse hatte.*
- Aunque diga *venir en son de paz …* | ▫ *Auch wenn er behauptet, in Frieden zu kommen …*
- Dijeron *conocer la sentencia de antemano.* | ▫ *Sie behaupteten, das Urteil im Voraus zu kennen.*

Das Verb **decir** in festen Verbindungen und Kollokationen

- Como si dice misa. | ▫ *Es ist mir schnurzegal.*
- Asistieron 50.000 personas, que se dice pronto. | ▫ *Es nahmen 50.000 Menschen daran teil, wow.*
- A: Es carísimo. B: ¡Y que lo digas! | ▫ A: *Es ist verdammt teuer.* B: *Du sagst es!*
- No dijo ni mu. | ▫ *Sie sagte keinen Mucks.*
- Me hizo un gesto como queriendo decir … | ▫ *Sie machte eine Geste, als ob sie sagen wollte …*

- Digan lo que digan, seguiré luchando. | ▫ *Sagen man, was es wolle, ich werde weiterhin kämpfen.*
- Por mucho que lo digas, no te creen. | ▫ *So sehr du es auch sagst, sie glauben es dir nicht.*
- Quería renunciar a su puesto. Dicho y hecho. | ▫ *Er wollte kündigen. Gesagt und getan.*
- Dicho esto, abandonó la sala. | ▫ *Das gesagt, verließ er den Saal.*

- Julio lo dice por decir. | ▫ *Julio redet nur daher.*
- A decir verdad, el Covid 19 es peligroso. | ▫ *Um ehrlich zu sein, Covid-19 ist gefährlich.*
- Por así decir, … | ▫ *Sozusagen, …*
- Es decir, no se presentó. | ▫ *Mit anderen Worten, er erschien nicht.*
- Ni que decir tiene que rechazo esa ley. | ▫ *Es versteht sich von selbst, dass ich das Gesetz ablehne.*

- Otrosí digo que las pruebas no valen. | ▫ *Ferner behaupte ich, dass die Beweismittel nichts taugen.*
- Los incendios aumentan, no digamos ya en verano. | ▫ *Brände nehmen zu, besonders im Sommer.*
- ¡Qué me dices! ¿Han cerrado el mercado? | ▫ *Sag bloß, haben sie den Markt geschlossen?*
- ¡Quién lo diría que se acabaría el petróleo! | ▫ *Wer hätte das gedacht, dass Erdöl aufgebraucht sein würde.*

Nützliche Redewendungen mit **decir**

- ¡Dígame! | ▫ *Hallo!* (am Telefon)
- ¡Dime la verdad! | ▫ *Sag mir die Wahrheit!*
- ¡Díganos su número de pasaporte! | ▫ *Sagen Sie uns bitte Ihre Passnummer!*
- Nadie puede decir que de esta agua no beberé. | ▫ *Man soll nie Nie sagen.*
- Se lo ha dicho un pajarito. | ▫ *Das hat ihm ein Vögelchen gezwitschert.*
- Solo los niños y los borrachos dicen la verdad. | ▫ *Nur Kinder und Narren sagen die Wahrheit.*
- Donde dije digo, digo Diego. | ▫ *Die Meinung von heute ist nicht immer die von gestern.*

Das Verb **europeizar** ist ein transitives Verb und bedeutet ***europäisieren***.

Formas simples de indicativo [① i > í, wenn Betonung auf i, ② c vor e]			
Presente	**Imperfecto**	**Indefinido**	**Futuro**
europeízo europeízas europeíza europeizamos europeizáis europeízan	europeizaba europeizabas europeizaba europeizábamos europeizabais europeizaban	europeicé europeizaste europeizó europeizamos europeizasteis europeizaron	europeizaré europeizarás europeizará europeizaremos europeizaréis europeizarán
Formas simples de subjuntivo ①, ②		**Imperativo** ①, ②	**Condicional**
Presente	**Pasado**	**Imperativo**	**Simple**
europeíce europeíces europeíce europeicemos europeicéis europeícen	europeizase o europeizara europeizases o europeizaras europeizase o europeizara europeizásemos o europeizáramos europeizaseis o europeizarais europeizasen o europeizaran	 (tú) europeíza (ud.) europeíce (nos.) europeicemos (vos.) europeizad (uds.) europeícen	europeizaría europeizarías europeizaría europeizaríamos europeizaríais europeizarían
Formas compuestas de indicativo	**y**	**subjuntivo**	
Perfecto	**Presente** (PROG)	**Pasado** (PROG)	**Pluscuamperfecto**
he europeizado has europeizado ha europeizado hemos europeizado habéis europeizado han europeizado	estoy europeizando estás europeizando está europeizando estamos europeizando estáis europeizando están europeizando	estuviese europeizando estuvieses europeizando estuviese europeizando estuviésemos europeizando estuvieseis europeizando estuviesen europeizando	hubiese europeizado hubieses europeizado hubiese europeizado hubiésemos europeizado hubieseis europeizado hubiesen europeizado

Das Verb europeizar

- Kemal Atatürk[39] europeizó Turquía. | ▫ *Kemal Atatürk europäisierte die Türkei.*
- Las elecciones europeas se han europeizado al ser posibles listas internacionales. | ▫ *Die Europawahlen haben sich europäisiert, da internationale Listen möglich sind.*
- Las normativas sobre estándares de higiene hospitalaria se europeízan a nivel mundial. | ▫ *Die Standardrichtlinien der Krankenhaushygiene europäisieren sich weltweit.*
- Turquía no entrará en la UE hasta que europeíce la legislación de derechos y libertades. | ▫ *Die Türkei wird der EU nicht beitreten können, bevor die Gesetzgebung über Rechte und Freiheiten nicht europäisiert ist.*

Das Verb europeizar als Partizip europeizado (Genus- und Numeruskongruenz mit dem Subjekt)

- Japón es un país totalmente europeizado. | ▫ *Japan ist ein komplett europäisiertes Land.*
- La legislación sobre productos perecederos está europeizada. | ▫ *Die Gesetzgebung über verderbliche Güter ist europäisiert.*

Folgende Verben werden ähnlich konjugiert

- ▶ **descafeinar** ▪ Han descafeinado la ley de dependencia. | ▫ *Sie haben das Pflegegesetz geschwächt.*
- ▶ **rehilar** ▪ La hilandera rehiló el algodón. | ▫ *Die Spinnerin spann/drehte die Baumwolle stärker.*
- ▶ **sobrehilar** ▪ Las modistas sobrehilaban las telas a mano. | ▫ *Die Schneiderinnen säumten die Stoffe von Hand.*

[39] Kemal Atatürk (1888–1938) war der Gründer der Republik Türkei. Er lies die osmanische Hochsprache durch die Volkssprache und das arabische durch das lateinische Alphabet ersetzen.

Das Verb **discernir** bedeutet ***unterscheiden*** und ist transitiv.

Formas simples de indicativo [① e > ie in betonter Silbe]			
Presente	**Imperfecto**	**Indefinido**	**Futuro**
discierno disciernes discierne discernimos discernís disciernen	discernía discernías discernía discerníamos discerníais discernían	discerní discerniste discernió discernimos discernisteis discernieron	discerniré discernirás discernirá discerniremos discerniréis discernirán
Formas simples de subjuntivo ①		**Imperativo** ①	**Condicional**
Presente	**Pasado**	**Imperativo**	**Simple**
discierna disciernas discierna discernamos discernáis disciernan	discerniese o discerniera discernieses o discernieras discerniese o discerniera discerniésemos o discerniéramos discernieseis o discernierais discerniesen o discernieran	 (tú) discierne (ud.) discierna (nos.) discernamos (vos.) discernid (uds.) disciernan	discerniría discernirías discerniría discerniríamos discerniríais discernirían
Formas compuestas de indicativo	**y**		**subjuntivo**
Perfecto	**Presente** (PROG)	**Pasado** (PROG)	**Pluscuamperfecto**
he discernido has discernido ha discernido hemos discernido habéis discernido han discernido	estoy discerniendo estás discerniendo está discerniendo estamos discerniendo estáis discerniendo están discerniendo	estuviera discerniendo estuvieras discerniendo estuviera discerniendo estuviéramos discerniendo estuvierais discerniendo estuvieran discerniendo	hubiese discernido hubieses discernido hubiese discernido hubiésemos discernido hubieseis discernido hubiesen discernido

Das Verb **discernir** + Präposition **entre**

- Está bien discernir **entre** el bien y el mal. | ▫ *Es ist notwendig, zwischen Gut und Böse zu unterscheiden.*
- Esta etiquetación no discierne **entre** concentraciones dañinas y saludables. | ▫ *Die Etikettierung unterscheidet nicht zwischen schädlichen und gesunden Konzentrationen.*
- Este test diagnóstico no discierne los factores determinantes del contagio. | ▫ *Dieser Diagnosetest unterscheidet nicht Schlüsselfaktoren der Ansteckung.*
- Hay que discernir las novedades de la ley. | ▫ *Man muss die Neuerungen des Gesetzes unterscheiden.*

Das Verb **discernir** + Nebensätze mit **si**

- El forense no puede discernir **si** las lesiones fueron autoinfligidas o causadas por terceros. | ▫ *Der Forensiker konnte nicht bestimmen, ob die Verletzungen selbst- oder fremdverursacht wurden.*
- Con este test se discierne rápidamente **si** el paciente tiene pulmonía. | ▫ *Mit diesem Test stellt man schnell fest, ob der Patient eine Lungenentzündung hat.*

Folgende Verben werden ähnlich konjugiert

► **cernir** ▪ Se ciernen nubes negras sobre Madrid. | ▫ *Schwarze Wolken schweben über Madrid.*
(**cernir** und **cerner** sind möglich)

DORMIR: dormido | durmiendo

Das Verb **dormir** ist intransitiv, obwohl es einige transitive metaphorische Lesarten hat. Es kann auch pronominal als **dormirse** gebraucht werden.

Formas simples de indicativo [① o > ue in betonten Silben, ② o > u in einigen unbetonten Silben]			
Presente	**Imperfecto**	**Indefinido**	**Futuro**
duermo	dormía	dormí	dormiré
duermes	dormías	dormiste	dormirás
duerme	dormía	durmió	dormirá
dormimos	dormíamos	dormimos	dormiremos
dormís	dormíais	dormisteis	dormiréis
duermen	dormían	durmieron	dormirán
Formas simples de subjuntivo ①, ②		**Imperativo** ①, ②	**Condicional**
Presente	**Pasado**	**Imperativo**	**Simple**
duerma	durmiese o durmiera		dormiría
duermas	durmieses o durmieras	(tú) duerme	dormirías
duerma	durmiese o durmiera	(ud.) duerma	dormiría
durmamos	durmiésemos o durmiéramos	(nos.) durmamos	dormiríamos
durmáis	durmieseis o durmierais	(vos.) dormid	dormiríais
duerman	durmiesen o durmieran	(uds.) duerman	dormirían
Formas compuestas de indicativo	**y**		**subjuntivo**
Perfecto	**Presente** (PROG) ②	**Pasado** (PROG) ②	**Pluscuamperfecto**
he dormido	estoy durmiendo	estuviera durmiendo	hubiese dormido
has dormido	estás durmiendo	estuvieras durmiendo	hubieses dormido
ha dormido	está durmiendo	estuviera durmiendo	hubiese dormido
hemos dormido	estamos durmiendo	estuviéramos durmiendo	hubiésemos dormido
habéis dormido	estáis durmiendo	estuvierais durmiendo	hubieseis dormido
han dormido	están durmiendo	estuvieran durmiendo	hubiesen dormido

Das Verb **dormir** + **belebte Subjekte**

- **Mis amigos** duermen como troncos. | ▫ *Meine Freunde schlafen wie Steine.*
- Ayer por la noche salió y ahora está dormido. | ▫ *Er ging gestern aus und nun schläft er.*
- **Los sin techo** duermen en la calle. | ▫ *Die Obdachlosen schlafen auf der Straße.*
- Durmió 14 horas después del viaje. | ▫ *Nach der Reise schlief er 14 Stunden.*

Das Verb **dormir** + **direkte Objekte**

- Su abuelo siempre duerme **la siesta**. | ▫ *Sein Großvater macht immer Mittagsschlaf.*
- Está durmiendo **la mona**. | ▫ *Er schläft seinen Rausch aus.*

Das Verb **dormirse** als Pronominalverb ***einschlafen*** + **Zeitangaben**

- El bebé se durmió temprano **aquella noche**. | ▫ *Das Baby schlief an jenem Tag früh ein.*
- Si bebo café **tarde**, no puedo dormirme. | ▫ *Wenn ich spät Kaffee trinke, kann ich nicht einschlafen.*

Nützliche Redewendungen mit **dormir** und **dormirse**

- ¡Que duerma usted bien! | ▫ *Schlafen Sie gut!*
- Duermen tranquilos porque no tienen deudas. | ▫ *Sie schlafen ruhig, weil sie keine Schulden haben.*
- José se durmió en los laureles. | ▫ *José ruhte auf seinen Lorbeeren.*
- Los peregrinos se echaron a dormir. | ▫ *Die Pilger legten sich zum Schlafen.*
- Me quedé dormido en medio de la charla. | ▫ *Ich nickte während des Vortrages ein.*

Das Verb **morir** ist intransitiv, obwohl es einige transitive metaphorische Lesarten hat. Es kann pronominal als **morirse** gebraucht werden. Mit der pronominalen Form wird der Beginn eines Ereignisses markiert.

Formas simples de indicativo [① o > ue in betonten Silben, ② o > u in einigen unbetonten Silben]			
Presente	**Imperfecto**	**Indefinido**	**Futuro**
muero mueres muere morimos morís mueren	moría morías moría moríamos moríais morían	morí moriste murió morimos moristeis murieron	moriré morirás morirá moriremos moriréis morirán
Formas simples de subjuntivo ①, ②		**Imperativo** ①, ②	**Condicional**
Presente	**Pasado**	**Imperativo**	**Simple**
muera mueras muera muramos muráis mueran	muriese o muriera murieses o murieras muriese o muriera muriésemos o muriéramos murieseis o murierais muriesen o murieran	 (tú) muere (ud.) muera (nos.) muramos (vos.) morid (uds.) mueran	moriría morirías moriría moriríamos moriríais morirían
Formas compuestas de indicativo	**y**	**subjuntivo**	
Perfecto ①	**Presente** (PROG) ②	**Pasado** (PROG) ②	**Pluscuamperfecto** ①
he muerto has muerto ha muerto hemos muerto habéis muerto han muerto	estoy muriendo estás muriendo está muriendo estamos muriendo estáis muriendo están muriendo	estuviese muriendo estuvieses muriendo estuviese muriendo estuviésemos muriendo estuvieseis muriendo estuviesen muriendo	hubiese muerto hubieses muerto hubiese muerto hubiésemos muerto hubieseis muerto hubiesen muerto

Das Verb morir als Pronominalverb morirse + Zeitangaben

- No creo que nos muramos de gripe. | ▫ *Ich glaube nicht, dass wir an Grippe sterben.*
- Esta ley apoya a quien quiera morirse. | ▫ *Dieses Gesetz hilft den Sterbewilligen.*
- Su hermano se murió **en 2007**. | ▫ *Ihr Bruder starb 2007.*

Das Verb morir + Partizipien (Genus- und Numeruskongruenz mit dem Subjekt) oder por + Nomina

- Ellos murieron **ahogados**. / Murieron **por ahogamiento**. | ▫ *Sie ertranken.*
- Ella murió **axfisiada**. / Murió **por axfisia**. | ▫ *Sie erstickte.*
- Él morirá **envenenado**. / Morirá **por envenenamiento**. | ▫ *Er wird an einer Vergiftung sterben.*

Das Verb morir + Präpositionen

- Me muero **de** hambre / **de** frío. | ▫ *Ich sterbe vor Hunger / Kälte.*
- Los alumnos se murieron **de** risa. | ▫ *Die Schüler lachten sich kaputt.*
- Lucio Urtubia había muerto **de** viejo. | ▫ *Lucio Urtubia war wegen seines Alters gestorben.*
- Mi compañero se muere **por** ella. | ▫ *Mein Arbeitskollege liegt ihr zu Füßen.*

Nützliche Redewendungen und Zitate mit morir

- – Millán Astray: "¡Muera la inteligencia, viva la muerte!" – Unamuno: "¡Venceréis, pero no convenceréis!" | ▫ Millán Astray: *„Nieder mit der Intelligenz, es lebe der Tod!"* Unamuno: *„Ihr werdet gewinnen, aber nicht überzeugen."* [40]

[40] José Millán Astray (1879–1954) war ein spanischer Militär. Miguel de Unamuno (1864–1936) war Philosoph, Professor und Rektor der Universität Salamanca. Das obenstehende Wortgefecht fand am 12.10.1936 in Salamanca (Spanien) statt.

Das Verb **ascender** ist ein intransitives Verb, welches ***steigen, sich belaufen*** oder ***befördern*** bedeutet.

Formas simples de indicativo [① e > ie in betonter Silbe]			
Presente	**Imperfecto**	**Indefinido**	**Futuro**
asciendo asciendes asciende ascendemos ascendéis asciendn	ascendía ascendías ascendía ascendíamos ascendíais ascendían	ascendí ascendiste ascendió ascendimos ascendisteis ascendieron	ascenderé ascenderás ascenderá ascenderemos ascenderéis ascenderán
Formas simples de subjuntivo ①		**Imperativo** ①	**Condicional**
Presente	**Pasado**	**Imperativo**	**Simple**
ascienda asciendas ascienda ascendamos ascendáis asciendan	ascendiese o ascendiera ascendieses o ascendieras ascendiese o ascendiera ascendiésemos o ascendiéramos ascendieseis o ascendierais ascendiesen o ascendieran	 (tú) asciende (ud.) ascienda (nos.) ascendamos (vos.) ascended (uds.) asciendan	ascendería ascenderías ascendería ascenderíamos ascenderíais ascenderían
Formas compuestas de indicativo	**y**	**subjuntivo**	
Perfecto	**Presente** (PROG)	**Pasado** (PROG)	**Pluscuamperfecto**
he ascendido has ascendido ha ascendido hemos ascendido habéis ascendido han ascendido	estoy ascendiendo estás ascendiendo está ascendiendo estamos ascendiendo estáis ascendiendo están ascendiendo	estuviese ascendiendo estuvieses ascendiendo estuviese ascendiendo estuviésemos ascendiendo estuvieseis ascendiendo estuviesen ascendiendo	hubiese ascendido hubieses ascendido hubiese ascendido hubiésemos ascendido hubieseis ascendido hubiesen ascendido

Das Verb ascender

- El nivel del agua asciende sin cesar. | ▫ *Der Wasserspiegel steigt stetig.*
- Ascendió abriéndose de piernas. (vulg.) | ▫ *Er/Sie hat sich hochgeschlafen.*

Das Verb ascender + Präposition a

- La temperatura ascendió **a** 43 °C. | ▫ *Die Temperatur stieg auf 43 °C.*
- A Galindo[41], le ascendieron **a** general. | ▫ *Galindo wurde zum General befördert.*
- La cuenta asciende **a** 232 €. | ▫ *Die Rechnung beläuft sich auf 232 €.*
- El rey ascendió **al** trono. | ▫ *Der König bestieg den Thron.*

Folgende Verben werden ähnlich konjugiert

- ▶ **cerner** ▪ La quiebra se cierne sobre la empresa. | ▫ *Die Pleite schwebt über der Firma.*
- ▶ **descender** ▪ El nivel de agua desciende desde ayer. | ▫ *Der Wasserspiegel sinkt seit gestern.*
- ▶ **encender** ▪ El fumador encendió el mechero. | ▫ *Der Raucher zündete sein Feuerzeug an.*
- ▶ **extender** ▪ El cajero extiende un recibo. | ▫ *Der Kassierer stellt eine Quittung aus.*
- ▶ **heder** ▪ Los compuestos de azufre hieden. | ▫ *Die Schwefelverbindungen stinken.*
- ▶ **reascender** ▪ Después de reascenderlo, me traicionó. | ▫ *Nach einer erneuten Beförderung betrog er mich.*
- ▶ **reverter** ▪ Este esfuerzo revierte en tu futuro. | ▫ *Diese Bemühungen werden sich günstig in deiner Zukunft auswirken.*
- ▶ **tender** ▪ El inquilino tiende la ropa en el balcón. | ▫ *Der Mieter hängt die Wäsche auf den Balkon.*
- ▶ **verter** ▪ El dominguero vertió basura en el bosque. | ▫ *Der Sonntagsausflügler kippte Müll in den Wald.*

[41] Enrique Rodíguez Galindo (1939–2021) war ein spanischer General, der im Jahr 2000 zu 75 Jahren Haft wegen Entführung und Mord verurteilt wurde. Nach wenigen Monaten Haft wurde er wegen Krankheit freigelassen.

Das Verb **defender** ist ein transitives Verb, welches ***verteidigen, plädieren*** bedeutet.

Formas simples de indicativo [① e > ie in betonter Silbe]			
Presente	**Imperfecto**	**Indefinido**	**Futuro**
defiendo defiendes defiende defendemos defendéis defienden	defendía defendías defendía defendíamos defendíais defendían	defendí defendiste defendió defendimos defendisteis defendieron	defenderé defenderás defenderá defenderemos defenderéis defenderán
Formas simples de subjuntivo ①		**Imperativo** ①	**Condicional**
Presente	**Pasado**	**Imperativo**	**Simple**
defienda defiendas defienda defendamos defendáis defiendan	defendiese o defendiera defendieses o defendieras defendiese o defendiera defendiésemos o defendiéramos defendieseis o defendierais defendiesen o defendieran	 (tú) defiende (ud.) defienda (nos.) defendamos (vos.) defended (uds.) defiendan	defendería defenderías defendería defenderíamos defenderíais defenderían
Formas compuestas de indicativo	**y**	**subjuntivo**	
Perfecto	**Presente** (PROG)	**Pasado** (PROG)	**Pluscuamperfecto**
he defendido has defendido ha defendido hemos defendido habéis defendido han defendido	estoy defendiendo estás defendiendo está defendiendo estamos defendiendo estáis defendiendo están defendiendo	estuviese defendiendo estuvieses defendiendo estuviese defendiendo estuviésemos defendiendo estuvieseis defendiendo estuviesen defendiendo	hubiese defendido hubieses defendido hubiese defendido hubiésemos defendido hubieseis defendido hubiesen defendido

Das Verb **defender** + **direkte Objekte**

- Azaña[42] defendió **la república** en 1936. | ▫ *Azaña stand für die Republik 1936 gerade.*
- Los partidos constitucionalistas defienden **la unidad de España.** | ▫ *Die verfassungstreuen Parteien plädieren für die Einheit Spaniens.*
- La izquierda defiende **la Sanidad Pública.** | ▫ *Die Linksparteien plädieren für die öffentliche Gesundheitsversorgung.*
- Defendieron **el bilingüismo** a capa y espada. | ▫ *Sie verteidigten die Zweisprachigkeit mit aller Kraft.*

Das Verb **defender** + *Infinitivsätze*

- Defienden *acatar la sentencia.* | ▫ *Sie plädieren dafür, das Urteil zu akzeptieren.*

Nützliche Redewendungen mit **defender**

- El montañés, por defender la necedad, dice tres. | ▫ *Der Bergbewohner beharrt auf seinem Irrtum.*

Folgende Verben werden ähnlich konjugiert

- ▶ **atender** ▪ Los médicos atienden a los pacientes. | ▫ *Die Ärzte kümmern sich um die Patienten.*
- ▶ **desatender** ▪ El gerente desatendió sus deberes y lo despidieron. | ▫ *Der Geschäftsführer vernachlässigte seine Pflichten und wurde entlassen.*
- ▶ **desentenderse** ▪ El patrono pronto se desentendió de los becarios. | ▫ *Der Schirmherr entledigte sich bald seiner Stipendiaten.*
- ▶ **entender** ▪ Ese político entiende de números. | ▫ *Jener Politiker versteht etwas von Zahlen.*
- ▶ **sobreentender** ▪ Se sobreentiende que debe acudir en persona. | ▫ *Es versteht sich von selbst, dass er persönlich erscheinen muss.*

[42] Manuel Azaña (1880–1940) war der Präsident der zweiten Republik (1936–1939) in Spanien. Er starb im französischen Exil.

Das Verb **perder** bedeutet ***verlieren*** und ist ein transitives Verb.

Formas simples de indicativo [① e > ie in betonter Silbe]			
Presente	**Imperfecto**	**Indefinido**	**Futuro**
pierdo pierdes pierde perdemos perdéis pierden	perdía perdías perdía perdíamos perdíais perdían	perdí perdiste perdió perdimos perdisteis perdieron	perderé perderás perderá perderemos perderéis perderán
Formas simples de subjuntivo ①		**Imperativo** ①	**Condicional**
Presente	**Pasado**	**Imperativo**	**Simple**
pierda pierdas pierda perdamos perdáis pierdan	perdiese o perdiera perdieses o perdieras perdiese o perdiera perdiésemos o perdiéramos perdieseis o perdierais perdiesen o perdieran	 (tú) pierde (ud.) pierda (nos.) perdamos (vos.) perded (uds.) pierdan	perdería perderías perdería perderíamos perderíais perderían
Formas compuestas de indicativo	**y**	**subjuntivo**	
Perfecto	**Presente** (PROG)	**Pasado** (PROG)	**Pluscuamperfecto**
he perdido has perdido ha perdido hemos perdido habéis perdido han perdido	estoy perdiendo estás perdiendo está perdiendo estamos perdiendo estáis perdiendo están perdiendo	estuviese perdiendo estuvieses perdiendo estuviese perdiendo estuviésemos perdiendo estuvieseis perdiendo estuviesen perdiendo	hubiese perdido hubieses perdido hubiese perdido hubiésemos perdido hubieseis perdido hubiesen perdido

Das Verb perder + direkte Objekte

- La rueda tiene un pinchazo porque pierde **aire**. | ▫ *Das Rad hat einen Platten, da es Luft verliert.*
- Estoy perdiendo **la afición** por el fútbol. | ▫ *Ich verliere die Begeisterung für Fußball zusehends.*
- Perdió **todo su dinero** en bolsa. | ▫ *Sie verlor ihr gesamtes Geld an der Börse.*
- Está perdiendo **peso** por el ejercicio diario. | ▫ *Er nimmt wegen des täglichen Sports ab.*
- Perdieron **el partido** contra el Barça. | ▫ *Sie verloren das Spiel gegen Barça.*
- El turismo pierde **peso** en el PIB[43] español. | ▫ *Der Tourismus verliert an Bedeutung für das spanische BIP.*
- Está perdiendo **pelo** por la quimioterapia. | ▫ *Er verliert Haar wegen der Chemotherapie.*
- La gimnasta ha perdido **el conocimiento**. | ▫ *Die Turnerin ist ohnmächtig geworden.*
- Han perdido **el Norte**. | ▫ *Sie haben das Ziel aus den Augen verloren.*

Die Verben perderse als Pronominalverb und perdérselo

- Nos perdimos en la Parte Vieja. | ▫ *Wir gingen in der Altstadt verloren.*
- Su hija se perdió por ese hombre. | ▫ *Ihre Tochter verlor ihren Kopf wegen jenes Mannes.*
- La esperanza es lo último que se pierde. | ▫ *Die Hoffnung verliert man zuletzt.*
- Tú te lo pierdes si no vas al concierto. | ▫ *Du verpasst etwas, wenn du nicht in dieses Konzert gehst.*

Folgende Verben werden ähnlich konjugiert

- ▶ **condescender** ▪ Con aire chulesco, condescendió a ayudar. | ▫ *Großspurig willigte er ein, zu helfen.*
- ▶ **contender** ▪ El experto contiende que hay agua en Marte. | ▫ *Der Experte behauptet, dass es Wasser auf dem Mars gibt.*
- ▶ **distender** ▪ El aeropuerto distiende los controles. | ▫ *Der Flughafen lockert die Kontrollen.*
- ▶ **trascender** ▪ La ley puntera trasciende fronteras. | ▫ *Das bahnbrechende Gesetz überquert Grenzen.*

[43] PIB (Producto Interior Bruto): BIP (Bruttoinlandsprodukt)

Das Verb **ampliar** bedeutet ***erweitern*** und ist transitiv.

Formas simples de indicativo [① i > í, wenn Betonung auf i]			
Presente	**Imperfecto**	**Indefinido**	**Futuro**
amplío amplías amplía ampliamos ampliáis amplían	ampliaba ampliabas ampliaba ampliábamos ampliabais ampliaban	amplié ampliaste amplió ampliamos ampliasteis ampliaron	ampliaré ampliarás ampliará ampliaremos ampliaréis ampliarán
Formas simples de subjuntivo ①		**Imperativo** ①	**Condicional**
Presente	**Pasado**	**Imperativo**	**Simple**
amplíe amplíes amplíe ampliemos ampliéis amplíen	ampliase o ampliara ampliases o ampliaras ampliase o ampliara ampliásemos o ampliáramos ampliaseis o ampliarais ampliasen o ampliaran	 (tú) amplía (ud.) amplíe (nos.) ampliemos (vos.) ampliad (uds.) amplíen	ampliaría ampliarías ampliaría ampliaríamos ampliaríais ampliarían
Formas compuestas de indicativo	**y**		**subjuntivo**
Perfecto	**Presente** (PROG)	**Pasado** (PROG)	**Pluscuamperfecto**
he ampliado has ampliado ha ampliado hemos ampliado habéis ampliado han ampliado	estoy ampliando estás ampliando está ampliando estamos ampliando estáis ampliando están ampliando	estuviese ampliando estuvieses ampliando estuviese ampliando estuviésemos ampliando estuvieseis ampliando estuviesen ampliando	hubiese ampliado hubieses ampliado hubiese ampliado hubiésemos ampliado hubieseis ampliado hubiesen ampliado

Das Verb **ampliar** + **direkte Objekte**

- Han ampliado **el plazo de matrícula.** | ▫ *Die Einschreibefrist ist verlängert worden.*
- La empresa amplía **la gama de jabones.** | ▫ *Die Firma erweitert das Seifensortiment.*
- RENFE[44] amplía **los servicios** en verano. | ▫ *Im Sommer stellt RENFE mehr Züge zur Verfügung.*
- Ampliamos **la sala** tirando un tabique. | ▫ *Wir vergrößerten das Wohnzimmer, indem wir eine Wand abrissen.*
- La OTAN[45] amplía **el número de miembros.** | ▫ *Die NATO erweitert die Mitglieder.*
- La OMS[46] amplía **los supuestos bajo los cuales se puede contraer esa enfermedad contagiosa.** | ▫ *Die WHO erweitert die Kontexte, in denen man diese Krankheit bekommen kann.*

Das Verb **ampliar** + **Modalergänzungen**

- El médico amplía **poco a poco** la cartera de pacientes. | ▫ *Der Arzt erweitert stetig die Patientenkartei.*

Folgende Verben werden ähnlich konjugiert

- ▶ **averiar** ▪ Máquina que toca, máquina que avería. | ▫ *Jede Maschine, die er nimmt, macht er kaputt.*
- ▶ **chirriar** ▪ Hay que engrasar puertas para que no chirríen. | ▫ *Man muss Türen ölen, damit sie nicht quietschen.*
- ▶ **descarriar** ▪ El hijo de Solé se descarrió por la droga. | ▫ *Solés Sohn verirrte sich wegen der Drogen.*
- ▶ **enfriar** ▪ El frigorífico no enfría. Está averiado. | ▫ *Der Kühlschrank kühlt nicht. Er ist kaputt.*
- ▶ **vaciar** ▪ Vacío el cenicero todos los días. | ▫ *Ich leere täglich den Aschenbecher.*
- ▶ **variar** ▪ La cocinera varía la verdura a diario. | ▫ *Die Köchin variiert täglich das Gemüse.*

---

[44] RENFE (Red Nacional de los Ferrocarriles Españoles): Staatlich geführte spanische Bahngesellschaft
[45] OTAN (Organización del Tratado del Atlántico Norte): NATO (Organisation des Nordatlantikvertrags)
[46] OMS (Organización Mundial de la Salud): WHO (World Health Organization = Weltgesundheitsorganisation)

Das Verb **confiar** bedeutet ***vertrauen*** und ist transitiv.

Formas simples de indicativo [① i > í, wenn Betonung auf i]			
Presente	**Imperfecto**	**Indefinido**	**Futuro**
confío confías confía confiamos confiáis confían	confiaba confiabas confiaba confiábamos confiabais confiaban	confié confiaste confió confiamos confiasteis confiaron	confiaré confiarás confiará confiaremos confiaréis confiarán
Formas simples de subjuntivo ①		**Imperativo ①**	**Condicional**
Presente	**Pasado**	**Imperativo**	**Simple**
confíe confíes confíe confiemos confiéis confíen	confiase o confiara confiases o confiaras confiase o confiara confiásemos o confiáramos confiaseis o confiarais confiasen o confiaran	 (tú) confía (ud.) confíe (nos.) confiemos (vos.) confiad (uds.) confíen	confiaría confiarías confiaría confiaríamos confiaríais confiarían
Formas compuestas de indicativo	**y**		**subjuntivo**
Perfecto	**Presente** (PROG)	**Pasado** (PROG)	**Pluscuamperfecto**
he confiado has confiado ha confiado hemos confiado habéis confiado han confiado	estoy confiando estás confiando está confiando estamos confiando estáis confiando están confiando	estuviese confiando estuvieses confiando estuviese confiando estuviésemos confiando estuvieseis confiando estuviesen confiando	hubiese confiado hubieses confiado hubiese confiado hubiésemos confiado hubieseis confiado hubiesen confiado

Das Verb confiar als transitives Verb und als Partizip

- Le confío a mi hija. | ▫ *Ich vertraue Ihnen meine Tochter an.*

- José es muy confiado. | ▫ *José ist sehr leichtgläubig.*

Das Verb confiar + *Infinitivsätze*

- Confían *llegar puntualmente a la cita.* | ▫ *Sie vertrauen darauf, pünktlich beim Termin zu sein.*
- Confiamos *ganar mucho dinero.* | ▫ *Wir vertrauen darauf, viel Geld zu verdienen.*

Das Verb confiar **en + Nomina / Objektpronomina** oder Nebensätze (im *Konjunktiv*)

- ¡No confíe **en los vendedores ambulantes**! | ▫ *Vertrauen Sie Straßenhändlern nicht!*
- ¡Confíe **en mí**! Se curará con esto. | ▫ *Vertrauen Sie mir! Hiermit werden Sie genesen.*
- Confían **en** que *vuelva* a mi puesto. | ▫ *Sie vertrauen darauf, dass ich an meine Stelle zurückkehre.*
- Confiamos **en** que *sea* responsable. | ▫ *Wir vertrauen darauf, dass er verantwortungsvoll ist.*

Folgende Verben werden ähnlich konjugiert

► **ansiar** ▪ Lucio ansía que gane la anarquía. | ▫ *Lucio wünscht sich, dass die Anarchie gewinnt.*
► **contrariar** ▪ Augusto y Ana siempre nos contrarían. | ▫ *Augusto und Ana verdrießen uns immer.*
► **desafiar** ▪ Este alumno desafía a su profesor cada día. | ▫ *Dieser Schüler fordert täglich seinen Lehrer heraus.*
► **desconfiar** ▪ Desconfío de las gangas. | ▫ *Ich misstraue diesen Schnäppchen.*
► **fiar** ▪ ¿Te fías de los productos ecológicos? | ▫ *Vertraust du auf Ökoprodukte?*

Das Verb **enviar** bedeutet ***schicken***, ist transitiv und kann ein indirektes Objekt selektieren.

Formas simples de indicativo [① i > í, wenn Betonung auf i]			
Presente	**Imperfecto**	**Indefinido**	**Futuro**
envío envías envía enviamos enviáis envían	enviaba enviabas enviaba enviábamos enviabais enviaban	envié enviaste envió enviamos enviasteis enviaron	enviaré enviarás enviará enviaremos enviaréis enviarán
Formas simples de subjuntivo ①		**Imperativo** ①	**Condicional**
Presente	**Pasado**	**Imperativo**	**Simple**
envíe envíes envíe enviemos enviéis envíen	enviase o enviara enviases o enviaras enviase o enviara enviásemos o enviáramos enviaseis o enviarais enviasen o enviaran	 (tú) envía (ud.) envíe (nos.) enviemos (vos.) enviad (uds.) envíen	enviaría enviarías enviaría enviaríamos enviaríais enviarían
Formas compuestas de indicativo	**y**		**subjuntivo**
Perfecto	**Presente** (PROG)	**Pasado** (PROG)	**Pluscuamperfecto**
he enviado has enviado ha enviado hemos enviado habéis enviado han enviado	estoy enviando estás enviando está enviando estamos enviando estáis enviando están enviando	estuviese enviando estuvieses enviando estuviese enviando estuviésemos enviando estuvieseis enviando estuviesen enviando	hubiese enviado hubieses enviado hubiese enviado hubiésemos enviado hubieseis enviado hubiesen enviado

Das Verb enviar + **belebte** und *unbelebte* Objekte

- Yo envío *paquetes* por correo. | ▫ *Ich schicke Pakete mit der Post.*
- La ONG[47] envía *mantas y medicinas.* | ▫ *Die NGO schickt Decken und Arzneien.*
- Siempre envían *la mercancía* por mensajería. | ▫ *Sie schicken die Ware immer per Kurier.*
- Dudo que nos envíe *un correo electrónico.* | ▫ *Ich bezweifle, dass er uns eine E-Mail schickt.*
- Enviaron **a su hijo** a un internado. | ▫ *Sie schickten ihr Kind ins Internat.*
- A Rodrigo Rato[48] **lo** enviaron a prisión por estafa. | ▫ *Rodrigo Rato wurde wegen Betrugs eingebuchtet.*

Das Verb enviar + **indirekte Objekte**

- Enviamos dinero **a los afectados** por el tsunami. | ▫ *Wir schicken den Tsunamiopfern Geld.*
- Sus padres **les** envían dinero. | ▫ *Ihre Eltern schicken ihnen Geld.*
- ¡Envíe**me** tres cajas de cubiertos! | ▫ *Schicken Sie mir drei Kisten Geschirr!*
- No **nos** los enviaron por la pandemia. | ▫ *Sie schickten sie uns wegen der Pandemie nicht.*
- Sus nietos **le** envían recuerdos. | ▫ *Ihre Enkelkinder schicken Ihnen Grüße.*

Folgende Verben werden ähnlich konjugiert

- ▶ **aliar** ▪ Francia, EEUU, GB y Rusia se alían contra Alemania. | ▫ *Frankreich, die USA, GB und Russland verbünden sich gegen Deutschland.*
- ▶ **amnistiar** ▪ La transición amnistió a algunos presos políticos en 1977. | ▫ *Die Transition begnadigte 1977 einige politische Häftlinge.*
- ▶ **desviar** ▪ Juan Carlos I desvió dinero a Suiza. | ▫ *Juan Carlos I. leitete Geld in die Schweiz um.*
- ▶ **reenviar** ▪ *Reenviamos el paquete devuelto.* | ▫ *Wir schickten das zurückgeschickte Paket erneut.*

---

[47] ONG (Organización no gubernamental): NGO (Non-governmental organization = Nichtregierungsorganisation)

[48] Rodrigo Rato (1949) war ehemaliger spanischer Finanzminister und geschäftsführender Direktor des IWF (Internationaler Währungsfonds).

Das Verb **extraviar** bedeutet ***verlegen*** und ist transitiv.

Formas simples de indicativo [① i > í, wenn Betonung auf i]			
Presente	**Imperfecto**	**Indefinido**	**Futuro**
extravío extravías extravía extraviamos extraviáis extravían	extraviaba extraviabas extraviaba extraviábamos extraviabais extraviaban	extravié extraviaste extravió extraviamos extraviasteis extraviaron	extraviaré extraviarás extraviará extraviaremos extraviaréis extraviarán
Formas simples de subjuntivo ①		**Imperativo** ①	**Condicional**
Presente	**Pasado**	**Imperativo**	**Simple**
extravíe extravíes extravíe extraviemos extraviéis extravíen	extraviase o extraviara extraviases o extraviaras extraviase o extraviara extraviásemos o extraviáramos extraviaseis o extraviarais extraviasen o extraviaran	 (tú) extravía (ud.) extravíe (nos.) extraviemos (vos.) extraviad (uds.) extravíen	extraviaría extraviarías extraviaría extraviaríamos extraviaríais extraviarían
Formas compuestas de indicativo		**y**	**subjuntivo**
Perfecto	**Presente** (PROG)	**Pasado** (PROG)	**Pluscuamperfecto**
he extraviado has extraviado ha extraviado hemos extraviado habéis extraviado han extraviado	estoy extraviando estás extraviando está extraviando estamos extraviando estáis extraviando están extraviando	estuviese extraviando estuvieses extraviando estuviese extraviando estuviésemos extraviando estuvieseis extraviando estuviesen extraviando	hubiese extraviado hubieses extraviado hubiese extraviado hubiésemos extraviado hubieseis extraviado hubiesen extraviado

Das Verb extraviar + **direkte Objekte**

- Han extraviado **la documentación.** | ▫ *Sie haben meine Akte verlegt.*
- Extravía **su pasaporte** a menudo. | ▫ *Sie verlegt ihren Pass häufig.*

Das Verb extraviarse + **Ortsangaben**

- Me he extraviado **en Vallecas** (Madrid). | ▫ *Ich habe mich in Vallecas (Madrid) verlaufen.*

Folgende Verben werden ähnlich konjugiert

► **criar** ▪ Mis abuelos criaron 10 hijos. | ▫ *Meine Großeltern zogen 10 Kinder groß.*
► **enviciar** ▪ El tronco del árbol se ha enviciado. | ▫ *Der Baumstamm ist schief gewachsen.*
► **esquiar** ▪ Los zaragozanos esquían en el Pirineo. | ▫ *Die Saragossaner fahren Ski in den Pyrenäen.*
► **estriar** ▪ Se estría la piel en un embarazo. | ▫ *Die Haut wird striemig in der Schwangerschaft.*
► **malcriar** ▪ Julián es un niño malcriado. | ▫ *Julián ist ein Bonzenkind.*
► **piar** ▪ En primavera, los pájaros pían temprano. | ▫ *Im Frühling piepsen die Vögel frühmorgens.*
► **resfriar** ▪ Se resfría con facilidad en invierno. | ▫ *Er erkältet sich sehr leicht im Winter.*
► **rociar** ▪ Mi colega rocía con agua las plantas. | ▫ *Meine Kollegin besprüht die Pflanzen mit Wasser.*

Das Verb **fotografiar** ist transitiv und bedeutet ***Fotos machen.***

Formas simples de indicativo [① i > í, wenn Betonung auf i]			
Presente	**Imperfecto**	**Indefinido**	**Futuro**
fotografío fotografías fotografía fotografiamos fotografiáis fotografían	fotografiaba fotografiabas fotografiaba fotografiábamos fotografiabais fotografiaban	fotografié fotografiaste fotografió fotografiamos fotografiasteis fotografiaron	fotografiaré fotografiarás fotografiará fotografiaremos fotografiaréis fotografiarán
Formas simples de subjuntivo ①		**Imperativo** ①	**Condicional**
Presente	**Pasado**	**Imperativo**	**Simple**
fotografíe fotografíes fotografíe fotografiemos fotografiéis fotografíen	fotografiase o fotografiara fotografiases o fotografiaras fotografiase o fotografiara fotografiásemos o fotografiáramos fotografiaseis o fotografiarais fotografiasen o fotografiaran	 (tú) fotografía (ud.) fotografíe (nos.) fotografiemos (vos.) fotografiad (uds.) fotografíen	fotografiaría fotografiarías fotografiaría fotografiaríamos fotografiaríais fotografiarían
Formas compuestas de indicativo	**y**	**subjuntivo**	
Perfecto	**Presente** (PROG)	**Pasado** (PROG)	**Pluscuamperfecto**
he fotografiado has fotografiado ha fotografiado hemos fotografiado habéis fotografiado han fotografiado	estoy fotografiando estás fotografiando está fotografiando estamos fotografiando estáis fotografiando están fotografiando	estuviese fotografiando estuvieses fotografiando estuviese fotografiando estuviésemos fotografiando estuvieseis fotografiando estuviesen fotografiando	hubiese fotografiado hubieses fotografiado hubiese fotografiado hubiésemos fotografiado hubieseis fotografiado hubiesen fotografiado

Das Verb **fotografiar** + **direkte Objekte**

- Este fotógrafo aficionado fotografía **flores.** | ▫ *Dieser Hobbyfotograf lichtet Blumen ab.*
- El fotógrafo profesional fotografió **desnudos.** | ▫ *Der Profifotograf fertigte Aktfotos an.*
- Rodríguez de la Fuente[49] fotografió **fauna ibérica.** | ▫ *Rodríguez de la Fuente lichtete iberische Fauna ab.*
- En la clase de arte aprenden a fotografiar. | ▫ *Im Fach Kunst lernen sie zu fotografieren.*

Das Verb **fotografiar** + *direkte* oder **pronominale** Objekte

- Pata Eizmendi fotografió *a Pepe Mujica*[50]. | ▫ *Pata Eizmendi lichtete Pepe Mujica ab.*
- Pata Eizmendi **lo** fotografió en su chacra. | ▫ *Pata Eizmendi fotografierte ihn auf seinem Landgut.*
- Debió fotografiar**lo** en su chacra. / **Lo** debió fotografiar en su chacra | ▫ *Er muss ihn auf seinem Landgut fotografiert haben.*

Folgende Verben werden ähnlich konjugiert

- ▶ **biografiar** ▪ Rebeca Quintans biografía a Juan Carlos I en el año 2000. | ▫ *Rebeca Quintans schreibt eine Biografie über Juan Carlos I. im Jahr 2000.* (Titel: „Un rey, golpe a golpe")
- ▶ **calcografiar** ▪ La pintora calcografía el dibujo. | ▫ *Die Malerin paust die Zeichnung ab.*
- ▶ **cartografiar** ▪ Américo Vespucio cartografió América, pero sus mapas se perdieron. | ▫ *Americo Vespucci kartografierte Amerika, aber seine Landkarten sind verschollen.*
- ▶ **coreografiar** ▪ Alicia Alonso[51] coreografió obras de artistas cubanos. | ▫ *Alicia Alonso choreografierte Werke kubanischer Künstler.*
- ▶ **estenografiar** ▪ Todavía se estenografían las sesiones parlamentarias. | ▫ *Die parlamentarischen Sitzungen werden noch stenografiert.*

---

[49] Félix Rodríguez de la Fuente (1928–1980) war ein sehr bekannter spanischer Zoologe mit eigener Fernsehsendung.
[50] Pepe Mujica (1935) ist der ehemalige Präsident (2010–2015) von Uruguay. Pata Eizmendi ist Fotograf.
[51] Alicia Alonso (1920–2019) war eine kubanische Primaballerina und Choreografin mit internationalem Renommee.

Das Verb **guiar** ist transitiv, bedeutet ***führen*** und kann reflexiv verwendet werden.

Formas simples de indicativo [① i > í, wenn Betonung auf i]			
Presente	**Imperfecto**	**Indefinido**	**Futuro**
guío guías guía guiamos guiais guían	guiaba guiabas guiaba guiábamos guiabais guiaban	guie guiaste guio guiamos guiasteis guiaron	guiaré guiarás guiará guiaremos guiaréis guiarán
Formas simples de subjuntivo ①		**Imperativo** ①	**Condicional**
Presente	**Pasado**	**Imperativo**	**Simple**
guíe guíes guíe guiemos guieis guíen	guiase o guiara guiases o guiaras guiase o guiara guiásemos o guiáramos guiaseis o guiarais guiasen o guiaran	 (tú) guía (ud.) guíe (nos.) guiemos (vos.) guiad (uds.) guíen	guiaría guiarías guiaría guiaríamos guiaríais guiarían
Formas compuestas de indicativo	**y**		**subjuntivo**
Perfecto	**Presente** (PROG)	**Pasado** (PROG)	**Pluscuamperfecto**
he guiado has guiado ha guiado hemos guiado habéis guiado han guiado	estoy guiando estás guiando está guiando estamos guiando estáis guiando están guiando	estuviese guiando estuvieses guiando estuviese guiando estuviésemos guiando estuvieseis guiando estuviesen guiando	hubiese guiado hubieses guiado hubiese guiado hubiésemos guiado hubieseis guiado hubiesen guiado

Das Verb guiar + direkte Objekte

- El pastor guía **a las ovejas**. | ▫ *Der Schäfer hütet die Schafe.*
- El controlador aéreo guía **a los aviones**. | ▫ *Der Fluglotse lotst die Flugzeuge.*
- Los pilotos guían **a los barcos** en el Elba. | ▫ *Die Lotsen lotsen die Schiffe auf der Elbe.*

Das Verb guiar als pronominales Verb guiarse

- El ciego se guiaba con el bastón. | ▫ *Der Blinde orientierte sich mit seinem Stock.*
- Cuando conduzco de noche, me guío por la raya en la carretera. | ▫ *Wenn ich nachts fahre, orientiere ich mich am Seitenstreifen.*

Folgende Verben werden ähnlich konjugiert

- ▶ **ataviar** ▪ Lucio Urtubia[52] iba siempre ataviado de boina. | ▫ *Lucio Urtubia war immer mit einer Baskenmütze herausgeputzt.*
- ▶ **desvariar** ▪ Desvaría cada vez que recuerda la guerra. | ▫ *Er spinnt jedes Mal, wenn er sich an den Krieg erinnert.*
- ▶ **espiar** ▪ El CNI[53] espía a políticos en España en 2015. | ▫ *Der spanische Geheimdienst spioniert Politiker im Jahr 2015 aus.*
- ▶ **extasiar** ▪ Estoy extasiado después del viaje. (gehoben) | ▫ *Ich bin nach der Reise erschöpft.*
- ▶ **hastiar** ▪ Me hastía desplazarme para la diálisis. | ▫ *Es ermüdet mich, für die Dialyse zu reisen.*
- ▶ **liar** ▪ Me lío cuando canto algunas notas. | ▫ *Ich komme durcheinander, wenn ich manche Noten singe.*

---

[52] Lucio Urtubia (1931–2021), spanischer Maurer und Anarchist, der von französischem Boden gegen das spanische Regime kämpfte und sich durch Bankraube finanzierte. Sein berühmtester Bankraub war die Fälschung von Travellerschecks der amerikanischen CitiBank.

[53] CNI (Centro Nacional de Inteligencia): Spanische Geheimdienste

Das Verb **inventariar** bedeutet *Inventur machen* und ist transitiv.

Formas simples de indicativo [① i > í, wenn Betonung auf i]			
Presente	**Imperfecto**	**Indefinido**	**Futuro**
inventarío inventarías inventaría inventariamos inventariáis inventarían	inventariaba inventariabas inventariaba inventariábamos inventariabais inventariaban	inventarié inventariaste inventarió inventariamos inventariasteis inventariaron	inventariaré inventariarás inventariará inventariaremos inventariaréis inventariarán
Formas simples de subjuntivo ①		**Imperativo** ①	**Condicional**
Presente	**Pasado**	**Imperativo**	**Simple**
inventaríe inventaríes inventaríe inventariemos inventariéis inventaríen	inventariase o inventariara inventariases o inventariaras inventariase o inventariara inventariásemos o inventariáramos inventariaseis o inventariarais inventariasen o inventariaran	 (tú) inventaría (ud.) inventaríe (nos.) inventariemos (vos.) inventariad (uds.) inventaríen	inventariaría inventariarías inventariaría inventariaríamos inventariaríais inventariarían
Formas compuestas de indicativo	**y**	**subjuntivo**	
Perfecto	**Presente** (PROG)	**Pasado** (PROG)	**Pluscuamperfecto**
he inventariado has inventariado ha inventariado hemos inventariado habéis inventariado han inventariado	estoy inventariando estás inventariando está inventariando estamos inventariando estáis inventariando están inventariando	estuviese inventariando estuvieses inventariando estuviese inventariando estuviésemos inventariando estuvieseis inventariando estuviesen inventariando	hubiese inventariado hubieses inventariado hubiese inventariado hubiésemos inventariado hubieseis inventariado hubiesen inventariado

Das Verb inventariar + direkte Objekte

- Estamos inventariando **la mercancía.** | ▫ *Wir inventarisieren die Ware.*
- Yo inventarío **el mobiliario.** | ▫ *Ich inventarisiere die Möbel.*
- Los obreros están inventariando **los automóviles.** | ▫ *Die Arbeiter inventarisieren die Fahrzeuge.*
- Se inventaría desde el año 531 d. C. bajo el el emperador romano Justiniano[54]. | ▫ *Seit Justinian im Jahre 531 n. Chr. macht man Inventur.*

Folgende Verben werden ähnlich konjugiert

► **litografiar** ▪ Algunos pintores litografiaron parte de su obra. Goya[55] hizo 4 litografías tituladas "Los toros de Burdeos" entre 1824 y 1825. | ▫ *Einige Maler machten Kupferdrucke. Goya fertigte vier Drucke mit dem Titel „Die Stiere von Bordeaux" zwischen 1824 und 1825 an.*

► **mecanografiar** ▪ Las secretarias casi no mecanografían. | ▫ *Die Sekretärinnen schreiben kaum mit der Schreibmaschine.*

► **taquigrafiar** ▪ Para ahorrar tiempo, antiguamente se taquigrafiaba. | ▫ *Um Zeit zu sparen, schrieb man in der Vergangenheit in Kurzschrift.*

► **telegrafiar** ▪ A principios del siglo XX se telegrafiaba cuando el mensaje era urgente. | ▫ *Man telegrafierte zu Beginn des 20. Jahrhunderts, wenn die Mitteilung dringend war.*

[54] Justinian I. (ca. 480–565) war der Kaiser des römischen Reiches seit 527 bis zu seinem Tod.
[55] Francisco de Goya (1746–1828) war ein spanischer Maler, der zeitweise Hofmaler war.

Das Verb **erguir** ist intransitiv und tritt mit belebten und unbelebten Subjekten auf. Es bedeutet ***sich aufrichten*** oder ***ragen*** und findet in der gesprochenen Sprache kaum Verwendung, wohl aber in Prosa und Lyrik.

Formas simples de indicativo			
Presente	**Imperfecto**	**Indefinido**	**Futuro**
yergo o irgo yergues o irgues yergue o irgue erguimos erguís yerguen o irguen	erguía erguías erguía erguíamos erguíais erguían	erguí erguiste irguió erguimos erguisteis irguieron	erguiré erguirás erguirá erguiremos erguiréis erguirán
Formas simples de subjuntivo		**Imperativo**	**Condicional**
Presente	**Pasado**	**Imperativo**	**Simple**
yerga yergas yerga irgamos irgáis yergan	irguiese o irguiera irguieses o irguieras irguiese o irguiera irguiésemos o irguiéramos irguieseis o irguierais irguiesen o irguieran	*nicht gebräuchlich* (tú) yergue o irgue (ud.) yerga o irga (nos.) yergamos o irgamos (vos.) erguid (uds.) yergan o irgan	erguiría erguirías erguiría erguiríamos erguiríais erguirían
Formas compuestas de indicativo	**y**		**subjuntivo**
Perfecto	**Presente (PROG)**	**Pasado (PROG)**	**Pluscuamperfecto**
he erguido has erguido ha erguido hemos erguido habéis erguido han erguido	estoy irguiendo estás irguiendo está irguiendo estamos irguiendo estáis irguiendo están irguiendo	estuviese irguiendo estuvieses irguiendo estuviese irguiendo estuviésemos irguiendo estuvieseis irguiendo estuviesen irguiendo	hubiese erguido hubieses erguido hubiese erguido hubiésemos erguido hubieseis erguido hubiesen erguido

Das Verb **erguir** + **direkte Objekte**

- El perro yergue **las orejas** cuando oye algo. | ▫ *Der Hund stellt die Ohren auf, wenn er etwas hört.*

Das Verb **erguir** als Pronominalverb **erguirse** + **belebte Subjekte** als *sich aufrichten*

- Al oír el ruido se irguió. | ▫ *Als sie das Geräusch hörte, stand sie auf.*
- El hurón anda a cuatro patas, pero puede erguirse sobre las dos traseras. | ▫ *Das Frettchen läuft auf allen Vieren, aber es kann sich auf den Hinterbeinen aufrichten.*

Das Verb **erguir** als Pronominalverb **erguirse** + **unbelebte Subjekte** als ***ragen, liegen***

- En la orilla del río, se yerguen los abedules. | ▫ *Am Flussufer ragen die Birken hoch.*
- En la acera se yergue la estatua de Julio Cortázar[56]. | ▫ *Am Bürgersteig ragt das Denkmal von Julio Cortázar.*
- Los Pirineos se yerguen entre Francia y España. | ▫ *Die Pyrenäen liegen zwischen Frankreich und Spanien.*

Das Verb **erguir** mit Verben der Bewegung + Partizipien

- Una amiga va erguida y la otra encorvada. | ▫ *Die eine Freundin läuft gerade, die andere krumm.*
- Tomasa llevaba la cabeza erguida. | ▫ *Tomasa lief immer erhobenen Hauptes.*

[56] Julio Cortázar (1914–1984) war ein argentinischer Schriftsteller und Übersetzer. Sein Roman *Rayuela* (in der Übersetzung auf Deutsch unter dem Titel „Rayuela – Himmel und Hölle“ erschienen) wurde in der Tradition des Nouveau Romans geschrieben und in viele Sprachen der Welt übersetzt.

ERRAR: errado | errando

Das Verb **errar** ist intransitiv, aber es kann auch transitiv verwendet werden und selektiert belebte Subjekte. Es findet in der gesprochenen Sprache kaum Verwendung, wohl aber in Prosa und Lyrik.

Formas simples de indicativo			
Presente	**Imperfecto**	**Indefinido**	**Futuro**
yerro o erro yerras o erras yerra o erra erramos erráis yerran o erran	erraba errabas erraba errábamos errabais erraban	erré erraste erró erramos errasteis erraron	erraré errarás errará erraremos erraréis errarán
Formas simples de subjuntivo		**Imperativo**	**Condicional**
Presente	**Pasado**	**Imperativo**	**Simple**
yerre o erre yerres o erres yerre o erre erremos erréis yerren o erren	errase o errara errases o erraras errase o errara errásemos o erráramos erraseis o errarais errasen o erraran	*nicht gebräuchlich* (tú) yerra o erra (ud.) yerre o erre (nos.) erremos (vos.) errad (uds.) yerren o erren	erraría errarías erraría erraríamos erraríais errarían
Formas compuestas de indicativo		**y**	**subjuntivo**
Perfecto	**Presente** (PROG)	**Pasado** (PROG)	**Pluscuamperfecto**
he errado has errado ha errado hemos errado habéis errado han errado	estoy errando estás errando está errando estamos errando estáis errando están errando	estuviese errando estuvieses errando estuviese errando estuviésemos errando estuvieseis errando estuviesen errando	hubiese errado hubieses errado hubiese errado hubiésemos errado hubieseis errado hubiesen errado

Belebte Subjekte mit errar

- No conozco a nadie que no yerre. | ▫ *Ich kenne niemanden, der sich nicht irrt.*
- Discúlpenos si hemos errado. | ▫ *Verzeihen Sie uns, wenn wir einen Fehler gemacht haben.*

Das Verb errar + direkte Objekte oder Präposition + Nomen

- El cazador erró **el tiro**. | ▫ *Der Jäger verfehlte seinen Schuss.*
- Los ingenieros erraron **en** los cálculos. | ▫ *Die Ingenieure irrten sich in den Berechnungen.*

Nützliche Äußerungen mit errar

- Errar es humano. | ▫ *Irren ist menschlich.*
- El que mucho habla, mucho yerra. | ▫ *Wer viel spricht, irrt sich auch viel.*

Das Verb **hacer** ist ein transitives Verb, welches ***machen*** bedeutet.

Formas simples de indicativo			
Presente	**Imperfecto**	**Indefinido**	**Futuro**
hago haces hace hacemos hacéis hacen	hacía hacías hacía hacíamos hacíais hacían	hice hiciste hizo hicimos hicisteis hicieron	haré harás hará haremos haréis harán
Formas simples de subjuntivo		**Imperativo**	**Condicional**
Presente	**Pasado**	**Imperativo**	**Simple**
haga hagas haga hagamos hagáis hagan	hiciese o hiciera hicieses o hicieras hiciese o hiciera hiciésemos o hiciéramos hicieseis o hicierais hiciesen o hicieran	 (tú) haz (ud.) haga (nos.) hagamos (vos.) haced (uds.) hagan	haría harías haría haríamos haríais harían
Formas compuestas de indicativo	**y**		**subjuntivo**
Perfecto	**Presente** (PROG)	**Pasado** (PROG)	**Pluscuamperfecto**
he hecho has hecho ha hecho hemos hecho habéis hecho han hecho	estoy haciendo estás haciendo está haciendo estamos haciendo estáis haciendo están haciendo	estuviese haciendo estuvieses haciendo estuviese haciendo estuviésemos haciendo estuvieseis haciendo estuviesen haciendo	hubiese hecho hubieses hecho hubiese hecho hubiésemos hecho hubieseis hecho hubiesen hecho

Das Verb hacer + Witterungsnomina

- Ayer hizo mucho **calor.** | ▫ *Gestern war es sehr heiß.*
- Según la previsión, mañana hará **frío.** | ▫ *Nach der Voraussage wird es morgen kalt sein.*
- En otoño hace mucho **viento.** | ▫ *Im Herbst windet es sehr.*

Das Verb hacer + direkte Objekte

- Hicieron mucho **negocio/dinero** en Chile. | ▫ *Sie machten viele Geschäfte / viel Geld mit Chile.*
- El anarquismo propugna hacer **el bien.** | ▫ *Anarchismus befürwortet die guten Taten.*
- ¡Hagan **juego**, señores! | ▫ *Machen Sie Ihre Spiele, meine Damen und Herren.*

Das Verb hacerse + Präpositionen

- Se hizo **de** oro con el vertedero. | ▫ *Sie verdiente sich eine goldene Nase mit der Müllkippe.*
- Luis Bárcenas[57] se hizo **con** el botín. | ▫ *Luis Bárcenas schnappte sich die Beute.*

Nützliche Redewendungen mit hacer

- Desapareció sin hacer ruido. | ▫ *Sie verschwand sang- und klanglos.*
- Hicimos de tripas corazón. | ▫ *Wir machten aus der Not eine Tugend.*
- Los porteros hicieron la vista gorda. | ▫ *Die Türsteher drückten ein Auge zu.*

Folgende Verben werden ähnlich konjugiert

► **deshacer** ▪ El viajero deshizo la maleta en el hotel. | ▫ *Der Reisende packte seinen Koffer im Hotel aus.*
► **rehacer** ▪ La paciente rehízo su vida después del cáncer. | ▫ *Die Patientin berappelte sich nach dem Krebs.*
► **satisfacer** ▪ El candidato no le satisfizo. | ▫ *Der Kandidat gefiel ihm nicht.*

[57] Luis Bárcenas (1956) war der ehemalige Geschäftsführer der Partei *Partido Popular* und zuständig für die Aushändigung von Schmiergeldern an hohe Parteimitglieder in Absprache mit dem Ministerpräsidenten Mariano Rajoy.

Das Verb hacer oder hacerse + **Nomina** ohne **Determinierer**

- Hicieron **acopio** de víveres para la excursión. | ▫ *Sie kauften Vorräte für den Ausflug ein.*
- Harán **callo** si viven del trabajo. | ▫ *Sie werden sich abhärten, wenn sie von der Arbeit leben.*
- No me hagas **caso** porque soy miedoso. | ▫ *Sieh über mich hinweg, da ich ängstlich bin.*
- Hicimos **cola** hasta las nueve. | ▫ *Wir standen Schlange bis 9 Uhr.*
- Con sus palabras quiere hacer **daño**. | ▫ *Mit seinen Worten möchte er nur verletzen.*
- Hacía **efectivo** el importe de las facturas a diario. | ▫ *Sie beglich die Rechnungen täglich.*
- El antibiótico no le ha hecho **efecto**. | ▫ *Das Antibiotikum hat nicht gewirkt.*
- Hará **frente** al cáncer sin recursos. | ▫ *Er wird den Krebs ohne Mittel bekämpfen.*
- La broma no le hizo ninguna **gracia**. | ▫ *Er fand den Scherz nicht lustig.*
- Fueron a hacer **leña** al monte. | ▫ *Sie gingen in den Wald, um Brennholz zu machen.*
- La charla hizo **mella** en la juventud. | ▫ *Das Gespräch wirkte auf die Jugendlichen.*
- Su hermana hacía **pinitos** en ballet. | ▫ *Seine Schwester versuchte sich am Ballett.*
- Esa señora siempre estaba haciendo **punto**. | ▫ *Diese Dame strickte immer.*
- Hacemos **puente** el lunes. | ▫ *Montag haben wir frei, weil es ein Brückentag ist.*
- Sus sueños se hicieron **realidad**. | ▫ *Seine Träume wurden wahr.*
- El coche hace **ruidos** raros. | ▫ *Das Auto machte merkwürdige Geräusche.*

- Julio **se** hizo **cargo** de la hacienda. | ▫ *Julio übernahm die Verantwortung für die Ländereien.*
- No creo que **se** hagan **eco** de la noticia. | ▫ *Ich glaube nicht, dass Sie die Meldung aufgreifen.*
- Como siempre, harán **gala** de disciplina. | ▫ *Wie immer werden sie Disziplin zeigen.*

Das Verb hacer und hacerse + **Nomina** mit **Determinierern**

- Los niños hacen **su** propia **cama**. | ▫ *Die Kinder machen ihre eigenen Betten.*
- ¡Hágame **la cuenta**, por favor! | ▫ *Stellen Sie mir die Rechnung bitte!*
- Para que te hagas **una idea** de la dificultad. | ▫ *Damit du eine Vorstellung von der Schwierigkeit hast.*
- Los niños hacen **el pino** en gimnasia. | ▫ *Die Kinder machen einen Kopfstand in Sport.*
- ¡Hicieron **planes** para las vacaciones! | ▫ *Sie machten Urlaubspläne.*
- **La tarta** está hecha. | ▫ *Der Kuchen ist fertig gebacken.*
- Sus jefes le hicieron **la vida** imposible. | ▫ *Seine Chefs machten ihm das Leben zur* Hölle.
- Nos hicimos con el primer premio. | ▫ *Wir haben den ersten Preis ergattert.*

Das Verb hacer + *Infinitivsätze* oder **Nomina** + Nebensätze

- Ese humorista me hizo *reír*. | ▫ *Der Komiker brachte mich zum Lachen.*
- ¡No hace **falta** que vengas! | ▫ *Es ist nicht notwendig, dass du kommst.*

Das Verb hacer + **Adjektive** teilweise gefolgt von *Infinitivsätzen*

- La espera se hizo **eterna**. | ▫ *Das Warten dauerte eine Ewigkeit.*
- Dudo que el dinero le hiciera **feliz**. | ▫ *Ich bezweifle, dass das Geld ihn glücklich machte.*
- Se hace **necesario** *pedir un crédito*. | ▫ *Es ist notwendig, einen Kredit zu beantragen.*
- Se hace **pesado** *trabajar y cuidar de hijos*. | ▫ *Es ist anstrengend zu arbeiten und zu versorgen.*

Das Verb hacer + **Zeitangaben**, **Jahreszeiten** und **Wetter**

- Mañana hará un **año** que lo operaron. | ▫ *Morgen vor einem Jahr wurde sie operiert.*
- Dicen que hará un **otoño** soleado. | ▫ *Man sagt, dass der Herbst sonnig sein wird.*
- Hace un **día** bonito/fresco. | ▫ *Heute ist ein schöner/frischer Tag.*

Nützliche Redewendungen mit hacer

- ¡Hicieron la vista gorda! | ▫ *Sie drückten ein Auge zu.*
- ¡Estaba haciéndole la pelota al maestro! | ▫ *Er schleimte sich beim Lehrer ein.*

Das Verb **ir** bedeutet ***gehen*** und ist ein intransitives Verb, welches für die Bildung des Futurs verwendet wird.

Formas simples de indicativo			
Presente	**Imperfecto**	**Indefinido**	**Futuro**
voy vas va vamos vais van	iba ibas iba íbamos ibais iban	fui fuiste fue fuimos fuisteis fueron	iré irás irá iremos iréis irán
Formas simples de subjuntivo		**Imperativo**	**Condicional**
Presente	**Pasado**	**Imperativo**	**Simple**
vaya vayas vaya vayamos vayáis vayan	fuese o fuera fueses o fueras fuese o fuera fuésemos o fuéramos fueseis o fuerais fuesen o fueran	 (tú) ve (ud.) vaya (nos.) vayamos (vos.) id (uds.) vayan	iría irías iría iríamos iríais irían
Formas compuestas de indicativo	**y**		**subjuntivo**
Perfecto	**Presente** (PROG)	**Pasado** (PROG)	**Pluscuamperfecto**
he ido has ido ha ido hemos ido habéis ido han ido	estoy yendo estás yendo está yendo estamos yendo estáis yendo están yendo	estuviese yendo estuvieses yendo estuviese yendo estuviésemos yendo estuvieseis yendo estuviesen yendo	hubiese ido hubieses ido hubiese ido hubiésemos ido hubieseis ido hubiesen ido

Das Verb ir als Auxiliarverb für die Bildung des Futurs

- Este año no vamos a ir de vacaciones. | ▫ *Dieses Jahr werden wir nicht in den Urlaub fahren.*
- Voy a jugar a la lotería de Navidad. | ▫ *Ich werde in der Weihnachtslotterie spielen.*
- ¿Vas a hacer los deberes o no? | ▫ *Wirst du die Hausaufgaben machen oder nicht?*
- Va a cortar el césped. | ▫ *Er wird den Rasen mähen.*

Das Verb ir als Pronominalverb írsele + Experiencerobjekt$_{exp}$

- Se os$_{exp}$ fue el santo al cielo. | ▫ *Ihr habt den Faden verloren.*
- Este asunto se nos$_{exp}$ ha ido de las manos. | ▫ *Die Sache ist uns aus der Hand geraten.*

Das Verb ir als irse als Pronominalverb

- Ayer nos fuimos al bosque. | ▫ *Wir gingen gestern in den Wald.*
- No está aquí. Se ha ido ya. | ▫ *Er ist nicht hier. Er ist schon weg.*

Das Verb ir + Gerundium

- Diputado: Voy **terminando**, sr. Presidente. | ▫ *Abgeordneter: Ich bin hiermit fertig, Herr Präsident.*
- A: ¿Qué tal? B: Voy **tirando.** | ▫ A: *Wie geht es dir?* B: *Muss ja. Ich schlage mich durch.*

Nützliche Redewendungen mit ir

- ¡Vaya, vaya con el rey Juan Carlos I[58]! | ▫ *Zum Donnerwetter mit dem König Juan Carlos I.!*
- El abuelo está ido. Tiene demencia. | ▫ *Opa hat eine Meise. Er hat Demenz.*

[58] Juan Carlos de Borbón oder auch Juan Carlos I. (1938) ist emeritierter König von Spanien, der von 1975 bis 2014 herrschte.

Das Verb **ir** lässt sich mit einer Vielzahl von Nomina und Präpositionen kombinieren.

Das Verb ir + *de/a* + **Nomina**

- Ayer fuimos *de* **compras.** | ▫ *Gestern gingen wir shoppen.*
- La semana pasada fueron *de* **farra** a diario. | ▫ *Die gesamte letzte Woche gingen sie aus.*
- Los banqueros van siempre *de* **traje.** | ▫ *Die Bankiers tragen immer Anzug.*
- Manuel va siempre *de* **gorra.** | ▫ *Manuel schnorrt immer.*
- El candidato va *de* **punta en blanco.** | ▫ *Der Kandidat läuft heute herum wie aus dem Ei gepellt.*
- Inma va siempre *de* **peluquería.** | ▫ *Inma sieht immer aus, als ob sie vom Frisör kommt.*
- Antonio fue *de* **farol** hasta que sucumbió. | ▫ *Antonio prahlte, bis er eines Tages zusammenbrach.*
- Desde marzo, voy *de* **culo** de tiempo. | ▫ *Ich hetze mich seit März nur noch ab.*
- Se fue *de* **rositas.** | ▫ *Sie ist ungeschoren davongekommen.*

- Julio va *a* **dedo** a la capital. | ▫ *Julio reist per Anhalter in die Hauptstadt.*
- Sus negocios se fueron *al* **garete**/ a la **porra**/ a **pique.** | ▫ *Seine Geschäfte scheiterten.*
- Inma va *a* la **cabeza** en la competición de arte. | ▫ *Inma ist im Moment die erste im Kunstwettbewerb.*
- Son muy metódicos y van siempre *al* **grano.** | ▫ *Sie sind sehr methodisch und kommen immer zur Sache.*
- Con este encargo, vamos *a* **piñón.** | ▫ *Bei diesem Auftrag gehen wir unbeirrt vor.*

Das Verb irse in Isolation oder gefolgt von *de/a* + **Nomina**

- Sin previo aviso, se fue el agua. | ▫ *Ohne Vorwarnung hat es einen Wasserausfall gegeben.*

- El niño se fue *de* la **boca.** | ▫ *Das Kind verplapperte sich.*
- La educación pública se va *a* la **mierda.** | ▫ *Öffentliche Bildung geht den Bach runter.*
- Me va *de* **perlas.** | ▫ *Mir geht es hervorragend.*

Das Verb ir + **Gerundium** oder **Partizip**

- Estoy en el paro, pero voy **tirando.** | ▫ *Ich bin zwar arbeitslos, aber ich schlage mich durch.*
- Desde su infarto va **pisando** huevos. | ▫ *Seit seinem Infarkt ist er sehr vorsichtig geworden.*
- Estos pantalones van **perdiendo** color. | ▫ *Diese Hose bleicht aus.*

- Va **hecho** un cuadro. | ▫ *Er sieht sehr ungepflegt aus.*
- Iba **bebido** al trabajo. | ▫ *Er pflegte, betrunken zur Arbeit zu gehen.*

Das Verb ir mit **Präpositionen**

- Afortunadamente, el paro va **a** menos. | ▫ *Glücklicherweise nimmt die Arbeitslosigkeit ab.*
- Nos gusta ir **contra** corriente. | ▫ *Wir mögen es, gegen den Strom zu rudern.*
- La demanda de coches va **en** aumento. | ▫ *Die Nachfrage nach Autos steigt.*
- Julio va **para** médico. | ▫ *Julio studiert, um Arzt zu werden.*
- María va **por** tercero de medicina. | ▫ *Maria studiert Medizin im dritten Jahr.*
- El ministro se fue **por** las ramas. | ▫ *Der Minister redete um den heißen Brei.*
- ¡Vayamos **por** partes! | ▫ *Lass uns schrittweise vorgehen!*

Nützliche Redewendungen mit ir

- José fue por lana y volvió trasquilado. | ▫ *José grub eine Grube und fiel selbst hinein.*
- España va de mal en peor. | ▫ *Spanien kommt vom Regen in die Traufe.*
- Este proyecto va viento en popa. | ▫ *Dieses Projekt läuft wie geschmiert.*
- Para dar de alta un negocio vas de la ceca a la meca. | ▫ *Um eine Firma anzumelden, läufst du von Pontius zu Pilatus.*

Das Verb **jugar** bedeutet ***spielen*** und ist intransitiv, hat aber einige wenige transitive Verwendungen.

Formas simples de indicativo [① o > ue in betonter Silbe, ② u vor e]			
Presente	**Imperfecto**	**Indefinido**	**Futuro**
juego juegas juega jugamos jugáis juegan	jugaba jugabas jugaba jugábamos jugabais jugaban	jugué jugaste jugó jugamos jugasteis jugaron	jugaré jugarás jugará jugaremos jugaréis jugarán
Formas simples de subjuntivo ①, ②		**Imperativo** ①, ②	**Condicional**
Presente	**Pasado**	**Imperativo**	**Simple**
juegue juegues juegue juguemos juguéis jueguen	jugase o jugara jugases o jugaras jugase o jugara jugásemos o jugáramos jugaseis o jugarais jugasen o jugaran	 (tú) juega (ud.) juegue (nos.) juguemos (vos.) jugad (uds.) jueguen	jugaría jugarías jugaría jugaríamos jugaríais jugarían
Formas compuestas de indicativo	**y**		**subjuntivo**
Perfecto	**Presente** (PROG)	**Pasado** (PROG)	**Pluscuamperfecto**
he jugado has jugado ha jugado hemos jugado habéis jugado han jugado	estoy jugando estás jugando está jugando estamos jugando estáis jugando están jugando	estuviera jugando estuvieras jugando estuviera jugando estuviéramos jugando estuvierais jugando estuvieran jugando	hubiese jugado hubieses jugado hubiese jugado hubiésemos jugado hubieseis jugado hubiesen jugado

Das Verb jugar + **direkte Objekte**

- Los jubilados juegan **una partida de mus.** | ▫ *Die Rentner spielen Karten.* („Mus" ist ein Spiel.)
- Los futbolistas juegan **la prórroga.** | ▫ *Die Fußballspieler spielen das Nachspiel.*

Das Verb jugar mit **Präpositionen**

- El Eibar juega **en** la primera liga. | ▫ *Die Mannschaft Eibar spielt in der ersten Liga.*
- María juega **con** ventaja. | ▫ *Maria spielt mit Vorteil.*
- Los niños juegan **a** la comba. | ▫ *Die Jungs hüpfen Springseil.*
- Las niñas aprenden a jugar **al** ajedrez. | ▫ *Die Mädchen lernen Schach zu spielen.*

Das Verb jugarse als transitives Pronominalverb + **direkte Objekte**

- Me juego **el sueldo** a que Julio pierde. | ▫ *Ich verwette mein Gehalt, dass Julio verliert.*
- Es ludópata. Se juega **todo el jornal.** | ▫ *Er ist spielsüchtig. Er verspielt seinen gesamten Lohn.*

Nützliche Redewendungen und Kollokationen mit jugar

- Ellos siempre juegan con dos barajas. | ▫ *Sie spielen immer mit zwei Decks.*
- Sabes que estamos jugando con fuego. | ▫ *Du weißt, dass wir mit dem Feuer spielen.*
- Este jugador juega sucio. | ▫ *Dieser Spieler spielt unfair.*
- Afortunado en el juego, desgraciado en amores. | ▫ *Glück im Spiel, Pech in der Liebe.*
- El destino me jugó una mala pasada. | ▫ *Das Schicksal spielte mir einen üblen Streich.*

Das Verb **creer** bedeutet ***glauben*** und ist transitiv.

Formas simples de indicativo			
Presente	**Imperfecto**	**Indefinido**	**Futuro**
creo crees cree creemos creéis creen	creía creías creía creíamos creíais creían	creí creíste creyó creímos creísteis creyeron	creeré creerás creerá creeremos creeréis creerán
Formas simples de subjuntivo		**Imperativo**	**Condicional**
Presente	**Pasado**	**Imperativo**	**Simple**
crea creas crea creamos creáis crean	creyese o creyera creyeses o creyeras creyese o creyera creyésemos o creyéramos creyeseis o creyerais creyesen o creyeran	 (tú) cree (ud.) crea (nos.) creamos (vos.) creed (uds.) crean	creería creerías creería creeríamos creeríais creerían
Formas compuestas de indicativo	**y**		**subjuntivo**
Perfecto	**Presente** (PROG)	**Pasado** (PROG)	**Pluscuamperfecto**
he creído has creído ha creído hemos creído habéis creído han creído	estoy creyendo estás creyendo está creyendo estamos creyendo estáis creyendo están creyendo	estuviese creyendo estuvieses creyendo estuviese creyendo estuviésemos creyendo estuvieseis creyendo estuviesen creyendo	hubiese creído hubieses creído hubiese creído hubiésemos creído hubieseis creído hubiesen creído

Das Verb creer und creerse + **direkte Objekte**

- Eva se creyó **el bulo.** | ▫ *Eva glaubte der Zeitungsente.*
- Julio todavía cree **esas mentiras.** | ▫ *Julio glaubt jenen* Lügen noch.
- Pablo se cree Dios. | ▫ *Pablo glaubt, dass er etwas Besseres ist.*

Das Verb creer + **Präpositionen**

- Felipe cree **en** los Reyes Magos[59]. | ▫ *Felipe glaubt an den Weihnachtsmann.*
- Inma no cree **en** Dios. Es atea. | ▫ *Inma glaubt nicht an Gott. Sie ist Atheistin.*
- Julio creyó **en** la medicina alternativa. | ▫ *Julio glaubte an Alternativmedizin.*

Das Verb creer + Nebensätze eingeleitet von **que**

- Ana cree **que** Luis se jubilará pronto. | ▫ *Ana glaubt, dass Luis bald in Rente geht.*
- ¡No crea **que** se hará rico escribiendo! | ▫ *Glauben Sie ja nicht, dass Sie als Schriftsteller reich werden.*

Nützliche Redewendungen mit creer

- Barriga llena no cree en hambre ajena. | ▫ *Der volle Bauch lobt das Fasten.*

Folgende Verben werden ähnlich konjugiert

▶ **leer** ▪ Los alumnos están leyendo un texto. | ▫ *Die Schüler lesen gerade einen Text.*
▶ **releer** ▪ Leyó y releyó la carta de su puño y letra. | ▫ *Er las und las seinen handschriftlichen Brief.*

[59] „Reyes Magos" bezieht sich auf „die drei heiligen Könige" in der Bibel. Kinder bekommen in spanischsprachigen Ländern die Weihnachtsgeschenke am 6. Januar.

Das Verb **poseer** bedeutet ***haben, besitzen*** und ist transitiv.

Formas simples de indicativo			
Presente	**Imperfecto**	**Indefinido**	**Futuro**
poseo posees posee poseemos poseéis poseen	poseía poseías poseía poseíamos poseíais poseían	poseí poseíste poseyó poseímos poseísteis poseyeron	poseeré poseerás poseerá poseeremos poseeréis poseerán
Formas simples de subjuntivo		**Imperativo**	**Condicional**
Presente	**Pasado**	**Imperativo**	**Simple**
posea poseas posea poseamos poseáis posean	poseyese o poseyera poseyeses o poseyeras poseyese o poseyera poseyésemos o poseyéramos poseyeseis o poseyerais poseyesen o poseyeran	*nicht gebräuchlich* (tú) posee (ud.) posea (nos.) poseamos (vos.) poseed (uds.) posean	poseería poseerías poseería poseeríamos poseeríais poseerían
Formas compuestas de indicativo	**y**		**subjuntivo**
Perfecto	**Presente** (PROG)	**Pasado** (PROG)	**Pluscuamperfecto**
he poseído has poseído ha poseído hemos poseído habéis poseído han poseído	estoy poseyendo estás poseyendo está poseyendo estamos poseyendo estáis poseyendo están poseyendo	estuviese poseyendo estuvieses poseyendo estuviese poseyendo estuviésemos poseyendo estuvieseis poseyendo estuviesen poseyendo	hubiese poseído hubieses poseído hubiese poseído hubiésemos poseído hubieseis poseído hubiesen poseído

Das Verb **poseer** mit **belebten** Subjekten

- **Felipe** posee un yate de lujo. | ▫ *Felipe besitzt eine Luxusyacht.*
- **Inma** posee un talento especial. | ▫ *Inma hat ein besonderes Talent.*

Das Verb **poseer** mit **unbelebten** Subjekten

- **La seda** posee un tacto especial. | ▫ *Seide besitzt eine angenehme Haptik.*
- **La miel** posee propiedades curativas. | ▫ *Honig hat eine heilende Wirkung.*
- **La vainilla** posee un aroma inigualable. | ▫ *Vanille besitzt ein unvergleichliches Aroma.*

Das Verb **poseer** als Partizip **poseído** mit der Bedeutung ***besessen*** (Genus- und Numeruskongruenz)

- Dicen que el chico está poseído por el demonio. | ▫ *Man sagt, dass der Junge vom Teufel besessen sei.*
- Mis vecinas están poseídas por un vampiro. | ▫ *Die Nachbarinnen sind von einem Vampir besessen.*

Das Verb **poseer** als sexueller Besitz

- Zeus apareció en forma de nube y poseyó a Danae. | ▫ *Zeus erschien in der Gestalt einer Wolke und besaß Danae.*

Folgende Verben werden ähnlich konjugiert

- ▶ **desposeer** ▪ Le desposeyeron de todos sus cargos. | ▫ *Er wurde aller seiner Ämter enthoben.*
- ▶ **desproveer** ▪ El coche viene desprovisto de maletero. | ▫ *Das Auto wird ohne Kofferraum ausgeliefert.*
- ▶ **proveer** ▪ Proveen piezas para el Airbus. | ▫ *Sie liefern Teile für Airbus.*
- ▶ **sobreseer** ▪ El juez sobreseyó la causa. | ▫ *Der Richter schloss den Fall.*

Das Verb **lucir** bedeutet ***zur Schau tragen, glänzen*** und kann transitiv oder intransitiv verwendet werden.

Formas simples de indicativo			
Presente	**Imperfecto**	**Indefinido**	**Futuro**
luzco luces luce lucimos lucís lucen	lucía lucías lucía lucíamos lucíais lucían	lucí luciste lució lucimos lucisteis lucieron	luciré lucirás lucirá luciremos luciréis lucirán
Formas simples de subjuntivo		**Imperativo**	**Condicional**
Presente	**Pasado**	**Imperativo**	**Simple**
luzca luzcas luzca luzcamos luzcáis luzcan	luciese o luciera lucieses o lucieras luciese o luciera luciésemos o luciéramos lucieseis o lucierais luciesen o lucieran	*nicht gebräuchlich* (tú) luce (ud.) luzca (nos.) luzcamos (vos.) lucid (uds.) luzcan	luciría lucirías luciría luciríamos luciríais lucirían
Formas compuestas de indicativo	**y**		**subjuntivo**
Perfecto	**Presente** (PROG)	**Pasado** (PROG)	**Pluscuamperfecto**
he lucido has lucido ha lucido hemos lucido habéis lucido han lucido	estoy luciendo estás luciendo está luciendo estamos luciendo estáis luciendo están luciendo	estuviera luciendo estuvieras luciendo estuviera luciendo estuviéramos luciendo estuvierais luciendo estuvieran luciendo	hubiese lucido hubieses lucido hubiese lucido hubiésemos lucido hubieseis lucido hubiesen lucido

Das Verb lucir als transitives Verb + **direkte Objekte**

- Los bailarines lucieron **trajes típicos.** | ▫ *Die Tänzer trugen Trachtenkleider zur Schau.*
- La abuela lucía **el anillo de boda.** | ▫ *Die Großmutter trug den Ehering.*

Das Verb lucir als intransitives Verb

- Este peinado luce mucho. | ▫ *Jene Frisur glänzt.*
- Este vestuario no luce para un musical. | ▫ *Diese Kostüme glänzen im Musical nicht.*

Gebräuchliche Redewendungen mit lucir und relucir

- Para lucir hay que sufrir. | ▫ *Wer schön sein will, muss leiden.*
- No es oro todo lo que reluce. | ▫ *Es ist nicht alles Gold, was glänzt.*
- El partido ultraderechista VOX[60] se está luciendo. | ▫ *Die Rechtspartei VOX glänzt.* (ironisch)

Folgende Verben werden ähnlich konjugiert

▶ **deslucir** ▪ Este abrigo se ha quedado deslucido. | ▫ *Dieser Mantel hat den Glanz verloren.*
▶ **relucir** ▪ Estos azulejos están relucientes. | ▫ *Diese Kacheln glänzen.*
▶ **traslucir** ▪ Este material es traslúcido. | ▫ *Jenes Material ist durchscheinend.*

[60] VOX ist eine spanische rechtsradikale und rechtspopulistische Partei, die im Dezember 2013 vom abtrünnigen Santiago Abascal (1976) der konservativen und christdemokratischen Partei *Partido Popular* gegründet wurde.

Das Verb **cocer**[61] bedeutet ***mit Wasser kochen*** und ist transitiv.

Formas simples de indicativo [① o > ue in betonter Silbe, ② c > z vor o und a]			
Presente	**Imperfecto**	**Indefinido**	**Futuro**
cuezo cueces cuece cocemos cocéis cuecen	cocía cocías cocía cocíamos cocíais cocían	cocí cociste coció cocimos cocisteis cocieron	coceré cocerás cocerá coceremos coceréis cocerán
Formas simples de subjuntivo ①, ②		**Imperativo** ①, ②	**Condicional**
Presente	**Pasado**	**Imperativo**	**Simple**
cueza cuezas cueza cozamos cozáis cuezan	cociese o cociera cocieses o cocieras cociese o cociera cociésemos o cociéramos cocieseis o cocierais cociesen o cocieran	 (tú) cuece (ud.) cueza (nos.) cozamos (vos.) coced (uds.) cuezan	cocería cocerías cocería coceríamos coceríais cocerían
Formas compuestas de indicativo	**y**	**subjuntivo**	
Perfecto	**Presente** (PROG)	**Pasado** (PROG)	**Pluscuamperfecto**
he cocido has cocido ha cocido hemos cocido habéis cocido han cocido	estoy cociendo estás cociendo está cociendo estamos cociendo estáis cociendo están cociendo	estuviera cociendo estuvieras cociendo estuviera cociendo estuviéramos cociendo estuvierais cociendo estuvieran cociendo	hubiese cocido hubieses cocido hubiese cocido hubiésemos cocido hubieseis cocido hubiesen cocido

Das Verb cocer + belebte Subjekte

- **Juan** cuece la leche antes de beberla. | ▫ *Juan kocht die Milch, bevor er sie trinkt.*
- ¡No cuezas demasiado los guisantes! | ▫ *Verkoche die Erbsen nicht!*
- **Luis** cuece a fuego lento las alubias. | ▫ *Luis köchelt die Bohnen.*

Generische Aussagen mit cocer

- No es necesario cocer la leche pasteurizada. | ▫ *Es ist nicht notwendig, pasteurisierte Milch zu kochen.*

Nützliche Redewendungen mit cocer

- En todas partes se cuecen habas. | ▫ *Überall wird mit Wasser gekocht.*

Folgende Verben werden ähnlich konjugiert

- ▶ **demoler** ▪ Hoy demuelen el edificio en ruina. | ▫ *Sie werden heute das abbruchreife Gebäude abreisen.*
- ▶ **doler** ▪ ¿Te duele la muela desde ayer? | ▫ *Hast du seit gestern Zahnschmerzen am Backenzahn?*
- ▶ **escocer** ▪ Es normal que le **escueza** la herida. | ▫ *Es ist normal, dass die Wunde sticht.*
- ▶ **llover** ▪ Hace mucho tiempo que no llueve aquí. | ▫ *Seit langem regnet es hier nicht.*
- ▶ **moler** ▪ Su abuela muele el café ella misma. | ▫ *Ihre Oma mahlt die Kaffeebohnen selbst.*
- ▶ **remoler** ▪ Muele y remuele el grano. | ▫ *Sie mahlt das Korn fein.*
- ▶ **retorcer** ▪ Julio se retorcía de dolor. | ▫ *Julio krümmte sich vor Schmerzen.*
- ▶ **torcer** ▪ Ana se ha torcido el tobillo. | ▫ *Ana hat sich den Fußknöchel verstaucht.*

[61] Das Verb ***kochen*** im Sinne von *Essen zubereiten* ist **cocinar** und wird regelmäßig konjugiert.

Das Verb **envolver** bedeutet ***verpacken*** und ist transitiv.

Formas simples de indicativo [① o > ue in betonter Silbe]			
Presente	**Imperfecto**	**Indefinido**	**Futuro**
envuelvo envuelves envuelve envolvemos envolvéis envuelven	envolvía envolvías envolvía envolvíamos envolvíais envolvían	envolví envolviste envolvió envolvimos envolvisteis envolvieron	envolveré envolverás envolverá envolveremos envolveréis envolverán
Formas simples de subjuntivo ①		**Imperativo** ①	**Condicional**
Presente	**Pasado**	**Imperativo**	**Simple**
envuelva envuelvas envuelva envolvamos envolváis envuelvan	envolviese o envolviera envolvieses o envolvieras envolviese o envolviera envolviésemos o envolviéramos envolvieseis o envolvierais envolviesen o envolvieran	 (tú) envuelve (ud.) envuelva (nos.) envolvamos (vos.) envolved (uds.) envuelvan	envolvería envolverías envolvería envolveríamos envolveríais envolverían
Formas compuestas de indicativo	**y**		**subjuntivo**
Perfecto	**Presente** (PROG)	**Pasado** (PROG)	**Pluscuamperfecto**
he envuelto has envuelto ha envuelto hemos envuelto habéis envuelto han envuelto	estoy envolviendo estás envolviendo está envolviendo estamos envolviendo estáis envolviendo están envolviendo	estuviera envolviendo estuvieras envolviendo estuviera envolviendo estuviéramos envolviendo estuvierais envolviendo estuvieran envolviendo	hubiese envuelto hubieses envuelto hubiese envuelto hubiésemos envuelto hubieseis envuelto hubiesen envuelto

Das Verb **envolver** + **belebte Subjekte**

- **Juan** envuelve los regalos de Reyes. | ▫ *Juan packt die Weihnachtsgeschenke.*
- **María** envuelve el bocadillo en papel albal. | ▫ *Maria packt das Brot in Alufolie.*
- Envuelve el coñac en una toalla para viajar. | ▫ *Er packt die Cognacflasche in ein Handtuch* für die Reise.

Das Verb **envolver** als Partizip mit verse (Genus- und Numeruskongruenz mit dem Subjekt)

- Nos **vimos** envueltos en un atraco. | ▫ *Wir waren in einen Überfall verwickelt.*
- Ellas se **vieron** envueltas en una estafa. | ▫ *Sie waren in einem Betrugsfall verwickelt.*
- Se **vio** envuelta en un accidente. | ▫ *Sie war in einen Unfall verwickelt.*

Nützliche Redewendungen mit **envolver**

- La col viene envuelta/envasada al vacío en papel de celofán. | ▫ *Der Kohlkopf ist in Zellophan eingeschweißt.*

Folgende Verben werden ähnlich konjugiert

- ▶ **absolver** ▪ El juez absolvió al acusado. | ▫ *Der Richter hat den Beschuldigten freigesprochen.*
- ▶ **desenvolver** ▪ Los niños desenvuelven los regalos. | ▫ *Die Kinder packen die Geschenke aus.*
- ▶ **devolver** ▪ Eva ha devuelto los pantalones. | ▫ *Eva hat die Hose zurückgeschickt.*
- ▶ **disolver** ▪ El Tribunal ha disuelto el partido. | ▫ *Das Gericht hat die Partei aufgelöst.*
- ▶ **resolver** ▪ El problema está resuelto. | ▫ *Das Problem ist gelöst.*
- ▶ **revolver** ▪ Está revolviendo en el bolso. | ▫ *Sie kramt in ihrer Tasche.*
- ▶ **volver** ▪ Fueron en tren y vuelven en avión. | ▫ *Sie fuhren mit dem Zug hin und fliegen zurück.*

Das Verb **mover** bedeutet ***bewegen*** und ist transitiv. Es kann intransitiv als **moverse** verwendet werden.

Formas simples de indicativo [① o > ue in betonter Silbe]			
Presente	**Imperfecto**	**Indefinido**	**Futuro**
muevo mueves mueve movemos movéis mueven	movía movías movía movíamos movíais movían	moví moviste movió movimos movisteis movieron	moveré moverás moverá moveremos moveréis moverán
Formas simples de subjuntivo ①		**Imperativo** ①	**Condicional**
Presente	**Pasado**	**Imperativo**	**Simple**
mueva muevas mueva movamos mováis muevan	moviese o moviera movieses o movieras moviese o moviera moviésemos o moviéramos movieseis o movierais moviesen o movieran	 (tú) mueve (ud.) mueva (nos.) movamos (vos.) moved (uds.) muevan	movería moverías movería moveríamos moveríais moverían
Formas compuestas de indicativo	**y**		**subjuntivo**
Perfecto	**Presente** (PROG)	**Pasado** (PROG)	**Pluscuamperfecto**
he movido has movido ha movido hemos movido habéis movido han movido	estoy moviendo estás moviendo está moviendo estamos moviendo estáis moviendo están moviendo	estuviera moviendo estuvieras moviendo estuviera moviendo estuviéramos moviendo estuvierais moviendo estuvieran moviendo	hubiese movido hubieses movido hubiese movido hubiésemos movido hubieseis movido hubiesen movido

Das Verb **mover** + **belebten** und *unbelebten* Subjekten

- **Eva** mueve la silla para que entren todos. | ▫ *Eva bewegt den Stuhl, damit alle reinpassen.*
- ¡Muevan los coches de la entrada al garaje! | ▫ *Entfernen Sie die Autos vom Garageneingang!*
- *El tractor* de remolque mueve el avión. | ▫ *Der Flugzeugschlepper bewegt das Flugzeug.*

Das Verb **mover** + **a** + *Infinitivsätze*

- La prolongada crisis le movió **a** *emigrar.* | ▫ *Die langanhaltende Krise bewegte sie zum Auswandern.*

Das Verb **mover** als Pronominalverb **moverse**

- ¡No te muevas! | ▫ *Beweg dich nicht! / Bleib still!*

Nützliche Redewendungen mit **mover**

- El bebé se mueve como pez en el agua. | ▫ *Das Baby kommt sehr gut zurecht.*

Folgende Verben werden ähnlich konjugiert

- ▶ **conmover** ▪ Nos conmueve que nos ayude. | ▫ *Es berührt uns, dass sie uns hilft.*
- ▶ **morder** ▪ Los perros bien educados no muerden. | ▫ *Gut erzogene Hunde beißen nicht.*
- ▶ **promover** ▪ Sanidad promueve el veganismo. | ▫ *Das Gesundheitsministerium fördert Veganismus.*
- ▶ **remorder** ▪ Siempre me ha remordido su muerte. | ▫ *Sein Tod hat mich immer gequält.*
- ▶ **remover** ▪ ¡No remuevas el arroz! | ▫ *Rühre den Reis nicht um!*
- ▶ **resolver** ▪ Este préstamo me resuelve el mes. | ▫ *Dieses Darlehen hilft mir in diesem Monat weiter.*

ENGULLIR: engullido | engullendo

Das Verb **engullir** bedeutet ***verschlingen***, selektiert belebte Subjekte und ist transitiv.

Formas simples de indicativo			
Presente	**Imperfecto**	**Indefinido**	**Futuro**
engullo engulles engulle engullimos engullís engullen	engullía engullías engullía engullíamos engullíais engullían	engullí engulliste engulló engullimos engullisteis engulleron	engulliré engullirás engullirá engulliremos engulliréis engullirán
Formas simples de subjuntivo		**Imperativo**	**Condicional**
Presente	**Pasado**	**Imperativo**	**Simple**
engulla engullas engulla engullamos engulláis engullan	engullese o engullera engulleses o engulleras engullese o engullera engullésemos o engulléramos engulleseis o engullerais engullesen o engulleran	 (tú) engulle (ud.) engulla (nos.) engullamos (vos.) engullid (uds.) engullan	engulliría engullirías engulliría engulliríamos engulliríais engullirían
Formas compuestas de indicativo	**y**	**subjuntivo**	
Perfecto	**Presente** (PROG)	**Pasado** (PROG)	**Pluscuamperfecto**
he engullido has engullido ha engullido hemos engullido habéis engullido han engullido	estoy engullendo estás engullendo está engullendo estamos engullendo estáis engullendo están engullendo	estuviera engullendo estuvieras engullendo estuviera engullendo estuviéramos engullendo estuvierais engullendo estuvieran engullendo	hubiese engullido hubieses engullido hubiese engullido hubiésemos engullido hubieseis engullido hubiesen engullido

Das Verb engullir + direkte Objekte

- El cocodrilo está engullendo **un pato**. | ▫ *Das Krokodil verschlingt eine Ente.*
- La serpientes engullen **gacelas**. | ▫ *Die Schlangen verschlingen Gazellen.*

Folgende Verben werden ähnlich konjugiert

- ▶ **bruñir** ▪ Inma bruñe un marco dorado. | ▫ *Inma poliert einen vergoldeten Bilderrahmen.*
- ▶ **bullir** ▪ El agua está bullendo. | ▫ *Das Wasser siedet.*
- ▶ **escabullirse** ▪ Julio se está escabullendo en la fiesta. | ▫ *Julio macht sich während der Fete aus dem Staub.*
- ▶ **gruñir** ▪ El abuelo está gruñendo otra vez. | ▫ *Opa grunzt wieder.*
- ▶ **mullir** ▪ Estoy mullendo las almohadas. | ▫ *Ich schüttle die Kopfkissen auf.*
- ▶ **muñir** ▪ El jefe muñe las firmas de los sindicalistas. | ▫ *Dieser Chef beeinflusst die Unterschriften der Gewerkschafter.*

Das Verb **zambullir** bedeutet ***eintauchen*** und ist intransitiv.

Formas simples de indicativo			
Presente	**Imperfecto**	**Indefinido**	**Futuro**
zambullo zambulles zambulle zambullimos zambullís zambullen	zambullía zambullías zambullía zambullíamos zambullíais zambullían	zambullí zambulliste zambulló zambullimos zambullisteis zambulleron	zambulliré zambullirás zambullirá zambulliremos zambulliréis zambullirán
Formas simples de subjuntivo		**Imperativo**	**Condicional**
Presente	**Pasado**	**Imperativo**	**Simple**
zambulla zambullas zambulla zambullamos zambulláis zambullan	zambullese o zambullera zambulleses o zambulleras zambullese o zambullera zambullésemos o zambulléramos zambulleseis o zambullerais zambullesen o zambulleran	 (tú) zambulle (ud.) zambulla (nos.) zambullamos (vos.) zambullid (uds.) zambullan	zambulliría zambullirías zambulliría zambulliríamos zambulliríais zambullirían
Formas compuestas de indicativo	y		**subjuntivo**
Perfecto	**Presente** (PROG)	**Pasado** (PROG)	**Pluscuamperfecto**
he zambullido has zambullido ha zambullido hemos zambullido habéis zambullido han zambullido	estoy zambullendo estás zambullendo está zambullendo estamos zambullendo estáis zambullendo están zambullendo	estuviera zambullendo estuvieras zambullendo estuviera zambullendo estuviéramos zambullendo estuvierais zambullendo estuvieran zambullendo	hubiese zambullido hubieses zambullido hubiese zambullido hubiésemos zambullido hubieseis zambullido hubiesen zambullido

Das Verb zambullir + Präpositionen

- La nadadora se zambulló **en** el agua. | ▫ *Die Schwimmerin tauchte ins Wasser ein.*
- Después del trabajo, me zambullo **en** la piscina. | ▫ *Nach der Arbeit tauche ich ins Schwimmbecken ein.*

Das Verb zambullir mit metaphorischen Bedeutungen

- Cada noche me zambullo en las novelas de Alejo Carpentier[62]. | ▫ *Jeden Abend tauche ich in die Romane von Alejo Carpentier ein.*
- La abuela se zambulle a menudo en su niñez. Tiene demencia. | ▫ *Oma taucht häufig in ihre Kindheit ein. Sie hat Demenz.*

Folgende Verben werden ähnlich konjugiert

► **plañir** ▪ Los asistentes al funeral están plañendo. | ▫ *Die Gäste der Beerdigung stöhnen.*
► **sarpullir** ▪ Se le está sarpullendo la piel. | ▫ *Er hat einen Hautauschlag bekommen.*
► **tullir** ▪ Este hombre era tullido de nacimiento. | ▫ *Dieser Mann war von Geburt an verkrüppelt.*

[62] Alejo Carpentier (1904–1980) war ein kubanisch-französischer Schriftsteller, der das Konzept des „real maravilloso" münzte, welches als Grundmerkmal des magischen Realismus gilt und die lateinamerikanische Literatur jahrzehntelang prägte.

Das Verb **oír** bedeutet ***hören*** und ist ein transitives Verb.

Formas simples de indicativo			
Presente	**Imperfecto**	**Indefinido**	**Futuro**
oigo oyes oye oímos oís oyen	oía oías oía oíamos oíais oían	oí oíste oyó oímos oísteis oyeron	oiré oirás oirá oiremos oiréis oirán
Formas simples de subjuntivo		**Imperativo**	**Condicional**
Presente	**Pasado**	**Imperativo**	**Simple**
oía oías oía oíamos oíais oían	oyese o oyera oyeses o oyeras oyese o oyera oyésemos o oyéramos oyeseis o oyerais oyesen o oyeran	 (tú) oye (ud.) oiga (nos.) oigamos (vos.) oíd (uds.) oigan	oiría oirías oiría oiríamos oiríais oirían
Formas compuestas de indicativo	**y**	**subjuntivo**	
Perfecto	**Presente** (PROG)	**Pasado** (PROG)	**Pluscuamperfecto**
he oído has oído ha oído hemos oído habéis oído han oído	estoy oyendo estás oyendo está oyendo estamos oyendo estáis oyendo están oyendo	estuviese oyendo estuvieses oyendo estuviese oyendo estuviésemos oyendo estuvieseis oyendo estuviesen oyendo	hubiese oído hubieses oído hubiese oído hubiésemos oído hubieseis oído hubiesen oído

Das Verb oír + **direkte Objekte**

- Estamos medio sordos. No oímos bien. | ▫ *Wir sind halb taub. Wir hören nicht richtig.*
- Ben padecía psicosis. Oía **voces**. | ▫ *Ben hatte psychotische Schübe. Er hörte Stimmen.*
- El juez oyó **a las partes**. | ▫ *Der Richter hörte die Streitparteien.*
- Oyó **a los bomberos** y salió a la ventana. | ▫ *Sie hörte die Feuerwehr und ging zum Fenster.*
- Se oían **los gritos** de los torturados en cuartel de Intxaurrondo[63] desde la calle. | ▫ *Man hörte die Schreie der Gefolterten in der Polizeistation in Intxaurrondo von der Straße aus.*

Das Verb oír + *Infinitivsätze*

- Oíamos *subir a los niños por la escalera.* | ▫ *Wir hörten die Kinder die Treppe hochlaufen.*
- Oyó *chocar dos coches en la calle.* | ▫ *Sie hörte zwei Autos auf der Straße zusammenkrachen.*
- Oía *todos los días cantar al canario.* | ▫ *Er hörte jeden Tag den Kanarienvogel singen.*

Das Verb oír + Nebensätze eingeleitet von einer **Konjunktion**

- ¿Oísteis **si** todavía quedaba papel higiénico? | ▫ *Habt ihr gehört, ob es noch Klopapier gibt?*
- Oyeron **que** esa librería iba a cerrar. | ▫ *Sie hörten, dass jene Buchhandlung schließen würde.*
- Dudo que los vecinos oigan **que** ensayas piano en casa. | ▫ *Ich bezweifle, dass deine Nachbarn hören, dass du zu Hause Klavier übst.*

Folgende Verben werden ähnlich konjugiert

▶ **desoír** ▪ El enfermo desoía sus consejos. | ▫ *Der Kranke hörte nicht auf ihre Empfehlungen.*

---

[63] Intxaurrondo ist ein Viertel von Donostia-San Sebastián, in dem das spanische Innenministerium Wohnungen in den 70ern des 20. Jahrhunderts kaufte und ein Quartier für die Terrorbekämpfung errichtete. Dort wurden auch nach 1975 tausende Verhaftete gefoltert.

Das Verb **oler** bedeutet ***riechen*** oder ***spüren*** und ist intransitiv, obwohl es auch transitiv gebraucht wird. Ferner kann es auch pronominal als **olerse** verwendet werden.

Formas simples de indicativo			
Presente	**Imperfecto**	**Indefinido**	**Futuro**
huelo hueles huele olemos oléis huelen	olía olías olía olíamos olíais olían	olí oliste olió olimos olisteis olieron	oleré olerás olerá oleremos oleréis olerán
Formas simples de subjuntivo		**Imperativo**	**Condicional**
Presente	**Pasado**	**Imperativo**	**Simple**
huela huelas huela olamos oláis huelan	oliese o oliera olieses o olieras oliese o oliera oliésemos o oliéramos olieseis o olierais oliesen o olieran	 (tú) huele (ud.) huela (nos.) olamos (vos.) oled (uds.) huelan	olería olerías olería oleríamos oleríais olerían
Formas compuestas de indicativo y subjuntivo			
Perfecto	**Presente** (PROG)	**Pasado** (PROG)	**Pluscuamperfecto**
he olido has olido ha olido hemos olido habéis olido han olido	estoy oliendo estás oliendo está oliendo estamos oliendo estáis oliendo están oliendo	estuviera oliendo estuvieras oliendo estuviera oliendo estuviéramos oliendo estuvierais oliendo estuvieran oliendo	hubiese olido hubieses olido hubiese olido hubiésemos olido hubieseis olido hubiesen olido

Das Verb **oler** + **unbelebte** Subjekte

- El pescado **huele** mal. Es viejo. | ▫ *Der Fisch stinkt. Er ist alt.*
- **El arsénico** no **huele** pero sabe a ajo. | ▫ *Arsen riecht nicht, aber schmeckt nach Knoblauch.*
- **La planta de cannabis huele** tan mal que ahuyenta parásitos. | ▫ *Die Cannabispflanze riecht so schlecht, dass sie Schädlinge fernhält.*
- **El macho cabrío huele** cuando está en celo. | ▫ *Der Ziegenbock stinkt in der Brunft.*
- **Las granadas** no **huelen**, pero saben bien. | ▫ *Granatäpfel riechen nicht, aber schmecken gut.*

Das Verb **olerse** als ***ahnen***

- Me **huelo** que habrá boda pronto. | ▫ *Ich ahne, dass es bald eine Hochzeit geben wird.*

Das Verb **oler** + **a**

- ¡Abre la ventana! **Huelo a** gas. | ▫ Öffne *bitte das Fenster! Hier riecht es nach Gas.*
- El barrio olía **a** sulfuros de dimetilo por la papelera. | ▫ *Das Viertel roch wegen der Papierfabrik nach Dimethylsulfid.*
- Olimos **a** humo en el bar y nos marchamos. | ▫ *Wir rochen den Rauch in der Bar und gingen weg.*
- Aquí **huele a** podrido. | ▫ *Hier riecht es nach Verfaultem.*

Nützliche Redendungen mit **oler** mit metaphorischen Lesarten

- Pronto olió el percal y rechazó el trato. | ▫ *Bald roch er den Braten und lehnte den Handel ab.*
- Dudo que **huelan** lo que se está tramando. | ▫ *Ich bezweifle, dass sie merken, was sich anbahnt.*

Das Verb **corregir** ist ein transitives Verb, welches ***korrigieren*** bedeutet.

Formas simples de indicativo [① e > i, ② g > j vor a und o]			
Presente	**Imperfecto**	**Indefinido**	**Futuro**
corrijo corriges corrige corregimos corregís corrigen	corregía corregías corregía corregíamos corregíais corregían	corregí corregiste corrigió corregimos corregisteis corrigieron	corregiré corregirás corregirá corregiremos corregiréis corregirán
Formas simples de subjuntivo ①, ②		**Imperativo** ①, ②	**Condicional**
Presente	**Pasado**	**Imperativo**	**Simple**
corrija corrijas corrija corrijamos corrijáis corrijan	corrigiese o corrigiera corrigieses o corrigieras corrigiese o corrigiera corrigiésemos o corrigiéramos corrigieseis o corrigierais corrigiesen o corrigieran	 (tú) corrige (ud.) corrija (nos.) corrijamos (vos.) corregid (uds.) corrijan	corregiría corregirías corregiría corregiríamos corregiríais corregirían
Formas compuestas de indicativo	**y**	**subjuntivo**	
Perfecto	**Presente** (PROG) ①	**Pasado** (PROG) ①	**Pluscuamperfecto**
he corregido has corregido ha corregido hemos corregido habéis corregido han corregido	estoy corrigiendo estás corrigiendo está corrigiendo estamos corrigiendo estáis corrigiendo están corrigiendo	estuviese corrigiendo estuvieses corrigiendo estuviese corrigiendo estuviésemos corrigiendo estuvieseis corrigiendo estuviesen corrigiendo	hubiese corregido hubieses corregido hubiese corregido hubiésemos corregido hubieseis corregido hubiesen corregido

Das Verb corregir + direkte Objekte

- El profe corrige **los exámenes** en verde. | ▫ *Der Lehrer korrigiert die Tests mit grüner Tinte.*
- El capitán corrigió **el rumbo** del avión. | ▫ *Der Kapitän korrigierte den Kurs des Flugzeuges.*
- Corrigieron **el pronóstico** al alza. | ▫ *Die Voraussage wurde nach oben korrigiert.*

Das Verb corregir + unbelebte Subjekte

- **El BCE**[64] ha corregido la tasa de interés. | ▫ *Die EZB hat den Zinssatz korrigiert.*
- **La página web** corrigió el dato erróneo. | ▫ *Die Webseite hat die falsche Angabe verbessert.*
- Corregida la causa de la fuga de gas. | ▫ *Die Ursache des Gaslecks wurde behoben.*

Nützliche Redewendungen mit corregir

- ¡Corríjanme si me equivoco! | ▫ *Verbessern Sie mich, wenn ich mich irre.*

Folgende Verben werden ähnlich konjugiert

- ▶ **concebir** ▪ Concibió un hijo por fecundación artificial. | ▫ *Sie wurde durch künstliche Befruchtung schwanger.*
- ▶ **elegir** ▪ Elija la mascarilla que quiera. | ▫ *Suchen Sie sich den Mundschutz aus, den sie mögen.*
- ▶ **preconcebir** ▪ El ataque estaba preconcebido. | ▫ *Der Angriff war vorbedacht.*
- ▶ **reelegir** ▪ El presidente fue reelegido. | ▫ *Der Präsident wurde wiedergewählt.*
- ▶ **regir** ▪ Leonor de Aquitania rigió con mano dura. | ▫ *Eleonore von Aquitanien regierte mit harter Hand.*

[64] BCE (Banco Central Europeo): EZB (Europäische Zentralbank)

Das Verb **medir** bedeutet ***messen*** und ist ein transitives Verb.

Formas simples de indicativo [① e > i]			
Presente	**Imperfecto**	**Indefinido**	**Futuro**
mido mides mide medimos medís miden	medía medías medía medíamos medíais medían	medí mediste midió medimos medisteis midieron	mediré medirás medirá mediremos mediréis medirán
Formas simples de subjuntivo ①		**Imperativo ①**	**Condicional**
Presente	**Pasado**	**Imperativo**	**Simple**
mida midas mida midamos midáis midan	midiese o midiera midieses o midieras midiese o midiera midiésemos o midiéramos midieseis o midierais midiesen o midieran	 (tú) mide (ud.) mida (nos.) midamos (vos.) medid (uds.) midan	mediría medirías mediría mediríamos mediríais medirían
Formas compuestas de indicativo		**y**	**subjuntivo**
Perfecto	**Presente** (PROG) ①	**Pasado** (PROG) ①	**Pluscuamperfecto**
he medido has medido ha medido hemos medido habéis medido han medido	estoy midiendo estás midiendo está midiendo estamos midiendo estáis midiendo están midiendo	estuviese midiendo estuvieses midiendo estuviese midiendo estuviésemos midiendo estuvieseis midiendo estuviesen midiendo	hubiese medido hubieses medido hubiese medido hubiésemos medido hubieseis medido hubiesen medido

Das Verb **medir**

- Eva es baja. Mide 1,50 m. | ▫ *Eva ist klein. Sie misst 1,50 m.*
- El río Ebro mide 930 kilómetros de largo. | ▫ *Der Fluss Ebro ist 930 Kilometer lang.*
- El volcán Teide mide 3.718 metros de altura. | ▫ *Der Vulkan Teide ist 3.718 Meter hoch.*

Das Verb **medirse**

- La longitud se mide en metros. | ▫ *Die Länge wird in Metern gemessen.*
- La superficie se mide en metros cuadrados. | ▫ *Die Fläche wird in Quadratmetern gemessen.*
- El volumen se mide en metros cúbicos. | ▫ *Volumen wird in Kubikmetern gemessen.*
- La temperatura se mide en grados centígrados. | ▫ *Temperatur wird in Grad Celsius gemessen.*
- La frecuencia se mide en hertzios. | ▫ *Die Frequenz wird in Hertz gemessen.*
- La intensidad se mide en decibelios. | ▫ *Die Intensität wird in Dezibel gemessen.*
- El tiempo se mide con un reloj. | ▫ *Die Zeit wird mit einer Uhr gemessen.*

Nützliche Redewendungen mit **medir**

- ¡No midas nunca con dos varas! | ▫ *Du sollst nie mit zweierlei Maß messen!*

Folgende Verben werden ähnlich konjugiert

- ▶ **comedir** ▪ Debes comedirte en la crítica ahora. | ▫ *Du musst dich jetzt mit der Kritik zurückhalten.*
- ▶ **desmedirse** ▪ El coste de la obra es desmedido. | ▫ *Die Kosten der Arbeiten sind unangemessen hoch.*
- ▶ **investir** ▪ Pedro Sánchez[65] fue investido presidente. | ▫ *Pedro Sánchez wurde zum Präsidenten gemacht.*
- ▶ **servir** ▪ Espero que sirva para algo. | ▫ *Ich hoffe, dass es etwas nützt.*

[65] Pedro Sánchez (1972) ist seit 2018 Ministerpräsident Spaniens.

Das Verb **pedir** bedeutet ***bitten***, ***beantragen*** und ist ein transitives Verb.

Formas simples de indicativo [① e > i]			
Presente	**Imperfecto**	**Indefinido**	**Futuro**
pido pides pide pedimos pedís piden	pedía pedías pedía pedíamos pedíais pedían	pedí pediste pidió pedimos pedisteis pidieron	pediré pedirás pedirá pediremos pediréis pedirán
Formas simples de subjuntivo ①		**Imperativo** ①	**Condicional**
Presente	**Pasado**	**Imperativo**	**Simple**
pida pidas pida pidamos pidáis pidan	pidiese o pidiera pidieses o pidieras pidiese o pidiera pidiésemos o pidiéramos pidieseis o pidierais pidiesen o pidieran	 (tú) pide (ud.) pida (nos.) pidamos (vos.) pedid (uds.) pidan	pediría pedirías pediría pediríamos pediríais pedirían
Formas compuestas de indicativo	**y**		**subjuntivo**
Perfecto	**Presente** (PROG) ①	**Pasado** (PROG) ①	**Pluscuamperfecto**
he pedido has pedido ha pedido hemos pedido habéis pedido han pedido	estoy pidiendo estás pidiendo está pidiendo estamos pidiendo estáis pidiendo están pidiendo	estuviese pidiendo estuvieses pidiendo estuviese pidiendo estuviésemos pidiendo estuvieseis pidiendo estuviesen pidiendo	hubiese pedido hubieses pedido hubiese pedido hubiésemos pedido hubieseis pedido hubiesen pedido

Das Verb pedir + direkte Objekte

- El cliente pidió **la cuenta**. | ▫ *Der Kunde bestellte die Rechnung.*
- La presidenta pidió **silencio** en el Congreso. | ▫ *Die Präsidentin bat im Parlament um Ruhe.*
- Los heridos pidieron **ayuda** a la policía. | ▫ *Die Verwundeten baten die Polizei um Hilfe.*

Das Verb pedir + *Infinitivsätze* (Genus- und Numeruskongruenz mit dem Subjekt)

- La acusada pidió *ser pixelada*. | ▫ *Die Beschuldigte bat darum, verpixelt zu werden.*
- El detenido está pidiendo *ser escuchado*. | ▫ *Der Verhaftete bittet darum, gehört zu werden.*
- El hijo pide *hablar con el médico*. | ▫ *Der Sohn bittet um ein Gespräch mit dem Arzt.*

Das Verb pedir + Nebensätze (im *Konjunktiv*) eingeleitet von **que**

- No me pida **que** le *dé* un descuento. | ▫ *Bitten Sie mich nicht darum, dass ich Ihnen einen Rabatt gebe.*
- Pido **que** me *concedan* la jubilación anticipada. | ▫ *Ich bitte um die Bewilligung der vorzeitigen Rente.*

Nützliche Redewendungen mit pedir

- ¡No pidas peras al olmo! | ▫ *Man darf nicht Unmögliches erwarten.*

Folgende Verben werden ähnlich konjugiert

- ▶ **despedir** ▪ Amazon despide a 300 empleados. | ▫ *Amazon entlässt 300 Mitarbeiter.*
- ▶ **expedir** ▪ El director expidió en certificado. | ▫ *Der Direktor stellte eine Bescheinigung aus.*
- ▶ **impedir** ▪ Es imposible que impidan una manifa. | ▫ *Es ist unmöglich, dass sie eine Demo verhindern.*
- ▶ **reexpedir** ▪ La autoridad ha reexpedido el DNI[66]. | ▫ *Das Amt hat den Perso wieder ausgestellt.*

[66] DNI (Documento Nacional de Identidad): Perso (Personalausweis)

Das Verb **repetir** ist ein transitives Verb, welches ***wiederholen*** bedeutet.

Formas simples de indicativo [① e > i]			
Presente	**Imperfecto**	**Indefinido**	**Futuro**
repito repites repite repetimos repetís repiten	repetía repetías repetía repetíamos repetíais repetían	repetí repetiste repitió repetimos repetisteis repitieron	repetiré repetirás repetirá repetiremos repetiréis repetirán
Formas simples de subjuntivo ①		**Imperativo** ①	**Condicional**
Presente	**Pasado**	**Imperativo**	**Simple**
repita repitas repita repitamos repitáis repitan	repitiese o repitiera repitieses o repitieras repitiese o repitiera repitiésemos o repitiéramos repitieseis o repitierais repitiesen o repitieran	 (tú) repite (ud.) repita (nos.) repitamos (vos.) repetid (uds.) repitan	repetiría repetirías repetiría repetiríamos repetiríais repetirían
Formas compuestas de indicativo	**y**	**subjuntivo**	
Perfecto	**Presente** (PROG) ①	**Pasado** (PROG) ①	**Pluscuamperfecto**
he repetido has repetido ha repetido hemos repetido habéis repetido han repetido	estoy repitiendo estás repitiendo está repitiendo estamos repitiendo estáis repitiendo están repitiendo	estuviese repitiendo estuvieses repitiendo estuviese repitiendo estuviésemos repitiendo estuvieseis repitiendo estuviesen repitiendo	hubiese repetido hubieses repetido hubiese repetido hubiésemos repetido hubieseis repetido hubiesen repetido

Das Verb **repetir** + **direkte Objekte**

- Julián está repitiendo **curso.** | ▫ *Julián ist sitzen geblieben und wiederholt die Klasse.*
- ¡Repita **eso** por favor que no le entiendo! | ▫ *Wiederholen Sie es bitte, denn ich verstehe Sie nicht!*
- Repito otra vez **el ruego**: ¡Abandonen el bus! | ▫ *Ich wiederhole die Bitte: Verlassen Sie den Bus!*
- Repito **carne con tomate.** | ▫ *Ich nehme mir mehr Fleisch mit Tomatensoße.*

Das Verb **repetir** + Nebensätze eingeleitet von **que**

- No me canso de repetir **que** prohíban los toros. | ▫ *Ich werde nicht müde zu wiederholen, dass Stierkampf verboten werden sollte.*
- Repito **que** no soy la persona que busca. | ▫ *Ich wiederhole, dass ich nicht die Person bin, die Sie suchen.*

Das Verb **repetir** + **Dativobjekte**

- El pimiento **me** repite. | ▫ *Paprika bekommt mir nicht.*
- No hay nada que **le** repita. Come de todo. | ▫ *Es gibt nichts, was ihm nicht bekommt. Er isst alles.*

Folgende Verben werden ähnlich konjugiert

- ▶ **competir** ▪ Venezuela compite con Bolivia en el mercado del litio. | ▫ *Venezuela konkurriert mit Bolivien im Lithiumhandel.*
- ▶ **derretir** ▪ El hielo se derrite a partir de los 0 °C. | ▫ *Eis schmilzt von 0 °C aufwärts.*
- ▶ **gemir** ▪ El bebé gimió toda la noche por el calor. | ▫ *Das Baby seufzte die ganze Nacht wegen der Hitze.*
- ▶ **rendirse** ▪ Los soldados se rindieron. | ▫ *Die Soldaten haben sich ergeben.*

Das Verb **seguir** bedeutet ***fortsetzen*** oder ***folgen*** und ist ein transitives Verb, welches auch intransitiv gebraucht werden kann. Es kann zudem mit Gerundien kombiniert werden.

Formas simples de indicativo [① e > i, ② gu > g vor a und o]			
Presente	**Imperfecto**	**Indefinido**	**Futuro**
sigo sigues sigue seguimos seguís siguen	seguía seguías seguía seguíamos seguíais seguían	seguí seguiste siguió seguimos seguisteis siguieron	seguiré seguirás seguirá seguiremos seguiréis seguirán
Formas simples de subjuntivo ①, ②		**Imperativo** ①, ②	**Condicional**
Presente	**Pasado**	**Imperativo**	**Simple**
siga sigas siga sigamos sigáis sigan	siguiese o siguiera siguieses o siguieras siguiese o siguiera siguiésemos o siguiéramos siguieseis o siguierais siguiesen o siguieran	 (tú) sigue (ud.) siga (nos.) sigamos (vos.) seguid (uds.) sigan	seguiría seguirías seguiría seguiríamos seguiríais seguirían
Formas compuestas de indicativo	**y**		**subjuntivo**
Perfecto	**Presente** (PROG) ①	**Pasado** (PROG) ①	**Pluscuamperfecto**
he seguido has seguido ha seguido hemos seguido habéis seguido han seguido	estoy siguiendo estás siguiendo está siguiendo estamos siguiendo estáis siguiendo están siguiendo	estuviese siguiendo estuvieses siguiendo estuviese siguiendo estuviésemos siguiendo estuvieseis siguiendo estuviesen siguiendo	hubiese seguido hubieses seguido hubiese seguido hubiésemos seguido hubieseis seguido hubiesen seguido

Das Verb seguir + **direkte Objekte**

- El montañero siguió **el sendero.** | ▫ *Der Bergwanderer folgte dem Fußpfad.*
- Siguieron **las pautas** de actuación vigentes. | ▫ *Sie befolgten die geltenden Richtlinien.*
- El detective sigue **la pista** del bandido. | ▫ *Der Detektiv folgte der Spur des Banditen.*

Das Verb seguir + **Präpositionen**

- No siga **con** ese tratamiento. Es dañino. | ▫ *Setzen Sie diese Behandlung nicht fort. Sie ist schädlich.*
- ¡Siga **por** esa calle hasta el cruce! | ▫ *Gehen sie diese Straße weiter bis zur Kreuzung.*

Das Verb seguir + **Gerundien**

- Su amigo sigue **trabajando** en la fábrica. | ▫ *Ihr Freund arbeitet weiterhin in der Fabrik.*
- ¡Siga **haciendo** deporte a diario! | ▫ *Machen Sie weiterhin täglich Sport!*
- Dudo que siga **recaudando** fondos. | ▫ *Ich bezweifle, dass er weiterhin Gelder eintreibt.*

Nützliche Redewendungen mit seguir

- Quien sigue la consigue. | ▫ *Beharrlichkeit führt zum Ziel.*

Folgende Verben werden ähnlich konjugiert

- ▶ **conseguir** ▪ El jefe consiguió un contrato en China. | ▫ *Der Chef bekam einen Vertrag in China. (wörtl.: trieb einen Vertrag auf)*
- ▶ **perseguir** ▪ El propietario persiguió al ladrón. | ▫ *Der Eigentümer jagte den Dieb.*
- ▶ **proseguir** ▪ La charla prosiguió por la tarde. | ▫ *Der Vortrag wurde am Nachmittag fortgesetzt.*

Das Verb **vestir** ist ein transitives Verb und bedeutet ***tragen***, ***anziehen***.

Formas simples de indicativo [① e > i]			
Presente	**Imperfecto**	**Indefinido**	**Futuro**
visto vistes viste vestimos vestís visten	vestía vestías vestía vestíamos vestíais vestían	vestí vestiste vistió vestimos vestisteis vistieron	vestiré vestirás vestirá vestiremos vestiréis vestirán
Formas simples de subjuntivo ①		**Imperativo** ①	**Condicional**
Presente	**Pasado**	**Imperativo**	**Simple**
vista vistas vista vistamos vistáis vistan	vistiese o vistiera vistieses o vistieras vistiese o vistiera vistiésemos o vistiéramos vistieseis o vistierais vistiesen o vistieran	 (tú) viste (ud.) vista (nos.) vistamos (vos.) vestid (uds.) vistan	vestiría vestirías vestiría vestiríamos vestiríais vestirían
Formas compuestas de indicativo	**y**		**subjuntivo**
Perfecto	**Presente** (PROG) ①	**Pasado** (PROG) ①	**Pluscuamperfecto**
he vestido has vestido ha vestido hemos vestido habéis vestido han vestido	estoy vistiendo estás vistiendo está vistiendo estamos vistiendo estáis vistiendo están vistiendo	estuviese vistiendo estuvieses vistiendo estuviese vistiendo estuviésemos vistiendo estuvieseis vistiendo estuviesen vistiendo	hubiese vestido hubieses vestido hubiese vestido hubiésemos vestido hubieseis vestido hubiesen vestido

Das Verb vestir + direkte Objekte

- Los escolares no visten **uniforme**. | ▫ *Die Schüler tragen keine Uniformen.*
- No todos los banqueros visten **traje y corbata**. | ▫ *Nicht alle Bankiers tragen Anzug und Krawatte.*
- Cristóbal Balenciaga[67] vestía **a Marlene Dietrich**[68]. | ▫ *Cristóbal Balenciaga kleidete Marlene Dietrich ein.*
- El padre vestía **a los niños** por la mañana. | ▫ *Der Vater zog jeden Morgen die Kinder an.*

Das Verb vestir + Präpositionen

- Luis viste **con** buen gusto. | ▫ *Luis kleidet sich mit gutem Geschmack.*
- Inma y Eva visten **de** negro. | ▫ *Inma und Eva tragen häufig Schwarz.*
- Vestimos **de** calle en el banco. | ▫ *In der Bank sind wir formlos gekleidet.*

Nützliche Redewendungen mit vestir

- La tía Tula no se quedó para vestir santos. | ▫ *Tante Tula starb nicht als alte Jungfer.*
- Ese pañuelo viste mucho. | ▫ *Dieser Schal kleidet dich sehr gut.*

Folgende Verben werden ähnlich konjugiert

- ▶ **desvestir** ▪ El cuidador desvistió al anciano. | ▫ *Der Pfleger zog den Greis aus.*
- ▶ **embestir** ▪ El toro embistió al torero. | ▫ *Der Stier rannte gegen den Stierkämpfer an.*
- ▶ **revestir** ▪ Este hecho reviste especial importancia. | ▫ *Diese Tat hat eine besondere Bedeutung.*
- ▶ **travestir** ▪ Un conocido mío se traviste. | ▫ *Ein Bekannter von mir zieht Frauenkleider an.*

[67] Cristobal Balenciaga (1895–1972) war einer der bedeutendsten Modemacher des 20. Jahrhunderts. Er wurde in Getaria (Spanien) geboren und ruht auch dort.

[68] Pseudonym von Marie Magdalene Dietrich (1901–1992), Deutsche Sängerin, die vor dem Naziregime floh.

Das Verb **poner** ist transitiv und hat eine Vielzahl von Bedeutungen, u. a. ***legen, stellen***.

Formas simples de indicativo			
Presente	**Imperfecto**	**Indefinido**	**Futuro**
pongo pones pone ponemos ponéis ponen	ponía ponías ponía poníamos poníais ponían	puse pusiste puso pusimos pusisteis pusieron	pondré pondrás pondrá pondremos pondréis pondrán
Formas simples de subjuntivo		**Imperativo**	**Condicional**
Presente	**Pasado**	**Imperativo**	**Simple**
ponga pongas ponga pongamos pongáis pongan	pusiese o pusiera pusieses o pusieras pusiese o pusiera pusiésemos o pusiéramos pusieseis o pusierais pusiesen o pusieran	 (tú) pon (ud.) ponga (nos.) pongamos (vos.) poned (uds.) pongan	pondría pondrías pondría pondríamos pondríais pondrían
Formas compuestas de indicativo	**y**		**subjuntivo**
Perfecto	**Presente** (PROG)	**Pasado** (PROG)	**Pluscuamperfecto**
he puesto has puesto ha puesto hemos puesto habéis puesto han puesto	estoy poniendo estás poniendo está poniendo estamos poniendo estáis poniendo están poniendo	estuviese poniendo estuvieses poniendo estuviese poniendo estuviésemos poniendo estuvieseis poniendo estuviesen poniendo	hubiese puesto hubieses puesto hubiese puesto hubiésemos puesto hubieseis puesto hubiesen puesto

Das Verb poner + **direkte Objekte** + *Pronominalobjekte*

- ¡No pongas **los plátanos** en el frigorífico! | ▫ *Lege die Bananen nicht in den Kühlschrank!*
- Puse **las llaves** en el cajón. | ▫ *Ich legte die Schlüssel in die Schublade.*
- Pusieron **el armario** contra la pared. | ▫ *Sie stellten den Schrank gegen die Wand.*
- Quiero poner **la mesa** mirando a la ventana. | ▫ *Ich möchte den Tisch vor das Fenster stellen.*
- No *te* pongas **ese abrigo** que está lloviendo. | ▫ *Zieh jenen Mantel nicht an, da es regnet.*
- Hoy *me* pondré **los zapatos nuevos.** | ▫ *Ich werde heute die neuen Schuhe anziehen.*

Das Verb ponerse + **a** + *Infinitivsätze*

- El paciente psicótico se puso **a** *gritar en la calle.* | ▫ *Der psychotische Patient fing an zu schreien.*
- Se pusieron **a** *llorar por su muerte.* | ▫ *Sie begannen wegen seines Todes zu weinen.*

Nützliche Redewendungen mit poner

- Quita y no pon, se acabó el montón. | ▫ *Irgendwann sind die Rücklagen aufgebraucht.*

Folgende Verben werden ähnlich konjugiert

- ▶ **anteponer** ▪ Antepuso los intereses generales a los particulares. | ▫ *Er stellte die gemeinschaftlichen Interessen seinen eigenen voran.*
- ▶ **componer** ▪ Falla[69] compuso "El amor brujo". | ▫ *Manuel de Falla komponierte „El amor brujo".*
- ▶ **contraponer** ▪ El capo contrapuso su versión. | ▫ *Der Mafiaboss hielt seine Darstellung dagegen.*
- ▶ **descomponer** ▪ La hierba cortada se ha descompuesto. | ▫ *Der gemähte Rasen hat sich zersetzt.*
- ▶ **deponer** ▪ El asaltador depuso de su actitud. | ▫ *Der Bankräuber gab auf.*
- ▶ **disponer** ▪ El ordenador dispone de ventilador. | ▫ *Der PC hat einen Ventilator.*
- ▶ **exponer** ▪ El pintor novel expuso en esa galería. | ▫ *Der Jungmaler stellte in dieser Galerie aus.*

[69] Manuel de Falla (1876–1946) war ein spanischer Musiker und Komponist.

Das Verb poner kann mit einer Vielzahl von Nomina und Verben kombiniert werden.

Das Verb poner + **direkte Objekte** ohne Determinierer oder mit **Determinierer**

- El recepcionista siempre pone buena **cara.** | ▫ *Der Rezeptionistin ist immer fröhlich zumute.*
- Han puesto **nombre** a la nueva calle. | ▫ *Sie haben die neue Straße benannt.*
- Pusieron **punto final** al debate. | ▫ *Sie beendeten die Debatte.*
- Si ponen **remedio**, estoy de acuerdo. | ▫ *Wenn sie eine Lösung finden, bin ich einverstanden.*
- Las gallinas ponen **huevos.** | ▫ *Die Hühner legen Eier.*
- Han puesto mucho **interés** en este proyecto. | ▫ *Sie haben sich für das Projekt interessiert.*
- ¡Pon **sal** a la sopa! | ▫ *Salze die Suppe!*
- Hoy he puesto **leña** en la chimenea. | ▫ *Ich habe ein Scheit in den Kamin gelegt.*

- Puso **todo su empeño** en la carrera. | ▫ *Er hat sich alle erdenkliche Mühe mit dem Studium gegeben.*

Das Verb ponerse + **Nomina**

- ¡Ponte **crema** en la cara por el sol! | ▫ *Schmiere dir dein Gesicht mit Sonnencreme wegen der Sonne ein!*
- Emilio se ha puesto **gorra** por el frío. | ▫ *Emilio hat sich wegen der Kälte eine Mütze aufgesetzt.*
- Ana se puso **gafas de sol** para salir. | ▫ *Ana setzte eine Sonnenbrille auf, um zum Strand zu gehen.*

Das Verb poner que + Nebensätze

- Aquí pone que no tiene derecho a pensión. | ▫ *Hier steht, dass er keinen Anspruch auf Rente hat.*

Das Verb ponerse + **Adjektive** (Genus- und Numeruskongruenz mit dem Subjekt) + por + Grund

- Los alumnos nos pusimos **enfermos** por el virus. | ▫ *Wir Schüler erkrankten wegen des Virus.*
- ¿Os pusisteis **buenos/malos** vosotros? | ▫ *Seid ihr wieder gesund/krank?*
- Su hermano se puso **gordo** por la medicación. | ▫ *Ihr Bruder nahm wegen der Medikamente zu.*
- Las alumnas se pusieron **rabiosas** por la expulsión. | ▫ *Die Schülerinnen wurden wütend wegen des Schulverweises.*
- Su madre se pondrá **contenta** por las notas. | ▫ *Ihre Mutter wird sich wegen der Noten freuen.*
- Me pongo **colorado** por el calor. | ▫ *Ich erröte bei der Hitze.*

Das Verb poner + **Präpositionen** + **Nomina** oder Verben

- Pongo las alubias **a remojo** unas horas. | ▫ *Ich weiche die trockenen Bohnen einige Stunden ein.*
- Pusimos **a prueba** al alumno. | ▫ *Wir haben den Schüler auf die Probe gestellt.*
- El informe pone **de manifiesto** la injusticia cometida. | ▫ *Der Bericht stellt das Unrecht fest.*
- No se pusieron **de acuerdo** en el precio. | ▫ *Sie einigten sich nicht auf den Preis.*
- Pongo **en duda** su testimonio. | ▫ *Ich stelle seine Zeugenaussage in Abrede.*
- Ayer me pusieron **en** un **aprieto.** | ▫ *Gestern nahmen sie mich in die Zange.*
- ¿No pones **en tela de juicio** su comportamiento? | ▫ *Hinterfragst du sein Benehmen nicht?*
- Su jefe se puso **en contra** del acuerdo. | ▫ *Sein Chef war gegen das Abkommen.*
- Esa noticia nos puso **de** mal **humor.** | ▫ *Diese Nachricht verstimmte uns.*

- Su vecina nos puso **a** parir/verdes. | ▫ *Seine Nachbarin schimpfte mit uns.*
- Después pongo **a** secar la ropa. | ▫ *Ich werde nachher die Wäsche zum Trocknen aufhängen.*

Nützliche Redewendungen mit poner + Kollokationen

- No pondría la mano en el fuego. | ▫ *Ich würde meine Hand dafür nicht ins Feuer legen.*
- Se pusieron las botas en el banquete. | ▫ *Sie haben sich auf den Feierlichkeiten vollgefressen.*
- Dudo que pongan el grito en el cielo. | ▫ *Ich bezweifle, dass sie aufschreien.*
- Los trabajadores pusieron ayer los puntos sobre las íes. | ▫ *Die Arbeiter redeten gestern Klartext.*

Das Verb **proponer** bedeutet ***vorschlagen*** und ist ein transitives Verb. Nomina, Infinitiv- und Nebensätze können als Objekt verwendet werden.

Formas simples de indicativo			
Presente	**Imperfecto**	**Indefinido**	**Futuro**
propongo propones propone proponemos proponéis proponen	proponía proponías proponía proponíamos proponíais proponían	propuse propusiste propuso propusimos propusisteis propusieron	propondré propondrás propondrá propondremos propondréis propondrán
Formas simples de subjuntivo		**Imperativo**	**Condicional**
Presente	**Pasado**	**Imperativo**	**Simple**
proponga propongas proponga propongamos propongáis propongan	propusiese o propusiera propusieses o propusieras propusiese o propusiera propusiésemos o propusiéramos propusieseis o propusierais propusiesen o propusieran	 (tú) propón (ud.) proponga (nos.) propongamos (vos.) proponed (uds.) propongan	propondría propondrías propondría propondríamos propondríais propondrían
Formas compuestas de indicativo	**y**	**subjuntivo**	
Perfecto	**Presente** (PROG)	**Pasado** (PROG)	**Pluscuamperfecto**
he propuesto has propuesto ha propuesto hemos propuesto habéis propuesto han propuesto	estoy proponiendo estás proponiendo está proponiendo estamos proponiendo estáis proponiendo están proponiendo	estuviese proponiendo estuvieses proponiendo estuviese proponiendo estuviésemos proponiendo estuvieseis proponiendo estuviesen proponiendo	hubiese propuesto hubieses propuesto hubiese propuesto hubiésemos propuesto hubieseis propuesto hubiesen propuesto

Das Verb **proponer** + **direkte Objekte**

- El vicepresidente propuso **un pacto inédito.** | ▫ *Der Vize schlug ein völlig neues Abkommen vor.*
- Los padres proponen **recreos más largos.** | ▫ *Die Eltern schlagen längere Pausen vor.*
- La DGT[70] propuso **el uso obligatorio del cinturón.** | ▫ *Das Verkehrsamt schlug die Pflicht des Sicherheitsgurtes vor.*

Das Verb **proponer** + *Infinitivsätze* oder Nebensätze eingeleitet von **que**

- Propusieron *incrementar impuestos a las rentas más altas.* | ▫ *Sie schlugen vor, die Steuersätze für Großverdiener anzuheben.*
- Proponen *salir de la Unión Europea.* | ▫ *Sie schlagen vor, die Europäische Union zu verlassen.*

- Propusieron **que** había que privatizar la sanidad. | ▫ *Sie schlugen vor, dass die Gesundheitsversorgung privatisiert werden sollte.*

Folgende Verben werden ähnlich konjugiert

- ▶ **imponer** ▪ El director impuso una disciplina férrea. | ▫ *Der Direktor zwang eine eiserne Disziplin auf.*
- ▶ **indisponer** ▪ El cantante se indispuso en el concierto. | ▫ *Dem Sänger wurde im Konzert unwohl.*
- ▶ **interponer** ▪ El "chorizo" interpuso una denuncia. | ▫ *Der Schurke erhob Klage.*
- ▶ **oponer** ▪ Nos oponemos a la disciplina de partido. | ▫ *Wir wehren uns gegen den Fraktionszwang.*
- ▶ **predisponer** ▪ La ingesta de azúcar predispone a la diabetes. | ▫ *Zuckerkonsum fördert Diabetes.*
- ▶ **presuponer** ▪ Cada revolución presupone malestar. | ▫ *Jeder Revolution geht Unzufriedenheit voraus.*
- ▶ **posponer** ▪ La entrada en vigor de la ley ha sido pospuesta. | ▫ *Das Inkrafttreten wurde verschoben.*

[70] DGT (Dirección General de Tráfico): Verkehrsamt

Das Verb **suponer** ist ein transitives Verb, welches ***bedeuten***, ***annehmen*** bedeutet.

Formas simples de indicativo			
Presente	**Imperfecto**	**Indefinido**	**Futuro**
supongo supones supone suponemos suponéis suponen	suponía suponías suponía suponíamos suponíais suponían	supuse supusiste supuso supusimos supusisteis supusieron	supondré supondrás supondrá supondremos supondréis supondrán
Formas simples de subjuntivo		**Imperativo**	**Condicional**
Presente	**Pasado**	**Imperativo**	**Simple**
suponga supongas suponga supongamos supongáis supongan	supusiese o supusiera supusieses o supusieras supusiese o supusiera supusiésemos o supusiéramos supusieseis o supusierais supusiesen o supusieran	 (tú) supón (ud.) suponga (nos.) supongamos (vos.) suponed (uds.) supongan	supondría supondrías supondría supondríamos supondríais supondrían
Formas compuestas de indicativo	**y**	**subjuntivo**	
Perfecto	**Presente** (PROG)	**Pasado** (PROG)	**Pluscuamperfecto**
he supuesto has supuesto ha supuesto hemos supuesto habéis supuesto han supuesto	estoy suponiendo estás suponiendo está suponiendo estamos suponiendo estáis suponiendo están suponiendo	estuviese suponiendo estuvieses suponiendo estuviese suponiendo estuviésemos suponiendo estuvieseis suponiendo estuviesen suponiendo	hubiese supuesto hubieses supuesto hubiese supuesto hubiésemos supuesto hubieseis supuesto hubiesen supuesto

Das Verb suponer + direkte Objekte

- La prolongada crisis supuso **el cierre** del bar. | ▫ *Die Krise bedeutete die Schließung des Kiosks.*
- El estrés crónico supone **aumento de peso.** | ▫ *Der chronische Stress bedeutet Gewichtszunahme.*

Das Verb suponer + Nebensätze eingeleitet von que

- Supongo **que** llegará puntual. | ▫ *Ich nehme an, dass sie pünktlich ankommen wird.*
- ¡No supongas **que** te premiarán! | ▫ *Denke ja nicht, dass sie dich belohnen werden.*
- Supón **que** consigues ese cargo. | ▫ *Stell dir mal vor, dass du den Posten / das Amt bekommst.*

Das Verb suponer + *Infinitivsätze*

- Este acuerdo supone *terminar con la lucha sindical.* | ▫ *Diese Einigung beinhaltet, den gewerkschaftlichen Kampf aufzugeben.*
- Esta ley supone *aumentar los jornales.* | ▫ *Dieses Gesetz bedeutet, die Löhne zu erhöhen.*

Folgende Verben werden ähnlich konjugiert

- ▶ **recomponer** ▪ El fondo europeo ayuda a recomponer la economía. | ▫ *Der europäische Fonds hilft, die Wirtschaft wiederaufzubauen.*
- ▶ **reponer** ▪ El trabajador repuso la fruta en la tienda. | ▫ *Der Mitarbeiter füllte das Obst im Laden nach.*
- ▶ **sobreponerse** ▪ Julio se sobrepuso al caos de la quiebra. | ▫ *Julio überwand das Chaos des Konkurses.*
- ▶ **superponer** ▪ ¡Superponga este guante sobre este! | ▫ *Stülpen sie diese Handschuhe über diese anderen!*
- ▶ **trasponer** ▪ La UE pide a los estados miembros que traspongan la normativa medioambiental. | ▫ *Die EU bittet die Mitgliedsstaaten, die Umweltgesetze zu übertragen.*
- ▶ **yuxtaponer** ▪ Una arquivolta se consigue yuxtaponiendo elementos individuales. | ▫ *Die Archivolte wird hergestellt, indem man Einzelteile nebeneinanderlegt.*

Das Verb **predecir** bedeutet ***voraussagen***, selektiert bevorzugt belebte Subjekte und ist transitiv.

Formas simples de indicativo			
Presente	**Imperfecto**	**Indefinido**	**Futuro**
predigo predices predice predecimos predecís predicen	predecía predecías predecía predecíamos predecíais predecían	predije predijiste predijo predijimos predijisteis predijeron	prediré o predeciré predirás o predecirás predirá o predecirá prediremos o predeciremos prediréis o predeciréis predirán o predecirán
Formas simples de subjuntivo		**Imperativo**	**Condicional**
Presente	**Pasado**	**Imperativo**	**Simple**
prediga predigas prediga predigamos predigáis predigan	predijese o predijera predijeses o predijeras predijese o predijera predijésemos o predijéramos predijeseis o predijerais predijesen o predijeran	 (tú) predice (ud.) prediga (nos.) predigamos (vos.) predecid (uds.) predigan	prediría o predeciría predirías o predecirías prediría o predeciría prediríamos o predeciríamos prediríais o predeciríais predirían o predecirían
Formas compuestas de indicativo	**y**		**subjuntivo**
Perfecto	**Presente (PROG)**	**Pasado (PROG)**	**Pluscuamperfecto**
he predicho has predicho ha predicho hemos predicho habéis predicho han predicho	estoy prediciendo estás prediciendo está prediciendo estamos prediciendo estáis prediciendo están prediciendo	estuviera prediciendo estuvieras prediciendo estuviera prediciendo estuviéramos prediciendo estuvierais prediciendo estuvieran prediciendo	hubiese predicho hubieses predicho hubiese predicho hubiésemos predicho hubieseis predicho hubiesen predicho

Das Verb **predecir** + **direkte Objekte**

- Ese economista predijo **la crisis de 2007.** | ▫ *Jener Ökonom sagte die Krise im Jahr 2007 voraus.*
- El horóscopo no predice **el futuro.** | ▫ *Das Horoskop sagt die Zukunft nicht voraus.*
- Las pitonisas no predicen **el destino.** | ▫ *Die Wahrsagerinnen sagen das Schicksal nicht voraus.*
- Los físicos predijeron **el calentamiento global.** | ▫ *Physiker sagten die globale Erderwärmung voraus.*

Das Verb **predecir** + Nebensätze eingeleitet von **que**

- La teoría del calentamiento global predice **que** el nivel del mar subirá. | ▫ *Die These der globalen Erderwärmung sagt voraus, dass der Meeresspiegel steigen wird.*
- Los demógrafos predicen **que** el calentamiento global fomentará los movimientos migratorios. | ▫ *Demografen sagen voraus, dass die globale Erderwärmung Völkerwanderungen fördern wird.*
- Los geólogos predicen **que** aumentarán los incendios. | ▫ *Die Geologen sagen voraus, dass die Brände zunehmen werden*

Folgende Verben werden ähnlich konjugiert

► **contradecir** ▪ Los resultados de las elecciones contradicen las predicciones de las encuestas realizadas. | ▫ *Die Wahlergebnisse widersprechen den Vorhersagen der durchgeführten Umfragen.*

Das Verb **prohibir** bedeutet ***verbieten*** und ist ein transitives Verb.

Formas simples de indicativo [① i > í, wenn Akzent auf i]			
Presente	**Imperfecto**	**Indefinido**	**Futuro**
prohíbo prohíbes prohíbe prohibimos prohibís prohíben	prohibía prohibías prohibía prohibíamos prohibíais prohibían	prohibí prohibiste prohibió prohibimos prohibisteis prohibieron	prohibiré prohibirás prohibirá prohibiremos prohibiréis prohibirán
Formas simples de subjuntivo ①		**Imperativo** ①	**Condicional**
Presente	**Pasado**	**Imperativo**	**Simple**
prohíba prohíbas prohíba prohibamos prohibáis prohíban	prohibiese o prohibiera prohibieses o prohibieras prohibiese o prohibiera prohibiésemos o prohibiéramos prohibieseis o prohibierais prohibiesen o prohibieran	 (tú) prohíbe (ud.) prohíba (nos.) prohibamos (vos.) prohibid (uds.) prohíban	prohibiría prohibirías prohibiría prohibiríamos prohibiríais prohibirían
Formas compuestas de indicativo	**y**	**subjuntivo**	
Perfecto	**Presente** (PROG)	**Pasado** (PROG)	**Pluscuamperfecto**
he prohibido has prohibido ha prohibido hemos prohibido habéis prohibido han prohibido	estoy prohibiendo estás prohibiendo está prohibiendo estamos prohibiendo estáis prohibiendo están prohibiendo	estuviese prohibiendo estuvieses prohibiendo estuviese prohibiendo estuviésemos prohibiendo estuvieseis prohibiendo estuviesen prohibiendo	hubiese prohibido hubieses prohibido hubiese prohibido hubiésemos prohibido hubieseis prohibido hubiesen prohibido

Das Verb **prohibir** + **direkte Objekte**

- Prohibieron **las fiestas** por el virus. | ▫ *Sie sagten die Feierlichkeiten wegen des Virus ab.*
- Censurar es prohibir **voces incómodas.** | ▫ *Zensieren bedeutet unbequeme Stimmen zu verbieten.*

Das Verb **prohibir** + *Infinitivsätze*

- Está prohibido *circular en bici sin casco.* | ▫ *Es ist verboten, ohne Helm Fahrrad zu fahren.*
- Dudo que prohíban *beber alcohol en la calle.* | ▫ *Ich bezweifle, dass Alkoholkonsum auf der Straße verboten wird.*

Das Verb **prohibir** + Nebensätze (im *Konjunktiv*) eingeleitet von **que**

- Esta ley prohíbe **que** se *ofendan* los sentimientos religiosos. | ▫ *Dieses Gesetz verbietet, dass religiöse Gefühle verletzt werden.*
- El objetivo es prohibir **que** se *venda* leche sin pasteurizar. | ▫ *Das Ziel ist, dass man den Verkauf von unpasteurisierter Milch verbietet.*

Nützliche Redewendungen mit **prohibir**

- Si Dios hubiera querido prohibir el vino, las viñas serían amargas. | ▫ *Wenn Gott den Wein hätte verbieten wollen, wären die Weinreben bitter.*

Folgende Verben werden ähnlich konjugiert

► **cohibir** ▪ La víctima está cohibida. | ▫ *Das Opfer ist eingeschüchtert.*

Das Verb **podrir** bzw. **pudrir** ist ein intransitives Verb, welches ***verrotten, verderben*** bedeutet.

Formas simples de indicativo			
Presente	**Imperfecto**	**Indefinido**	**Futuro**
pudro pudres pudre podrimos o pudrimos podrís o pudrís pudren	podría o pudría podrías o pudrías podría o pudrías podríamos o pudríamos podríais o pudrías podrían o pudrían	podrí o pudrí podriste o pudriste podrió o pudrió podrimos o pudrimos podristeis o pudristeis podrieron o pudrieron	podriré o pudriré podrirás o pudrirás podrirá o pudrirá podriremos o pudriremos podriréis o pudriréis podrirán o pudrirán
Formas simples de subjuntivo		**Imperativo**	**Condicional**
Presente	**Pasado**	**Imperativo**	**Simple**
pudra pudras pudra pudramos pudráis pudran	pudriese o pudriera pudrieses o pudrieras pudriese o pudriera pudriésemos o pudriéramos pudrieseis o pudrierais pudriesen o pudrieran	 (tú) pudre (ud.) pudra (nos.) pudramos (vos.) podrid (uds.) pudran	podriría o pudriría podrirías o pudrirías podriría o pudrirías podriríamos o pudriríamos podriríais o pudriríais podrirían o pudrirían
Formas compuestas de indicativo	**y**		**subjuntivo**
Perfecto	**Presente** (PROG)	**Pasado** (PROG)	**Pluscuamperfecto**
he podrido has podrido ha podrido hemos podrido habéis podrido han podrido	estoy pudriendo estás pudriendo está pudriendo estamos pudriendo estáis pudriendo están pudriendo	estuviese pudriendo estuvieses pudriendo estuviese pudriendo estuviésemos pudriendo estuvieseis pudriendo estuviesen pudriendo	hubiese podrido hubieses podrido hubiese podrido hubiésemos podrido hubieseis podrido hubiesen podrido

Das Verb **podrir** oder **pudrir**

- Los agricultores dejan podrir la fruta por los bajos precios. | ▫ *Die Bauern lassen das Obst wegen der Niedrigpreise verderben.*

Das Verb **podrirse** oder **pudrirse** als Pronominalverb

- Las fresas se han podrido por el calor. | ▫ *Die Erdbeeren sind wegen der Hitze verdorben.*
- Las peras se están pudriendo. ¡Mételas al frigo! | ▫ *Die Birnen verrotten. Stell sie in den Kühlschrank!*
- La fruta no se pudre en cámaras de ozono. | ▫ *Obst verdirbt nicht in Ozonkühlschränken.*
- La verdura se refrigera para que no se pudra. | ▫ *Gemüse wird gekühlt, damit es nicht verdirbt.*
- Si se pudren, haremos compost. | ▫ *Wir werden daraus Kompost machen, sollten sie verderben.*

Das Verb **podrir** oder **pudrir** als **Partizipien** (Genus- und Numeruskongruenz mit dem Subjekt)

- Estos dientes de ajo están **podridos**. | ▫ *Diese Knoblauchzehen sind verdorben.*
- Las patatas estaban **podridas** y se devolvieron. | ▫ *Die Kartoffeln waren verdorben und gingen zurück.*
- Las vigas de madera del balcón están **podridas**. | ▫ *Die Holzträger des Balkons sind verrottet.*

Nützliche Redewendungen mit **podrir** oder **pudrir**

- ¡Que se pudra en la cárcel! | ▫ *Er soll im Gefängnis verrecken!*

Das Verb **rehusar**[71] ist transitiv und bedeutet ***sich weigern***.

Formas simples de indicativo [① u > ú bei Akzent auf u]			
Presente	**Imperfecto**	**Indefinido**	**Futuro**
rehúso rehúsas rehúsa rehusamos rehusáis rehúsan	rehusaba rehusabas rehusaba rehusábamos rehusabais rehusaban	rehusé rehusaste rehusó rehusamos rehusasteis rehusaron	rehusaré rehusarás rehusará rehusaremos rehusaréis rehusarán
Formas simples de subjuntivo ①		**Imperativo** ①	**Condicional**
Presente	**Pasado**	**Imperativo**	**Simple**
rehúse rehúses rehúse rehusemos rehuséis rehúsen	rehusase o rehusara rehusases o rehusaras rehusase o rehusara rehusásemos o rehusáramos rehusaseis o rehusarais rehusasen o rehusaran	*nicht gebräuchlich* (tú) rehúsa (ud.) rehúse (nos.) rehusemos (vos.) rehusad (uds.) rehúsen	rehusaría rehusarías rehusaría rehusaríamos rehusaríais rehusarían
Formas compuestas de indicativo	**y**		**subjuntivo**
Perfecto	**Presente** (PROG)	**Pasado** (PROG)	**Pluscuamperfecto**
he rehusado has rehusado ha rehusado hemos rehusado habéis rehusado han rehusado	estoy rehusando estás rehusando está rehusando estamos rehusando estáis rehusando están rehusando	estuviera rehusando estuvieras rehusando estuviera rehusando estuviéramos rehusando estuvierais rehusando estuvieran rehusando	hubiese rehusado hubieses rehusado hubiese rehusado hubiésemos rehusado hubieseis rehusado hubiesen rehusado

Das Verb rehusar + direkte Objekte

- Rehúso **la asistencia** en señal de protesta. | ▫ *Ich lehne die Anwesenheit aus Protest ab.*
- El policía puede rehusar **el cumplimiento de una orden**, si la considera contraria a la ley. | ▫ *Der Polizeibeamte darf sich weigern, einen Befehl zu befolgen, wenn er der Meinung ist, dass er gesetzeswidrig ist.*

Das Verb rehusar + *Infinitivsätze*

- Pablo Hasel[72] rehusó *ingresar en prisión de forma voluntaria* para cumplir condena y fue detenido. |
▫ *Pablo Hasel weigerte sich, freiwillig in der JVA[73] zu erscheinen und musste festgenommen werden.*

[71] Das Verb **rehusar** ist sehr gehoben.

[72] Pablo Hasel (1988), Pseudonym von Pablo Rivadulla Duró. Hasel ist ein spanischer Rapper, der seit Februar 2021 eine Freiheitsstrafe laut Gerichtsurteil wegen Verherrlichung des Terrorismus absitzt.

[73] JVA (Justizvollzugsanstalt)

Das Verb **reunir** ist transitiv und bedeutet ***sammeln, versammeln, tagen*** oder ***aufweisen***.

Formas simples de indicativo [① u > ú bei Akzent auf u]			
Presente	**Imperfecto**	**Indefinido**	**Futuro**
reúno reúnes reúne reunimos reunís reúnen	reunía reunías reunía reuníamos reuníais reunían	reuní reuniste reunió reunimos reunisteis reunieron	reuniré reunirás reunirá reuniremos reuniréis reunirán
Formas simples de subjuntivo ①		**Imperativo** ①	**Condicional**
Presente	**Pasado**	**Imperativo**	**Simple**
reúna reúnas reúna reunamos reunáis reúnan	reuniese o reuniera reunieses o reunieras reuniese o reuniera reuniésemos o reuniéramos reunieseis o reunierais reuniesen o reunieran	 (tú) reúne (ud.) reúna (nos.) reunamos (vos.) reunid (uds.) reúnan	reuniría reunirías reuniría reuniríamos reuniríais reunirían
Formas compuestas de indicativo	**y**		**subjuntivo**
Perfecto	**Presente** (PROG)	**Pasado** (PROG)	**Pluscuamperfecto**
he reunido has reunido ha reunido hemos reunido habéis reunido han reunido	estoy reuniendo estás reuniendo está reuniendo estamos reuniendo estáis reuniendo están reuniendo	estuviera reuniendo estuvieras reuniendo estuviera reuniendo estuviéramos reuniendo estuvierais reuniendo estuvieran reuniendo	hubiese reunido hubieses reunido hubiese reunido hubiésemos reunido hubieseis reunido hubiesen reunido

Das Verb reunir + direkte Objekte

- Reunió **el dinero suficiente**. | ▫ *Sie sammelte genügend Geld zusammen.*
- María reúne **las condiciones**. | ▫ *Maria erfüllt die Anforderungen.*
- ¡Reúnan **a todos los trabajadores**! | ▫ *Versammeln Sie alle Mitarbeiter*!
- ¡Reúna **todos los datos** que pueda encontrar! | ▫ *Sammeln Sie alle Daten, die Sie finden* können!

Das Verb reunir als Pronominalverb reunirse

- Me reuniré con el secretario. | ▫ *Ich werde mit dem Sekretär tagen.*
- Hoy se reúnen a puerta cerrada. | ▫ *Heute tagen sie nicht öffentlich.*
- No creo que se reúnan cara a cara. | ▫ *Ich glaube nicht, dass sie sich vis-à-vis treffen.*
- Se reunieron en torno al árbol de Navidad. | ▫ *Sie versammelten sich um den Weihnachtsbaum.*
- Dudo que el alcalde se reúna contigo. | ▫ *Ich bezweifle, dass der Bürgermeister sich mit dir trifft.*
- Después de la sirena se reunieron los bomberos. | ▫ *Nach dem Martinshorn versammelten sich die Feuerwehrmänner.*

Das Verb reunir + verschiedene Subjekte

- **La pintora** reunió a todos sus hijos. | ▫ *Die Malerin rief alle ihre Kinder zusammen.*
- **El coronel** reunió a todos los soldados. | ▫ *Der Oberst versammelte alle Soldaten.*

Nützliche Redewendungen mit dem Verb reunir

- En la última cena, Jesús reunió a los 12 apóstoles. | ▫ *Zum letzten Abendmahl versammelte Jesus die 12 Jünger.*

Das Verb **corroer** bedeutet ***verrosten*** und kann transitiv oder pronominal verwendet werden.

Formas simples de indicativo			
Presente	**Imperfecto**	**Indefinido**	**Futuro**
corroo corroigo corroyo corroes corroe corroemos corroéis corroen	corroía corroías corroía corroíamos corroíais corroían	corroí corroíste corroyó corroímos corroísteis corroyeron	corroeré corroerás corroerá corroeremos corroeréis corroerán
Formas simples de subjuntivo		**Imperativo**	**Condicional**
Presente	**Pasado**	**Imperativo**	**Simple**
corroa corroas corroa corroamos corroáis corroan	corroyese o corroyera corroyeses o corroyeras corroyese o corroyera corroyésemos o corroyéramos corroyeseis o corroyerais corroyesen o corroyeran	*nicht gebräuchlich* (tú) corroe (ud.) corroa (nos.) corroamos (vos.) corroed (uds.) corroan	corroería corroerías corroería corroeríamos corroeríais corroerían
Formas compuestas de indicativo		**y**	**subjuntivo**
Perfecto	**Presente** (PROG)	**Pasado** (PROG)	**Pluscuamperfecto**
he corroído has corroído ha corroído hemos corroído habéis corroído han corroído	estoy corroyendo estás corroyendo está corroyendo estamos corroyendo estáis corroyendo están corroyendo	estuviera corroyendo estuvieras corroyendo estuviera corroyendo estuviéramos corroyendo estuvierais corroyendo estuvieran corroyendo	hubiese corroído hubieses corroído hubiese corroído hubiésemos corroído hubieseis corroído hubiesen corroído

Das Verb **corroer** + **direkte Objekte**

- Los ácidos corroen el acero inoxidable. | ▫ *Säuren lassen Edelstahl verrosten.*
- La lluvia corroe los hierros a la intemperie. | ▫ *Regen lässt Eisen im Freien verrosten.*
- El agua salada corroe el armazón de los buques. | ▫ *Salzwasser lässt den Schiffsrahmen verrosten.*

Das Verb **corroer** als Partizip

- Las esculturas del Peine del Viento[74] están corroídas. | ▫ *Die Statuen am Kamm des Windes sind verrostet.*

Das Verb **corroer** als Pronominalverb **corroerse**

- Los plásticos sin cadmio se corroen. | ▫ *Kunststoffe ohne Kadmium rosten.*
- El aluminio no se corroe. | ▫ *Aluminium verrostet nicht.*
- Están lijando los balcones de hierro colado porque se están corroyendo. | ▫ *Die Balkone aus Gusseisen werden zurzeit geschliffen, da sie korrodieren.*

Das Verb **corroer** mit metaphorischen Verwendungen

- Las desgracias familiares la corroyeron. | ▫ *Familienschicksale nagten an ihr.*
- La precariedad crónica corroe a cualquiera. | ▫ *Chronische prekäre Beschäftigung nagt an jedem.*

Folgende Verben werden ähnlich konjugiert

► **roer** ▪ Los ratones roen las nueces. | ▫ *Mäuse nagen an den Walnüssen.*

[74] Skulptur, die von Eduardo Chillida (1924–2002) gemacht wurde und in Donostia-San Sebastián (Spanien) zu sehen ist. Chillida fertigte außerdem die Skulptur „Berlin“ an, die vor dem Reichstagsgebäude in Berlin steht.

Das Verb **saber** ist transitiv und bedeutet ***wissen***.

Formas simples de indicativo			
Presente	**Imperfecto**	**Indefinido**	**Futuro**
sé sabes sabe sabemos sabéis saben	sabía sabías sabía sabíamos sabíais sabían	supe supiste supo supimos supisteis supieron	sabré sabrás sabrá sabremos sabréis sabrán
Formas simples de subjuntivo		**Imperativo**	**Condicional**
Presente	**Pasado**	**Imperativo**	**Simple**
sepa sepas sepa sepamos sepáis sepan	supiese o supiera supieses o supieras supiese o supiera supiésemos o supiéramos supieseis o supierais supiesen o supieran	*nicht gebräuchlich* (tú) sabe (ud.) sepa (nos.) sepamos (vos.) sepáis (uds.) sepan	sabría sabrías sabría sabríamos sabríais sabrían
Formas compuestas de indicativo	**y**		**subjuntivo**
Perfecto	**Presente** (PROG) selten	**Pasado** (PROG) selten	**Pluscuamperfecto**
he sabido has sabido ha sabido hemos sabido habéis sabido han sabido	estoy sabiendo estás sabiendo está sabiendo estamos sabiendo estáis sabiendo están sabiendo	estuviera sabiendo estuvieras sabiendo estuviera sabiendo estuviéramos sabiendo estuvierais sabiendo estuvieran sabiendo	hubiese sabido hubieses sabido hubiese sabido hubiésemos sabido hubieseis sabido hubiesen sabido

Das Verb **saber** + **direkte Objekte**

- Julio sabe **la Constitución** de memoria. | ▫ *Julio kennt die Verfassung auswendig.*
- Ana sabe **todo el repertorio del grupo.** | ▫ *Ana kennt das Repertoire der Band.*
- María sabe **los detalles del desahucio.** | ▫ *Maria kennt die Details der Zwangsräumung.*

Das Verb **saber** + *Infinitvsätze*

- Inma sabe *pintar al óleo.* | ▫ *Inma kann mit Öl malen.*
- Los alumnos saben *sumar en segundo.* | ▫ *Die Schüler können im 2. Schuljahr addieren.*
- ¿No sabes *andar en bicicleta?* | ▫ *Kannst du nicht Rad fahren?*

Das Verb **saber** + Nebensätze eingeleitet von **Konjunktionen** und **Fragepronomina**

- Supo hace poco **que** era diabético. | ▫ *Vor Kurzem hat er erfahren, dass er Diabetiker ist.*
- Sabré mañana **si** he aprobado. | ▫ *Morgen werde ich wissen, ob ich bestanden habe.*

- No sabía **cuándo** le vendrían a buscar. | ▫ *Sie wusste nicht, wann genau sie abgeholt werden würde.*
- No supo nunca **quién** le envió esa carta. | ▫ *Sie erfuhr nie, wer ihr diesen Brief schickte.*

Das Verb **saber** + Nebensätze (im *Konjunktiv*)

- Si supiese inglés, viajaría más. | ▫ *Wenn ich Englisch sprechen könnte, würde ich mehr reisen.*
- Cuando lo sepamos, te llamaremos. | ▫ *Wenn wir es wissen, werden wir dich anrufen.*
- ¡Si supiese lo que me acaba de pasar! | ▫ *Wenn Sie wüssten, was mir gerade eben zugestoßen ist!*

Nützliche Redewendungen mit **saber**

- Eso lo sabe hasta el gato. | ▫ *Das pfeifen die Spatzen von den Dächern.*

Das Verb **salir** bedeutet ***herausgehen***, selektiert belebte Subjekte und ist intransitiv.

Formas simples de indicativo [①g vor o, ② d vor r]			
Presente	**Imperfecto**	**Indefinido**	**Futuro**
salgo sales sale salimos salís salen	salía salías salía salíamos salíais salían	salí saliste salió salimos salisteis salieron	saldré saldrás saldrá saldremos saldréis saldrán
Formas simples de subjuntivo [③ g vor a]		**Imperativo** ③	**Condicional** ②
Presente	**Pasado**	**Imperativo**	**Simple**
salga salgas salga salgamos salgáis salgan	saliese o saliera salieses o salieras saliese o saliera saliésemos o saliéramos salieseis o salierais saliesen o salieran	 (tú) sal (ud.) salga (nos.) salgamos (vos.) salid (uds.) salgan	saldría saldrías saldría saldríamos saldríais saldrían
Formas compuestas de indicativo	**y**		**subjuntivo**
Perfecto	**Presente** (PROG)	**Pasado** (PROG)	**Pluscuamperfecto**
he salido has salido ha salido hemos salido habéis salido han salido	estoy saliendo estás saliendo está saliendo estamos saliendo estáis saliendo están saliendo	estuviera saliendo estuvieras saliendo estuviera saliendo estuviéramos saliendo estuvierais saliendo estuvieran saliendo	hubiese salido hubieses salido hubiese salido hubiésemos salido hubieseis salido hubiesen salido

Das Verb salir + **unbelebte Subjekte**

- No ha salido **el sol** todavía. | ▫ *Die Sonne ist noch nicht aufgegangen.*
- Hoy salen **las nuevas ofertas de empleo público.** | ▫ *Heute werden die neuen Ausschreibungen der öffentlichen Stellen bekannt gemacht.*
- Sale **petróleo** del buque averiado. | ▫ *Öl tritt aus dem havarierten Schiff aus.*

Das Verb salir + **Gerundien**

- Salgo **corriendo** a la parada. | ▫ *Ich beeile mich, zur Haltestelle zu kommen.*
- Así salimos **ganando/perdiendo.** | ▫ *Somit werden wir gewinnen/verlieren.*

Das Verb **salir a** + *Infinitiv*sätze

- ¡No salga **a** *hacer la compra* porque hace frío! | ▫ *Gehen Sie nicht raus, um einzukaufen, da es kalt ist.*
- Saldrá **a** *hacer deporte.* | ▫ *Sie wird ausgehen, um Sport zu machen.*

Das Verb **salir** als Pronominalverb **salirse** + **Ortsangabe**

- El agua se salió **de la bañera.** | ▫ *Das Wasser ist aus der Badewanne gelaufen.*
- El coche se salió **de la carretera.** | ▫ *Das Auto ist von der Fahrbahn abgekommen.*
- El avión se salió **de la pista.** | ▫ *Das Flugzeug verfehlte die Landebahn.*

Nützliche Redewendungen mit salir

- En esa época salimos de Guatemala y entramos en Guatepeor. | ▫ *Zu der Zeit gingen wir aus dem Regen in die Traufe.*
- Lo barato sale caro. | ▫ *Teurer Kauf erspart.*
- No entro ni salgo en ese conflicto. | ▫ *Bei jenem Streit halte ich mich raus.*

Das Verb **salir** bedeutet auch ***ausgehen***, selektiert i. d. R. belebte Subjekte und ist intransitiv.

Das Verb **salir** + *Präpositionen* + **Nomina**

- Mañana saldremos *de* **copas.** | ▫ *Wir werden morgen einen trinken gehen.*
- Dudo que el enfermo salga *de* **paseo.** | ▫ *Ich bezweifle, dass der Kranke spazieren geht.*
- Con su ayuda salimos *de* un **apuro.** | ▫ *Mit seiner Hilfe kamen wir aus der Klemme raus.*
- Ese dato le hizo salir *de* **dudas.** | ▫ *Diese Angabe ließ ihm keinen Zweifel.*
- Fernando salió *del* **ejército/secta.** | ▫ *Ferdinand hat den Bund / die Sekte verlassen.*
- María sale *de* **cuentas** esta semana. | ▫ *Diese Woche ist Marias Entbindungstermin.*
- Salió al paso *de* falsas **acusaciones.** | ▫ *Er widerstand den falschen Anschuldigungen.*
- ¿Dudas que salga *en* **defensa** de Julio? | ▫ *Stellst du in Frage, dass er Julio verteidigt?*

Das Verb **salir** + **Adjektive und Partizipien** (Genus- und Numeruskongruenz mit dem Subjekt)

- A los chicos *les*$_{exp}$ salió **cara** la broma. | ▫ *Den Scherz haben die Jungen teuer bezahlt.*
- Este coche *nos*$_{exp}$ salió muy **bueno.** | ▫ *Wir waren mit diesem Wagen sehr zufrieden.*
- Saldré **reforzado** de este trance. | ▫ *Aus der kritischen Lage werde ich gestärkt kommen.*
- Los defraudadores salieron **impunes.** | ▫ *Die Steuerhinterzieher kamen straflos davon.*
- Dudamos que Eva salga bien **parada.** | ▫ *Wir bezweifeln, dass Eva glimpflich davonkommt.*

Das Verb **salir** + Präposition **a**

- El nuevo modelo sale **a** la venta mañana. | ▫ *Das neue Modell ist ab morgen auf dem Markt.*
- La nueva SA[75] sale **a** bolsa. | ▫ *Die neue AG notiert an der Börse.*
- Esta obra saldrá **a** concurso en breve. | ▫ *Diese Arbeit wird bald ausgeschrieben.*
- Este cuadro no saldrá **a** subasta. | ▫ *Dieses Bild wird nicht auktioniert.*
- Ayer salió **a** la luz un nuevo caso de corrupción del rey emérito. | ▫ *Gestern wurde ein neuer Korruptionsskandal des emeritierten Königs bekannt.*
- Los músicos salen **a** escena ahora. | ▫ *Die Musiker gehen nun auf die Bühne.*
- Espero que no salga **al** abuelo. | ▫ *Ich hoffe, dass er nicht nach dem Opa schlägt.*

Das Verb **salir** + optionale indirekte Objekte (Experiencer$_{exp}$)

- A Julio le$_{exp}$ ha salido novio. | ▫ *Julio hat einen Partner bekommen.*
- ¿No os$_{exp}$ ha salido trabajo todavía? | ▫ *Habt ihr noch keinen Job bekommen?*
- A los adolescentes les$_{exp}$ salen espinillas. | ▫ *Pubertierende bekommen Pickel.*
- A Rosa le$_{exp}$ ha salido un bulto en el pecho. | ▫ *Rosa hat einen Wulst auf der Brust bekommen.*
- ¿Dudas que os$_{exp}$ salgan las cuentas? | ▫ *Bezweifelst du, dass die Rechnung aufgeht?*
- Me$_{exp}$ salió un coche de la bocacalle. | ▫ *Unerwartet fuhr ein Auto aus der Querstraße heraus.*
- Al muro le$_{exp}$ ha salido una grieta. | ▫ *Die Wand hat einen Riss bekommen.*
- Esta jugada nos$_{exp}$ saldrá bien. | ▫ *Dieser Spielzug wird uns gelingen.*
- Me$_{exp}$ sale el piso por 1.200 € mensuales. | ▫ *Die Wohnung kostet mich 1.200 € im Monat.*
- Este contrato de móvil le$_{exp}$ sale barato *a Juan.* | ▫ *Dieser Mobiltelefonvertrag ist für Juan günstig.*

Das Verb **salir** mit metaphorischer Bedeutung

- El juez Marlaska salió del armario. | ▫ *Der Richter Marlaska outete sich.*
- Su nuevo empleado le salió rana. | ▫ *Der neue Mitarbeiter erwies sich als Niete.*

[75] SA (Sociedad Anónima): AG (Aktiengesellschaft)

Das Verb **convertir** bedeutet ***verwandeln*** und kann pronominal als ***convertirse*** verwendet werden.

Formas simples de indicativo [① e > ie in betonter Silbe, ② e > i]			
Presente	**Imperfecto**	**Indefinido**	**Futuro**
convierto conviertes convierte convertimos convertís convierten	convertía convertías convertía convertíamos convertíais convertían	convertí convertiste convirtió convertimos convertisteis convirtieron	convertiré convertirás convertirá convertiremos convertiréis convertirán
Formas simples de subjuntivo ①, ②		**Imperativo** ①, ②	**Condicional**
Presente	**Pasado**	**Imperativo**	**Simple**
convierta conviertas convierta convirtamos convirtáis conviertan	convirtiese o convirtiera convirtieses o convirtieras convirtiese o convirtiera convirtiésemos o convirtiéramos convirtieseis o convirtierais convirtiesen o convirtieran	 (tú) convierte (ud.) convierta (nos.) convirtamos (vos.) convertid (uds.) conviertan	convertiría convertirías convertiría convertiríamos convertiríais convertirían
Formas compuestas de indicativo	**y**		**subjuntivo**
Perfecto	**Presente** (PROG) ②	**Pasado** (PROG) ②	**Pluscuamperfecto**
he convertido has convertido ha convertido hemos convertido habéis convertido han convertido	estoy convirtiendo estás convirtiendo está convirtiendo estamos convirtiendo estáis convirtiendo están convirtiendo	estuviera convirtiendo estuvieras convirtiendo estuviera convirtiendo estuviéramos convirtiendo estuvierais convirtiendo estuvieran convirtiendo	hubiese convertido hubieses convertido hubiese convertido hubiésemos convertido hubieseis convertido hubiesen convertido

Das Verb **convertir** + **en** + **Nomina**

- Convierte **en oro** todo lo que toca. | ▫ *Alles, was er berührt, verwandelt er in Gold.*
- Jesús convirtió el agua **en vino** en Caná. | ▫ *Jesus verwandelte Wasser in Wein in Kana.*

Das Verb **convertir** als Pronominalverb **convertirse**

- Manuel Fraga[76] se convirtió en demócrata en un pispás. | ▫ *Im Nu wurde Manuel Fraga zum Demokraten.*
- Henry IV[77] se convirtió al protestantismo. | ▫ *Henry IV. konvertierte zum Protestantismus.*
- Este pastor de ovejas se convirtió al veganismo. | ▫ *Dieser Schäfer wurde auf einmal zum Veganer.*

Nützliche Redewendungen mit **convertirse**

- No desprecies al cachorro débil. Podría convertirse en un tigre feroz. | ▫ *Verachte die schwachen Welpen nicht. Sie könnten sich in wilde Tiger verwandeln.*

Folgende Verben werden ähnlich konjugiert

- ▶ **arrepentirse** ▪ No se arrepintió de su decisión. | ▫ *Er bereute seine Entscheidung nicht.*
- ▶ **asentir** ▪ Asentimos con la cabeza al entrar. | ▫ *Wir nickten zustimmend beim Eintreten.*
- ▶ **desmentir** ▪ El ministro desmintió el bulo. | ▫ *Der Minister widersprach der Zeitungsente.*
- ▶ **interferir** ▪ Este suceso interfirió en las relaciones bilaterales. | ▫ *Der Zwischenfall störte die bilateralen Beziehungen.*
- ▶ **mentir** ▪ El presidente Suárez mintió a la ciudadanía. | ▫ *Präsident Suárez belog die Bürger.*
- ▶ **resentirse** ▪ En invierno se me resiente la piel. | ▫ *Im Winter leidet meine Haut sehr.*
- ▶ **transferir** ▪ Transfirieron el dinero ayer. | ▫ *Gestern überwiesen sie das Geld.*

[76] Manuel Fraga (1922–2012) war Minister des Diktators Franco (1892–1975).
[77] Henry IV. von Navarra (1553–1610) war König von Frankreich. Er erließ 1598 das Edikt von Nantes, welches Bekenntnisfreiheit erlaubte. Mit dem Edikt wurde dem Religionskrieg ein Ende gesetzt.

Das Verb **desmentir** ist ein transitives Verb, welches ***leugnen, dementieren*** bedeutet.

Formas simples de indicativo [① e > ie in betonter Silbe, ② e > i]			
Presente	**Imperfecto**	**Indefinido**	**Futuro**
desmiento desmientes desmiente desmentimos desmentís desmienten	desmentía desmentías desmentía desmentíamos desmentíais desmentían	desmentí desmentiste desmintió desmentimos desmentisteis desmintieron	desmentiré desmentirás desmentirá desmentiremos desmentiréis desmentirán
Formas simples de subjuntivo ①, ②		**Imperativo** ①, ②	**Condicional**
Presente	**Pasado**	**Imperativo**	**Simple**
desmienta desmientas desmienta desmintamos desmintáis desmientan	desmintiese o desmintiera desmintieses o desmintieras desmintiese o desmintiera desmintiésemos o desmintiéramos desmintieseis o desmintierais desmintiesen o desmintieran	 (tú) desmiente (ud.) desmienta (nos.) desmintamos (vos.) desmentid (uds.) desmientan	desmentiría desmentirías desmentiría desmentiríamos desmentiríais desmentirían
Formas compuestas de indicativo	**y**	**subjuntivo**	
Perfecto	**Presente** (PROG) ②	**Pasado** (PROG) ②	**Pluscuamperfecto**
he desmentido has desmentido ha desmentido hemos desmentido habéis desmentido han desmentido	estoy desmintiendo estás desmintiendo está desmintiendo estamos desmintiendo estáis desmintiendo están desmintiendo	estuviera desmintiendo estuvieras desmintiendo estuviera desmintiendo estuviéramos desmintiendo estuvierais desmintiendo estuvieran desmintiendo	hubiese desmentido hubieses desmentido hubiese desmentido hubiésemos desmentido hubieseis desmentido hubiesen desmentido

Das Verb desmentir + direkte Objekte

- Juan desmintió **el bulo** de "El Mundo". | ▫ *Juan stellte die Zeitungsente von „El Mundo" in Abrede.*
- El ministro desmintió **la información** de prensa. | ▫ *Der Minister dementiert die Pressenachricht.*
- No pudo ni confirmar ni desmentir **el robo**. | ▫ *Er konnte den Raub weder bestätigen noch widerlegen.*
- Desmiento punto por punto **las noticias**. | ▫ *Ich weise die Meldungen in aller Ausführlichkeit zurück.*
- Aunque **las** desmienta, el mal ya está hecho. | ▫ *Auch wenn er sie in Abrede stellt, der Schaden ist da.*

Das Verb desmentir + Nebensätze eingeleitet von que

- El ministro desmintió **que** iba a dimitir. | ▫ *Der Minister dementierte, dass er zurücktreten würde.*

Folgende Verben werden ähnlich konjugiert

- ▶ **advertir** ▪ Se advirtió sobre la peligrosidad del coronavirus. | ▫ *Man mahnte bezüglich des Coronavirus.*
- ▶ **arrepentirse** ▪ Morcillo[78] se arrepintió del asesinato de Brouard. | ▫ *Morcillo bereute Brouards Mord.*
- ▶ **herir** ▪ La policía hirió al atracador en su huida. | ▫ *Die Polizei verletzte den Räuber bei der Flucht.*
- ▶ **malherir** ▪ Llegó al hospital malherido. | ▫ *Er erreichte das Krankenhaus schwer verwundet.*
- ▶ **mentir*** ▪ Quien mienta en juicio en calidad de testigo comete un delito. | ▫ *Wer bei der Zeugenaussage vor Gericht lügt, begeht eine Straftat / macht sich strafbar.*
- ▶ **reconvertir** ▪ En los 80 del siglo XX reconvirtieron el tejido industrial de Euskadi. | ▫ *In den 80er Jahren des 20. Jahrhunderts wurde das industrielle Netzwerk des Baskenlands umgestellt.*
- ▶ **transferir** ▪ Eva transfirió 100.000 euros a los EEUU. | ▫ *Eva überwies 100.000 Euro in die USA.*

***Hinweis!** „**mentir**" und „**mentar**" (4f) werden teilweise identisch gebeugt.

[78] Luis Morcillo († 2016) ermordete den Parlamentarier Santiago Brouard (1919–1984) im Auftrag des spanischen Innenministeriums.

Das Verb **divertir** bedeutet ***vergnügen*** und kann pronominal als ***divertirse*** verwendet werden.

Formas simples de indicativo [① e > ie in betonter Silbe, ② e > i]			
Presente	**Impertfecto**	**Indefinido**	**Futuro**
divierto diviertes divierte divertimos divertís divierten	divertía divertías divertía divertíamos divertíais divertían	divertí divertiste divirtió divertimos divertisteis divirtieron	divertiré divertirás divertirá divertiremos divertiréis divertirán
Formas simples de subjuntivo ①, ②		**Imperativo** ①, ②	**Condicional**
Presente	**Pasado**	**Impertativos**	**Simple**
divierta diviertas divierta divirtamos divirtáis diviertan	divirtiese o divirtiera divirtieses o divirtieras divirtiese o divirtiera divirtiésemos o divirtiéramos divirtieseis o divirtierais divirtiesen o divirtieran	 (tú) divierte (ud.) divierta (nos.) divirtamos (vos.) divertid (uds.) diviertan	divertiría divertirías divertiría divertiríamos divertiríais divertirían
Formas compuestas de indicativo	**y**		**subjuntivo**
Pertfecto	**Presente** (PROG) ②	**Pasado** (PROG) ②	**Pluscuampertfecto**
he divertido has divertido ha divertido hemos divertido habéis divertido han divertido	estoy divirtiendo estás divirtiendo está divirtiendo estamos divirtiendo estáis divirtiendo están divirtiendo	estuviera divirtiendo estuvieras divirtiendo estuviera divirtiendo estuviéramos divirtiendo estuvierais divirtiendo estuvieran divirtiendo	hubiese divertido hubieses divertido hubiese divertido hubiésemos divertido hubieseis divertido hubiesen divertido

Das Verb **divertir** + **direkte Objekte**

- El bufón divirtió **al rey de España**. | ▫ *Der Narr vergnügte den spanischen König.*
- El payaso divierte **a los niños**. | ▫ *Der Clown unterhält die Kinder.*

Das Verb **divertir** als **divertirse** + Nebensätze (im *Konjunktiv*) eingeleitet von **que**, Experiencer$_{exp}$

- No me$_{exp}$ divierte **que** *tires* petardos. | ▫ *Mir macht es keinen Spaß, dass du Böller schmeißt.*
- Le$_{exp}$ divierte **que** los abuelos *bailen*. | ▫ *Ihr macht es Spaß, wenn Ältere tanzen.*

Das Verb **divertir** als **divertirse** + Experiencer$_{exp}$ + *Infinitiv*sätze

- Me$_{exp}$ divierte *aprender idiomas*. | ▫ *Ich habe Spaß daran, Sprachen zu lernen.*

Das Verb **divertir** als Pronominalverb **divertirse** (Experiencer$_{exp}$) + **Gerundium**

- Me$_{exp}$ divierto **pintando** con acuarelas. | ▫ *Ich habe Spaß, mit Wasserfarben zu malen.*
- Nos$_{exp}$ divertimos **tocando** la flauta. | ▫ *Uns macht es Spaß, Flöte zu spielen.*

Folgende Verben werden ähnlich konjugiert

- ▶ **digerir** ▪ No digiero bien los pimientos. | ▫ *Paprika bekommt mir nicht gut.*
- ▶ **herir** ▪ Se hirió el brazo. | ▫ *Er verletzte sich am Arm.*
- ▶ **hervir** ▪ Su pareja hirvió la verdura. | ▫ *Ihr Partner kochte (wörtl.: sott) das Gemüse.*
- ▶ **ingerir** ▪ El niño ingirió una sustancia tóxica. | ▫ *Das Kind schluckte eine toxische Substanz.*
- ▶ **malherir** ▪ Volvió malherido de la guerra. | ▫ *Er kehrte verletzt aus dem Krieg zurück.*
- ▶ **pervertir** ▪ Esta ley pervierte el derecho a asilo. | ▫ *Dieses Gesetz widerspricht dem Asylrecht.*
- ▶ **invertir** ▪ Los europeos invierten en investigación. | ▫ *Die Europäer investierten in Forschung.*

Das Verb **preferir** bedeutet *vorziehen,* selektiert i. d. R. belebte Subjekte und ist transitiv.

Formas simples de indicativo [① e > ie in betonter Silbe, ② e > i]			
Presente	**Imperfecto**	**Indefinido**	**Futuro**
prefiero prefieres prefiere preferimos preferís prefieren	prefería preferías prefería preferíamos preferíais preferían	preferí preferiste prefirió preferimos preferisteis prefirieron	preferiré preferirás preferirá preferiremos preferiréis preferirán
Formas simples de subjuntivo ①, ②		**Imperativo** ①, ②	**Condicional**
Presente	**Pasado**	**Imperativo**	**Simple**
prefiera prefieras prefiera prefiramos prefiráis prefieran	prefiriese o prefiriera prefirieses o prefirieras prefiriese o prefiriera prefiriésemos o prefiriéramos prefirieseis o prefirierais prefiriesen o prefirieran	 (tú) prefiere (ud.) prefiera (nos.) prefiramos (vos.) preferid (uds.) prefieran	preferiría preferirías preferiría preferiríamos preferiríais preferirían
Formas compuestas de indicativo	**y**		**subjuntivo**
Perfecto	**Presente** (PROG) ②	**Pasado** (PROG) ②	**Pluscuamperfecto**
he preferido has preferido ha preferido hemos preferido habéis preferido han preferido	estoy prefiriendo estás prefiriendo está prefiriendo estamos prefiriendo estáis prefiriendo están prefiriendo	estuviera prefiriendo estuvieras prefiriendo estuviera prefiriendo estuviéramos prefiriendo estuvierais prefiriendo estuvieran prefiriendo	hubiese preferido hubieses preferido hubiese preferido hubiésemos preferido hubieseis preferido hubiesen preferido

Das Verb **preferir** + **direkte Objekte**

- Yo prefiero **el campo a la playa**. | ▫ *Ich ziehe das Land dem Strand vor.*
- Los ingleses prefieren **té a café**. | ▫ *Engländer trinken lieber Tee als Kaffee.*

Das Verb **preferir** + *Infinitivsätze*

- Los abuelos prefieren *tomar sopa*. | ▫ *Die Großeltern ziehen es vor, Suppe zu essen.*
- Los ingleses prefieren *tomar el sol*. | ▫ *Die Engländer ziehen es vor, ein Sonnenbad zu nehmen.*

Das Verb **preferir** + Nebensätze (im *Konjunktiv*) eingeleitet von **que**

- Papá prefiere **que** *renuncies* a tu parte. | ▫ *Papa zieht es vor, dass du auf deinen Teil verzichtest.*
- El jefe prefiere **que** se *trabaje* el puente. | ▫ *Der Chef zieht es vor, dass am Brückentag gearbeitet wird.*

Folgende Verben werden ähnlich konjugiert

- ▶ **adherir** ▪ Suiza no se adhirió a la OTAN[79]. | ▫ *Die Schweiz trat der NATO nicht bei.*
- ▶ **conferir** ▪ Esta forma le confiere aire barroco. | ▫ *Diese Form verleiht ihm einen Barockhauch.*
- ▶ **consentir** ▪ La chica consintió la relación sexual y se quedó a dormir. | ▫ *Die junge Frau stimmte dem Sex zu und blieb über Nacht.*
- ▶ **disentir** ▪ Permítame que disienta. | ▫ *Erlauben Sie mir, dass ich Ihnen widerspreche.*
- ▶ **proferir** ▪ El preso profirió insultos contra la policía. | ▫ *Der Gefangene beleidigte die Polizei.*
- ▶ **reconvertir** ▪ Reconvirtieron la fábrica de Zeise en cine. | ▫ *Sie bauten die Zeisefabrik in Hamburg in ein Kino um.*

[79] OTAN (Organización del Tratado del Atlántico Norte): NATO (Organisation des Nordatlantikvertrags)

Das Verb **sugerir** bedeutet ***vorschlagen***, selektiert i. d. R. belebte Subjekte und ist transitiv.

Formas simples de indicativo [① e > ie in betonter Silbe, ② e > i]			
Presente	**Imperfecto**	**Indefinido**	**Futuro**
sugiero sugieres sugiere sugerimos sugerís sugieren	sugería sugerías sugería sugeríamos sugeríais sugerían	sugerí sugeriste sugirió sugerimos sugeristeis sugirieron	sugeriré sugerirás sugerirá sugeriremos sugeriréis sugerirán
Formas simples de subjuntivo ①, ②		**Imperativo** ①, ②	**Condicional**
Presente	**Pasado**	**Imperativo**	**Simple**
sugiera sugieras sugiera sugiramos sugiráis sugieran	sugiriese o sugiriera sugirieses o sugirieras sugiriese o sugiriera sugiriésemos o sugiriéramos sugirieseis o sugirierais sugiriesen o sugirieran	 (tú) sugiere (ud.) sugiera (nos.) sugiramos (vos.) sugerid (uds.) sugieran	sugeriría sugerirías sugeriría sugeriríamos sugeriríais sugerirían
Formas compuestas de indicativo	**y**	**subjuntivo**	
Perfecto	**Presente** (PROG) ②	**Pasado** (PROG) ②	**Pluscuamperfecto**
he sugerido has sugerido ha sugerido hemos sugerido habéis sugerido han sugerido	estoy sugiriendo estás sugiriendo está sugiriendo estamos sugiriendo estáis sugiriendo están sugiriendo	estuviera sugiriendo estuvieras sugiriendo estuviera sugiriendo estuviéramos sugiriendo estuvierais sugiriendo estuvieran sugiriendo	hubiese sugerido hubieses sugerido hubiese sugerido hubiésemos sugerido hubieseis sugerido hubiesen sugerido

Das Verb **sugerir** + **direkte Objekte**

- Esa nube me sugiere **un oso.** | ▫ *Jene Wolke suggeriert mir einen* Bären.
- El médico le ha sugerido **reposo absoluto.** | ▫ *Der Arzt hat ihm totale Ruhe nahegelegt.*

Das Verb **sugerir** + *Infinitivsätze*

- ¿Sugiere Eva *ir al campo con esta lluvia?* | ▫ *Schlägt Eva einen Landausflug bei diesem Regen vor?*
- Le sugirieron *dimitir.* | ▫ *Ihm wurde vorgeschlagen, zurückzutreten.*

Das Verb **sugerir** + Nebensätze (im *Konjunktiv*) eingeleitet von **que**

- Me sugieren **que** *vaya* al médico. | ▫ *Sie schlagen mir vor, zum Arzt zu gehen.*
- Él me está sugiriendo **que** *estudie* una carrera. | ▫ *Er schlägt mir vor zu studieren.*

Folgende Verben werden ähnlich konjugiert

- ▶ **advertir** ▪ Se advirtió sobre la peligrosidad del coronavirus. | ▫ *Man mahnte bezüglich des Coronavirus.*
- ▶ **diferir** ▪ Estos datos difieren de los tuyos. | ▫ *Diese Daten weichen von den deinigen ab.*
- ▶ **inferir** ▪ Se infiere de su fortuna que era un "negrero". | ▫ *Sein Vermögen lässt den Schluss zu, dass er ein „Sklavenhalter" war.*
- ▶ **presentir** ▪ Presiento que lloverá mañana. | ▫ *Ich spüre, dass es morgen regnen wird.*
- ▶ **referir** ▪ Este dato se refiere a la economía sumergida. | ▫ *Die Zahl bezieht sich auf die Schattenwirtschaft.*
- ▶ **requerir** ▪ Este mal requiere tratamiento inmediato. | ▫ *Dieses Leid bedarf sofortiger Behandlung.*
- ▶ **sentir** ▪ No sintieron nada antes de desmayarse. | ▫ *Sie spürten nichts, bevor sie ohnmächtig wurden.*

Das Verb **sonreír** bedeutet *lächeln* und ist ein intransitives Verb.

Formas simples de indicativo			
Presente	**Imperfecto**	**Indefinido**	**Futuro**
sonrío sonríes sonríe sonreímos sonreís sonríen	sonreía sonreías sonreía sonreíamos sonreíais sonreían	sonreí sonreíste sonrió sonreímos sonreísteis sonrieron	sonreiré sonreirás sonreirá sonreiremos sonreiréis sonreirán
Formas simples de subjuntivo		**Imperativo**	**Condicional**
Presente	**Pasado**	**Imperativo**	**Simple**
sonría sonrías sonría sonriamos sonriáis sonrían	sonriese o sonriera sonrieses o sonrieras sonriese o sonriera sonriésemos o sonriéramos sonrieseis o sonrierais sonriesen o sonrieran	 (tú) sonríe (ud.) sonría (nos.) sonriamos (vos.) sonreíd (uds.) sonrían	sonreiría sonreirías sonreiría sonreiríamos sonreiríais sonreirían
Formas compuestas de indicativo	**y**		**subjuntivo**
Perfecto	**Presente** (PROG)	**Pasado** (PROG)	**Pluscuamperfecto**
he sonreído has sonreído ha sonreído hemos sonreído habéis sonreído han sonreído	estoy sonriendo estás sonriendo está sonriendo estamos sonriendo estáis sonriendo están sonriendo	estuviese sonriendo estuvieses sonriendo estuviese sonriendo estuviésemos sonriendo estuvieseis sonriendo estuviesen sonriendo	hubiese sonreído hubieses sonreído hubiese sonreído hubiésemos sonreído hubieseis sonreído hubiesen sonreído

Das Verb sonreír

- El bebé sonríe cada vez que ve a su padre. | ▫ *Das Baby lächelt jedes Mal, wenn es seinen Vater sieht.*
- El lehendakari[80] Urkullu[81] no sonríe nunca. | ▫ *Der baskische Präsident Urkullu lächelt nie.*
- Aunque no sonriese, agradeció la ayuda. | ▫ *Auch wenn er nicht lächelte, dankte er für die Hilfe.*

Das Verb sonreír mit **Modalangaben**

- A veces sonreímos **de oreja a oreja.** | ▫ *Manchmal grinsen wir wie ein Honigkuchenpferd.*
- Ese chófer de autobús sonríe **socarronamente.** | ▫ *Dieser Busfahrer lächelt grinsend.*

Nützliche Redewendungen mit sonreír

- Sonreír es la mejor forma de enseñarle los dientes al enemigo. | ▫ *Lächeln ist die beste Art, dem Feind die Zähne zu zeigen.*

Folgende Verben werden ähnlich konjugiert

► **engreír** ▪ Decían que el exjuez Garzón[82] era engreído. | ▫ *Man sagte, dass Garzón eingebildet war.*
► **freír** ▪ La abuela corta y fríe las patatas. | ▫ *Oma schneidet und brät die Kartoffeln.*
► **refreír** ▪ Este plato es un refrito. | ▫ *Dieses Gericht ist eine Verwertung der Reste.*
► **reír** ▪ El cómico Gila me hace reír. | ▫ *Der Komiker Gila bringt mich zum Lachen.*
► **sofreír** ▪ Para hacer un estofado, hay que sofreír la carne. | ▫ *Man muss das Fleisch anbraten, um einen Braten zu machen.*

[80] „Lehendakari" kommt aus dem Baskischen und bedeutet „Präsident". In der spanischsprachigen Presse wird diese Bezeichnung bevorzugt verwendet.
[81] Íñigo Urkullu (1961) ist seit 2012 der baskische Präsident.
[82] Baltasar Garzón (1955) war von 1981 bis 2012 Richter am Sondergericht Audiencia Nacional (AN) in Madrid (Spanien). Er erlangte Weltberühmtheit, weil er die Festnahme des chilenischen Ex-Diktators Pinochet anordnete.

Das Verb **atañer** ist intransitiv, bedeutet ***jemanden etwas angehen*** und hat laut RAE nur die Konjugation in der 3. Person. Proforma sind die anderen Personen ausgeschrieben worden. Das Verb **atañer** wird identisch konjugiert. Im Gerundium fehlt das -i-. Daher ist **atañer** unregelmäßig.

Formas simples de indicativo			
Presente	**Imperfecto**	**Indefinido**	**Futuro**
ataño atañes atañe atañemos atañéis atañen	atañía atañías atañía atañíamos atañíais atañían	atañí atañiste atañó atañimos atañisteis atañeron	atañeré atañerás atañerá atañeremos atañeréis atañerán
Formas simples de subjuntivo		**Imperativo**	**Condicional**
Presente	**Pasado**	**Imperativo**	**Simple**
ataña atañas ataña atañamos atañáis atañan	atañese o atañera atañeses o atañeras atañese o atañera atañésemos o atañéramos atañeseis o atañerais atañesen o atañeran	*nicht gebräuchlich* (tú) atañe (ud.) ataña (nos.) atañamos (vos.) atañed (uds.) atañan	atañería atañerías atañería atañeríamos atañeríais atañerían
Formas compuestas de indicativo	**y**		**subjuntivo**
Perfecto	**Presente** (PROG)	**Pasado** (PROG)	**Pluscuamperfecto**
he atañido has atañido ha atañido hemos atañido habéis atañido han atañido	estoy atañendo estás atañendo está atañendo estamos atañendo estáis atañendo están atañendo	estuviese atañendo estuvieses atañendo estuviese atañendo estuviésemos atañendo estuvieseis atañendo estuviesen atañendo	hubiese atañido hubieses atañido hubiese atañido hubiésemos atañido hubieseis atañido hubiesen atañido

Das Verb **atañer** mit obligatorischem **indirektem Objekt**

- Mi vida privada no **le** atañe a usted. | ▫ *Mein Privatleben geht Sie nichts an.*
- Voy a responder a su pregunta porque ese asunto **me** atañe de forma directa. | ▫ *Ich werde Ihre Frage beantworten, da diese Angelegenheit mich direkt betrifft.*
- Aunque la pobreza energética no **le** ataña personalmente, un parlamentario debe reflexionar sobre ella. | ▫ *Auch wenn die Energiearmut Sie persönlich nicht betrifft, ein Parlamentarier muss sich Gedanken darüber machen.*

Das Verb **atañer** + feststehende Ausdrücke

- En cuanto a lo que atañe esta proposición de ley, votaremos en contra. | ▫ *Was diesen Gesetzesentwurf betrifft, werden wir dagegenstimmen.*

Nützliche Kollokationen mit dem Verb **atañer**

- Ni me atañe ni me importa el patrimonio de mi vecino. | ▫ *Das Vermögen meines Nachbarns geht mich nichts an und es ist mir auch egal.*

Folgende Verben werden ähnlich konjugiert

► **tañer** El campanero tañía las campanas en las bodas. | ▫ *Der Glöckner läutete die Glocken an Hochzeiten.*

Das Verb **tener** ist ein transitives Vollverb, welches auch quasi als Auxiliar mit **que** + Infinitiv gebraucht werden kann, wobei es dann eine modale Bedeutung innehat.

Formas simples de indicativo			
Presente	**Imperfecto**	**Indefinido**	**Futuro**
tengo tienes tiene tenemos tenéis tienen	tenía tenías tenía teníamos teníais tenían	tuve tuviste tuvo tuvimos tuvisteis tuvieron	tendré tendrás tendrá tendremos tendréis tendrán
Formas simples de subjuntivo		**Imperativo**	**Condicional**
Presente	**Pasado**	**Imperativo**	**Simple**
tenga tengas tenga tengamos tengáis tengan	tuviese o tuviera tuvieses o tuvieras tuviese o tuviera tuviésemos o tuviéramos tuvieseis o tuvierais tuviesen o tuvieran	 (tú) ten (ud.) tenga (nos.) tengamos (vos.) tened (uds.) tengan	tendría tendrías tendría tendríamos tendríais tendrían
Formas compuestas de indicativo	**y**	**subjuntivo**	
Perfecto	**Presente** (PROG)	**Pasado** (PROG)	**Pluscuamperfecto**
he tenido has tenido ha tenido hemos tenido habéis tenido han tenido	estoy teniendo estás teniendo está teniendo estamos teniendo estáis teniendo están teniendo	estuviese teniendo estuvieses teniendo estuviese teniendo estuviésemos teniendo estuvieseis teniendo estuviesen teniendo	hubiese tenido hubieses tenido hubiese tenido hubiésemos tenido hubieseis tenido hubiesen tenido

Das Verb **tener** + **que** + *Infinitivsätze* mit der Bedeutung ***müssen***

- Tenemos **que** *salir a hacer la compra.* | ▫ *Wir müssen rausgehen, um den Einkauf zu machen.*

Das Verb **tener** + **que** + *Infinitivsätze* oder **tenérselo** + **que** mit der Bedeutung ***müssen***

- Tengo **que** *leer este documento.* | ▫ *Ich muss dieses Dokument lesen.*
- Tengo **que** *leer*lo. | ▫ *Ich muss es lesen.*
- **Lo** tengo que *leer.* | ▫ *Ich muss es lesen.*

- Me tengo **que** *leer este documento.* | ▫ *Ich muss mir dieses Dokument durchlesen.*
- Tengo **que** *leerme ese documento.* | ▫ *Ich muss mir das Dokument durchlesen.*
- Me **lo** tengo **que** *leer.* / Tengo que *leérmelo.* | ▫ *Ich muss es mir durchlesen.*

Nützliche Redewendungen mit **tener**

- ¡Tenga las llaves! | ▫ *Hier sind Ihre Schlüssel!*

Folgende Verben werden ähnlich konjugiert

▶ **abstener** ▪ El diputado se abstuvo en la votación. | ▫ *Der Abgeordnete enthielt sich der Stimme.*
▶ **atener** ▪ ¡Aténgase a las consecuencias! | ▫ *Machen Sie sich auf die Konsequenzen gefasst!*
▶ **contener** ▪ Esta agua mineral contiene sodio. | ▫ *Dieses Mineralwasser enthält Natrium.*
▶ **detener** ▪ Hoy detuvieron al estafador. | ▫ *Heute wurde der Betrüger festgenommen.*

Das Verb tener + **Nomina** mit und ohne Determinierer

- El piso tiene **dormitorio** y patio interior. | ▫ *Die Wohnung hat ein Schlafzimmer und einen Innenhof.*
- No tenemos **contrato** y trabajamos en negro. | ▫ *Wir haben keinen Vertrag und arbeiten schwarz.*
- Tuve **fiebre** ayer, pero ha bajado. | ▫ *Ich hatte gestern Fieber, aber es ist gesunken.*
- Tuvieron **hipo** durante tres horas. | ▫ *Drei Stunden lang hatten sie Schluckauf.*
- ¡Tienes más **paciencia** que el Santo Job! | ▫ *Du hast eine Engelsgeduld.*
- Tienen **mellizos** de tres años. | ▫ *Sie haben drei Jahre alte Zwillinge.*
- Tenía **miopía** cuando lo conocí. | ▫ *Er war kurzsichtig, als ich ihn kennenlernte.*
- Tengo **experiencia** en estadística. | ▫ *Ich habe Erfahrung in Statistik.*
- Hoy madrugué y ahora tengo **sueño.** | ▫ *Ich stand heute früh auf und nun bin ich schläfrig.*
- Ayer salió y hoy tiene **resaca.** | ▫ *Er ging gestern aus und heute ist er verkatert.*
- Estos datos no tienen **sentido.** | ▫ *Diese Zahlen machen keinen Sinn.*
- Los médicos tienen **consulta** a las ocho. | ▫ *Die Ärzte haben um acht Sprechstunde.*
- Este documento no tiene **validez.** | ▫ *Dieses Dokument ist ungültig.*
- Julio tenía **vocación** de médico. | ▫ *Julio war zum Arzt berufen.*
- Con 30 años ya tiene **canas.** | ▫ *Mit 30 hat er schon graue Haare.*
- Su padre tiene **cosquillas.** | ▫ *Sein Vater ist kitzelig.*
- Ana tiene **acidez.** | ▫ *Ana hat einen übersäuerten Magen.*
- No tenemos **prisa.** | ▫ *Wir sind nicht in Eile.*

- ¡No tiene usted la **palabra**! | ▫ *Sie haben nicht das Wort!*

Das Verb tener + **Nomina** + *Adjektiv-Partizip* (vorangestellt oder nachgestellt)

- Tengo *buen* **ojo** para la fotografía. | ▫ *Ich habe ein gutes Auge für die Fotografie.*
- El policía siempre tuvo *buen* **olfato.** | ▫ *Der Polizist hatte immer eine gute Nase.*
- Ese señor tiene muy *mala* **uva**/ **baba**/*malas* **pulgas.** | ▫ *Das ist ein hundsgemeiner Kerl.*
- Este piso tiene *buena* **pinta.** | ▫ *Diese Wohnung sieht gut aus.*
- Tiene *buena* **mano** para la huerta. | ▫ *Er hat ein gutes Händchen für den Gemüsegarten.*
- Julio ha tenido muy *mala* **suerte** en la vida. | ▫ *Julio hat viel Pech im Leben gehabt.*

- Hay que tener mucha **mano** *izquierda.* | ▫ *Man muss sehr diplomatisch sein.*
- Tengo la **tensión** *alta.* | ▫ *Ich habe hohen Blutdruck.*
- El taxista tiene el **coche** *averiado.* | ▫ *Das Auto des Taxifahrers ist kaputt.*
- El fontanero tiene el **grifo** *abierto.* | ▫ *Der Klempner hat den Wasserhahn auf.*
- El perro tiene la **lengua** fuera. | ▫ *Der Hund streckt die Zunge raus.*

Das Verb tener + **Nomina** + *Präpositionen* + Infinitivsätze oder Nebensätze eingeleitet von **que**

- Tengo el **placer** *de* comunicarle **que** … | ▫ *Es ist mir ein Vergnügen, Ihnen mitzuteilen, dass …*
- Si tienen **ganas** *de* dormir, aquí su dormitorio. | ▫ *Wenn Sie schlafen möchten, hier Ihr Zimmer.*
- Ese hombre tiene **pinta** *de* ser peruano. | ▫ *Dieser Mann scheint Peruaner zu sein.*
- No tendrán **necesidad** *de* trabajar. | ▫ *Sie werden nicht arbeiten müssen.*
- Nunca tuvo **intención** *de* salir de aquí. | ▫ *Er hatte nie beabsichtigt, von hier wegzuziehen.*
- Ten **cuidado** *de* cerrar el gas. | ▫ *Erinnere dich, das Gas auszumachen.*

- Usted no tiene **derecho** *a* cobrar pensión. | ▫ *Sie haben keinen Rentenanspruch.*
- Ana tiene **edad** *para* empezar con el ballet. | ▫ *Ana ist alt genug, um mit Ballett zu beginnen.*

- Tuve la **impresión** *de* **que** José estaba triste. | ▫ *Ich hatte den Eindruck, dass José traurig war.*

Das Verb **mantener** bedeutet ***bewahren*** oder ***halten*** und ist ein transitives Verb. Nomina und Nebensätze können als Objekt verwendet werden.

Formas simples de indicativo			
Presente	**Imperfecto**	**Indefinido**	**Futuro**
mantengo mantienes mantiene mantenemos mantenéis mantienen	mantenía mantenías mantenía manteníamos manteníais mantenían	mantuve mantuviste mantuvo mantuvimos mantuvisteis mantuvieron	mantendré mantendrás mantendrá mantendremos mantendréis mantendrán
Formas simples de subjuntivo		**Imperativo**	**Condicional**
Presente	**Pasado**	**Imperativo**	**Simple**
mantenga mantengas mantenga mantengamos mantengáis mantengan	mantuviese o mantuviera mantuvieses o mantuvieras mantuviese o mantuviera mantuviésemos o mantuviéramos mantuvieseis o mantuvierais mantuviesen o mantuvieran	 (tú) mantén (ud.) mantenga (nos.) mantengamos (vos.) mantened (uds.) mantengan	mantendría mantendrías mantendría mantendríamos mantendríais mantendrían
Formas compuestas de indicativo	y	**subjuntivo**	
Perfecto	**Presente** (PROG)	**Pasado** (PROG)	**Pluscuamperfecto**
he mantenido has mantenido ha mantenido hemos mantenido habéis mantenido han mantenido	estoy manteniendo estás manteniendo está manteniendo estamos manteniendo estáis manteniendo están manteniendo	estuviese manteniendo estuvieses manteniendo estuviese manteniendo estuviésemos manteniendo estuvieseis manteniendo estuviesen manteniendo	hubiese mantenido hubieses mantenido hubiese mantenido hubiésemos mantenido hubieseis mantenido hubiesen mantenido

Das Verb mantener + **direkte Objekte**

- Un termo mantiene **la temperatura.** | ▫ *Eine Thermoskanne hält die Temperatur.*
- Los vecinos mantuvieron **una conversación.** | ▫ *Die Nachbarn hatten ein Gespräch.*

Das Verb mantener + **Adjektive, Partizipien** (Gen.- & Num.-Kongr.) oder **Präpositionen**

- ¡Mantente **firme** ante los intentos de soborno! | ▫ *Bleib entschlossen gegen Bestechungsversuche!*
- ¡Manténganse **alejados** del fuego! | ▫ *Bleiben Sie dem Feuer fern!*
- Me mantengo **en** forma con ejercicio diario. | ▫ *Ich bleibe in Form mit täglichem Sport.*

Das Verb mantener + Nebensätze eingeleitet von **que** mit der Bedeutung *beteuern*

- Sigo manteniendo **que** no asistí al acto. | ▫ *Ich bekräftige, dass ich nicht am Event teilnahm.*
- Mantuvo **que** no iría al concierto. | ▫ *Er beteuerte, dass er nicht zum Konzert gehen würde.*

Nützliche Zitate mit mantener

- "Más cuesta mantener el equilibrio de la libertad que soportar el peso de la tiranía." | ▫ *„Es ist deutlich schwerer die Balance der Freiheit zu halten, als die Last der Tyrannei zu ertragen!"* – Simón Bolívar[83]

Folgende Verben werden ähnlich konjugiert

- ▶ **entretener** ▪ Se entretiene leyendo novelas. | ▫ *Er vertreibt sich die Zeit mit der Lektüre von Romanen.*
- ▶ **obtener** ▪ El cineasta Montxo Armendáriz obtuvo muchos premios. | ▫ *Der Filmemacher Montxo Armendáriz erhielt viele Preise.*
- ▶ **retener** ▪ Retuvieron al carterista en la calle. | ▫ *Sie hielten den Taschendieb auf der Straße fest.*
- ▶ **sostener** ▪ La pared maestra sostiene el edificio. | ▫ *Die tragende Wand stützt das Gebäude.*

[83] Simón Bolívar (1783–1830) führte Unabhängigkeitskriege gegen die spanische Kolonialherrschaft.

Das Verb **traer** ist ein transitives Verb, welches ***bringen*** bedeutet.

Formas simples de indicativo			
Presente	**Imperfecto**	**Indefinido**	**Futuro**
traigo traes trae traemos traéis traen	traía traías traía traíamos traíais traían	traje trajiste trajo trajimos trajisteis trajeron	traeré traerás traerá traeremos traeréis traerán
Formas simples de subjuntivo		**Imperativo**	**Condicional**
Presente	**Pasado**	**Imperativo**	**Simple**
traiga traigas traiga traigamos traigáis traigan	trajese o trajera trajeses o trajeras trajese o trajera trajésemos o trajéramos trajeseis o trajerais trajesen o trajeran	 (tú) trae (ud.) traiga (nos.) traigamos (vos.) traed (uds.) traigan	traería traerías traería traeríamos traeríais traerían
Formas compuestas de indicativo	**y**		**subjuntivo**
Perfecto	**Presente** (PROG)	**Pasado** (PROG)	**Pluscuamperfecto**
he traído has traído ha traído hemos traído habéis traído han traído	estoy trayendo estás trayendo está trayendo estamos trayendo estáis trayendo están trayendo	estuviese trayendo estuvieses trayendo estuviese trayendo estuviésemos trayendo estuvieseis trayendo estuviesen trayendo	hubiese traído hubieses traído hubiese traído hubiésemos traído hubieseis traído hubiesen traído

Das Verb traer + direkte Objekte

- ¡No me traigas **mascotas abandonadas** a casa! | ▫ *Bring keine ausgesetzten Haustiere nach Hause!*
- Traje **semillas de papaya** de Chile. | ▫ *Ich habe Papayasamen aus Chile mitgebracht.*
- Tráeme **las gafas**, por favor. | ▫ *Bring mir die Brille bitte her!*
- Colón trajo **patatas y tomates** a Europa. | ▫ *Kolumbus brachte Kartoffeln und Tomaten nach Europa.*

Das Verb traer als traérselas oder traerse + Präposition entre

- Estos juegos se las traen. | ▫ *Diese Spiele sind verdammt schwer.*
- La declaración de la renta se las trae. | ▫ *Die Steuererklärung ist verdammt schwer.*

- No sé qué se traen **entre** manos. | ▫ *Ich weiß nicht, was sie im Schilde führen.*

Nützliche Redewendungen mit traer

- Luis es el que trae el pan a casa. | ▫ *Luis ist derjenige, der das Brot nach Hause bringt.*
- Este niño me trae por la calle de la amargura. | ▫ *Dieses Kind bringt mich noch um.*

Folgende Verben werden ähnlich konjugiert

▶ **extraer** ▪ De la caña se extrae azúcar. | ▫ *Aus dem Zuckerrohr wird Zucker gewonnen.*
▶ **retraer** ▪ El testigo se retrajo de su testimonio. | ▫ *Der Zeuge nahm seine ursprüngliche Zeugenaussage zurück.*
▶ **retrotraer** ▪ Este episodio nos retrotrae al barroco. | ▫ *Diese Episode führt uns zurück in die Barockzeit.*
▶ **sustraer** ▪ Cacos profesionales sustrajeron el cuadro. | ▫ *Professionelle Gauner entwendeten das Bild.*

Das Verb **atraer** bedeutet ***anziehen*** und ist ein transitives Verb, welches auch pronominal gebraucht werden kann. Nomina, Infinitiv- und Nebensätze können als Subjekt verwendet werden.

Formas simples de indicativo			
Presente	**Imperfecto**	**Indefinido**	**Futuro**
atraigo	atraía	atraje	atraeré
atraes	atraías	atrajiste	atraerás
atrae	atraía	atrajo	atraerá
atraemos	atraíamos	atrajimos	atraeremos
atraéis	atraíais	atrajisteis	atraeréis
atraen	atraían	atrajeron	atraerán
Formas simples de subjuntivo		**Imperativo**	**Condicional**
Presente	**Pasado**	**Imperativo**	**Simple**
atraiga	atrajese o atrajera		atraería
atraigas	atrajeses o atrajeras	(tú) atrae	atraerías
atraiga	atrajese o atrajera	(ud.) atraiga	atraería
atraigamos	atrajésemos o atrajéramos	(nos.) atraigamos	atraeríamos
atraigáis	atrajeseis o atrajerais	(vos.) atraed	atraeríais
atraigan	atrajesen o atrajeran	(uds.) atraigan	atraerían
Formas compuestas de indicativo	**y**	**subjuntivo**	
Perfecto	**Presente** (PROG)	**Pasado** (PROG)	**Pluscuamperfecto**
he atraído	estoy atrayendo	estuviese atrayendo	hubiese atraído
has atraído	estás atrayendo	estuvieses atrayendo	hubieses atraído
ha atraído	está atrayendo	estuviese atrayendo	hubiese atraído
hemos atraído	estamos atrayendo	estuviésemos atrayendo	hubiésemos atraído
habéis atraído	estáis atrayendo	estuvieseis atrayendo	hubieseis atraído
han atraído	están atrayendo	estuviesen atrayendo	hubiesen atraído

Das Verb **atraer** + **belebte** und **unbelebte** Objekte

- Para crear empleo debemos atraer **capital.** | ▫ *Um Jobs zu schaffen, müssen wir um Kapital werben.*
- Los dulces atraen **las hormigas.** | ▫ *Süßigkeiten ziehen Ameisen an.*
- La idea del teletrabajo no **nos** atrae. | ▫ *Die Idee des Homeoffice spricht uns nicht an.*

Das Verb **atraer** + **Dativobjekt** + *Infinitivsätze*

- A los jóvenes **les** atrae *viajar.* | ▫ *Junge Leute fühlen sich vom Reisen angezogen.*
- No es que no **me** atraiga *ir al monte*, pero prefiero la playa. | ▫ *Es ist nicht so, dass Bergwandern mich nicht anzieht, aber ich bevorzuge den Strand.*

Das Verb **atraer** + **Dativobjekt** und Nebensätze eingeleitet von **que** (dt. mit direktem Objekt)

- [**Al viejo filósofo**] **le** atrae **que** los jóvenes cojan el testigo en lo político. | ▫ *[Den alten Philosophen] zieht es an, dass die Jugend das politische Zepter an sich nimmt.*

Folgende Verben werden ähnlich konjugiert

- ▶ **abstraer** ▪ ¡Abstráigase de todo cuando haga yoga! | ▫ *Vergessen Sie alles, wenn Sie Yoga machen.*
- ▶ **contraer** ▪ Emilio contrajo matrimonio con Luis. | ▫ *Emilio heiratete Luis.*
- ▶ **detraer** ▪ ¡No detraigan fondos al presupuesto agrícola! | ▫ *Entziehen Sie dem Agrarhaushalt keine Mittel!*
- ▶ **distraer** ▪ Me distraigo pintando al óleo. | ▫ *Ich vertreibe mir die Zeit mit der Ölmalerei.*

Das Verb **valer** ist ein intransitives Verb, welches auch transitiv gebraucht werden kann.

Formas simples de indicativo			
Presente	**Imperfecto**	**Indefinido**	**Futuro**
valgo vales vale valemos valéis valen	valía valías valía valíamos valíais valían	valí valiste valió valimos valisteis valieron	valdré valdrás valdrá valdremos valdréis valdrán
Formas simples de subjuntivo		**Imperativo**	**Condicional**
Presente	**Pasado**	**Imperativo**	**Simple**
valga valgas valga valgamos valgáis valgan	valiese o valiera valieses o valieras valiese o valiera valiésemos o valiéramos valieseis o valierais valiesen o valieran	*nicht gebräuchlich* (tú) vale (ud.) valga (nos.) valgamos (vos.) valed (uds.) valgan	valdría valdrías valdría valdríamos valdríais valdrían
Formas compuestas de indicativo	**y**	**subjuntivo**	
Perfecto	**Presente** (PROG)	**Pasado** (PROG)	**Pluscuamperfecto**
he valido has valido ha valido hemos valido habéis valido han valido	estoy valiendo estás valiendo está valiendo estamos valiendo estáis valiendo están valiendo	estuviese valiendo estuvieses valiendo estuviese valiendo estuviésemos valiendo estuvieseis valiendo estuviesen valiendo	hubiese valido hubieses valido hubiese valido hubiésemos valido hubieseis valido hubiesen valido

Das Verb valer + **direkte Objekte**

- Este coche vale **40.000 euros.** | ▫ *Dieses Auto ist 40.000 Euro wert.*
- Dudo que este cuadro valga **tanto dinero.** | ▫ *Ich bezweifle, dass dieses Bild so viel Geld wert ist.*

Das Verb valer + *Infinitivsätze*

- No vale *subir el precio antes de aplicar la rebaja.* | ▫ *Es geht nicht, dass man den Preis anhebt, bevor man den Rabatt gewährt.*
- No vale *hacer como que uno es justo.* | ▫ *Es geht nicht, dass man so tut, als ob man gerecht wäre.*

Das Verb valer + Nebensätze (im *Konjunktiv*) eingeleitet von **que**

- No vale **que** *apeles* fuera de plazo. | ▫ *Es nützt nichts, nach der Frist zu widersprechen.*
- No vale **que** me *llames* ahora. Demasiado tarde. | ▫ *Es nützt nichts, dass du mich jetzt anrufst. Zu spät.*

Nützliche Redewendungen mit valer

- Eso es trampa. No vale. | ▫ *Das ist eine Falle. Es gilt nicht.*
- Vale la pena visitar Lanzarote. | ▫ *Es lohnt sich, Lanzarote zu besuchen.*
- Definir lo que define – valga la redundancia – | ▫ *Beschreiben, was es beschreibt, – verzeih die Redundanz –**

***Hinweis!** „Valga la redundancia" ist eine Floskel, mit der man Wiederholungen entschuldigt.

Folgende Verben werden ähnlich konjugiert

► **equivaler** ▪ 10000 bolívares[84] equivalen a 3 €. | ▫ *10.000 Bolívar sind 3 € wert.*

► **prevaler** ▪ ¡No nos prevalgamos de nuestra condición de diputados! | ▫ *Wir dürfen unsere Position als Parlamentarier nicht ausnutzen!*

[84] Bolívar ist die Währung in Venezuela.

Das Verb **venir** bedeutet ***kommen*** ist ein intransitives Verb, welches auch transitiv gebraucht werden kann.

Formas simples de indicativo			
Presente	**Imperfecto**	**Indefinido**	**Futuro**
vengo vienes viene venimos venís vienen	venía venías venía veníamos veníais venían	vine viniste vino vinimos vinisteis vinieron	vendré vendrás vendrá vendremos vendréis vendrán
Formas simples de subjuntivo		**Imperativo**	**Condicional**
Presente	**Pasado**	**Imperativo**	**Simple**
venga vengas venga vengamos vengáis vengan	viniese o viniera vinieses o vinieras viniese o viniera viniésemos o viniéramos vinieseis o vinierais viniesen o vinieran	 (tú) ven (ud.) venga (nos.) vengamos (vos.) venid (uds.) vengan	vendría vendrías vendría vendríamos vendríais vendrían
Formas compuestas de indicativo	**y**	**subjuntivo**	
Perfecto	**Presente** (PROG)	**Pasado** (PROG)	**Pluscuamperfecto**
he venido has venido ha venido hemos venido habéis venido han venido	estoy viniendo estás viniendo está viniendo estamos viniendo estáis viniendo están viniendo	estuviese viniendo estuvieses viniendo estuviese viniendo estuviésemos viniendo estuvieseis viniendo estuviesen viniendo	hubiese venido hubieses venido hubiese venido hubiésemos venido hubieseis venido hubiesen venido

Das Verb venir

- La tormenta viene del Atlántico. | ▫ *Der Sturm kommt vom Atlantik.*
- Ese conflicto bilateral viene de lejos. | ▫ *Dieser bilaterale Konflikt kommt von früher.*
- Si tuviese dinero, no vendría a pedirte un favor. | ▫ *Wenn ich Geld hätte, würde ich dich nicht um einen Gefallen bitten.*

Das Verb venir + **Gerundium** für Art der Bewegung

- Vino **corriendo** al hospital de Vallecas. | ▫ *Er rannte zum Krankenhaus in Vallecas.*
- Vendrá **corriendo** porque tiene otra cita antes. | ▫ *Er wird schnell laufen, da er einen anderen Termin hat.*
- Los alumnos vienen **saltando** por la acera. | ▫ *Die Schüler kommen am Bürgersteig springend hierher.*
- Vengo **volando**. | ▫ *Ich beeile mich.*
- Vino **tambaleándose**. | ▫ *Er torkelte hierher.*

Das Verb venir + **bien/mal** + *Infinitivsätze*

- Nos viene **bien/mal** *salir después de las seis.* | ▫ *Es passt uns gut/schlecht nach 6 Uhr zu gehen.*

Nützliche Redewendungen mit venir

- Las desgracias nunca vienen solas. | ▫ *Ein Unglück kommt selten allein.*

Folgende Verben werden ähnlich konjugiert

- ▶ **avenir** ▪ Es un matrimonio mal avenido. | ▫ *Das ist eine zerrüttete Ehe.*
- ▶ **contravenir** ▪ Esta ley contraviene la normativa europea. | ▫ *Dieses Gesetz verstößt gegen die europäische Vorschrift.*
- ▶ **convenir** ▪ Convinieron que pagarían a medias. | ▫ *Sie beschlossen, dass sie zur Hälfte zahlen würden.*
- ▶ **desavenir** ▪ Las dos amigas se desavinieron. | ▫ *Die zwei Freundinnen entzweiten sich.*

Das Verb venir + Verkehrsmitteln

- Debido al temporal, vienen en **tren**. | ▫ *Wegen des Sturms fahren sie mit dem Zug.*
- Vienen al trabajo en **tranvía**. | ▫ *Sie fahren mit der Straßenbahn zur Arbeit.*
- Aunque vengan en **taxi**, no llegarán. | ▫ *Auch wenn sie Taxi fahren, werden sie nicht pünktlich sein.*
- Vinieron en **avión**. | ▫ *Sie reisten mit dem Flugzeug an.*
- Vendremos en **coche**. | ▫ *Wir werden mit dem Auto hierherfahren.*
- Vendrían en **autobús**. | ▫ *Sie müssen wohl mit dem Bus gefahren sein.*
- Si viniesen en **bici**, … | ▫ *Wenn sie mit dem Fahrrad hierherfahren würden, …*

Das Verb venir + Partizipien (Genus- und Numeruskongruenz mit dem Subjekt)

- Ana vino **acompañada** de su abogado. | ▫ *Ana kam in Begleitung ihres Anwalts.*
- La carne viene **guarnecida** con patatas. | ▫ *Das Fleisch hat Kartoffeln als Beilage.*
- Al oír el tumulto vino **disparado**. | ▫ *Als er das Tumult hörte, kam er angestürmt.*
- Vino **ataviada** de un sombrero. | ▫ *Sie kam herausgeputzt mit einem Hut.*
- Vinieron **vestidos** de militar. | ▫ *Sie kamen militärisch gekleidet.*
- Vino **disfrazado** de cura. | ▫ *Er kam als Priester verkleidet.*
- Vino **montado** en un caballo. | ▫ *Sie kam mit dem Pferd geritten.*
- Nosotras Vinimos **cargadas** de regalos. | ▫ *Wir kamen voller Geschenke hierher.*
- Vinieron **muertos** de miedo. | ▫ *Sie kamen zitternd vor Angst.*
- Aunque ellas no vengan **preparadas**, … | ▫ *Auch wenn sie schlecht vorbereitet sind, …*

Das Verb venir + Adverbialbestimmungen

- Don Juan vino a España **con lo puesto**. | ▫ *Don Juan kam mit leeren Händen nach Spanien.*
- García Lorca vino **al mundo** en Granada. | ▫ *García Lorca erblickte das Licht der Welt in Granada.*
- Pepe es un empresario venido **a menos**. | ▫ *Pepe ist ein heruntergekommener Unternehmer.*
- Ese asunto no viene **a cuento/al caso** ahora. | ▫ *Diese Sache ist hier unangebracht.*
- Dudo que venga **en son de paz**. | ▫ *Ich bezweifle, dass er in Frieden kommt.*
- Los alumnos vinieron **con la tarea hecha**. | ▫ *Die Schüler kamen mit erledigten Hausaufgaben.*
- El contencioso viene **de lejos**. | ▫ *Der Rechtstreit ist schon sehr alt.*

Das Verb venirse oder venirle + optionale Experiencerobjekte$_{exp}$

- El edificio se viene abajo. | ▫ *Das Gebäude ist einsturzgefährdet.*

- Se nos$_{exp}$ viene una tragedia encima. | ▫ *Eine Tragödie bahnt sich an.*
- A Inma le$_{exp}$ ha venido la regla. | ▫ *Inma hat die Periode bekommen.*
- El despido le$_{exp}$ ha venido muy bien. | ▫ *Die Kündigung hat ihm gutgetan.*
- Esta subvención nos$_{exp}$ viene de primera. | ▫ *Diese Förderung kommt uns sehr gelegen.*
- Estos zapatos le$_{exp}$ vienen anchos/grandes/pequeños. | ▫ *Diese Schuhe sind ihm zu breit/groß/klein.*
- ¡No me$_{exp}$ vengas con cuentos! | ▫ *Erzähl mir keinen Blödsinn!*
- Me$_{exp}$ vino a la cabeza que … | ▫ *Es kam mir in den Sinn, dass …*

Nützliche Redewendungen mit venir

- Este regalo me viene como anillo al dedo. | ▫ *Das Geschenk passt mir wie angegossen.*

Das Verb **intervenir** ist ein transitives Verb, welches auch intransitiv gebraucht werden kann. Es hat eine Vielzahl von Bedeutungen.

Formas simples de indicativo			
Presente	**Imperfecto**	**Indefinido**	**Futuro**
intervengo intervienes interviene intervenimos intervenís intervienen	intervenía intervenías intervenía interveníamos interveníais intervenían	intervine interviniste intervino intervinimos intervinisteis intervinieron	intervendré intervendrás intervendrá intervendremos intervendréis intervendrán
Formas simples de subjuntivo		**Imperativo**	**Condicional**
Presente	**Pasado**	**Imperativo**	**Simple**
intervenga intervengas intervenga intervengamos intervengáis intervengan	interviniese o interviniera intervinieses o intervinieras interviniese o interviniera interviniésemos o interviniéramos intervinieseis o intervinierais interviniesen o intervinieran	 (tú) intervén (ud.) intervenga (nos.) intervengamos (vos.) intervenid (uds.) intervengan	intervendría intervendrías intervendría intervendríamos intervendríais intervendrían
Formas compuestas de indicativo	**y**	**subjuntivo**	
Perfecto	**Presente** (PROG)	**Pasado** (PROG)	**Pluscuamperfecto**
he intervenido has intervenido ha intervenido hemos intervenido habéis intervenido han intervenido	estoy interviniendo estás interviniendo está interviniendo estamos interviniendo estáis interviniendo están interviniendo	estuviese interviniendo estuvieses interviniendo estuviese interviniendo estuviésemos interviniendo estuvieseis interviniendo estuviesen interviniendo	hubiese intervenido hubieses intervenido hubiese intervenido hubiésemos intervenido hubieseis intervenido hubiesen intervenido

Das Verb **intervenir** + **direkte Objekte**

- El juzgado intervino **sus cuentas.** | ▫ *Das Gericht beschlagnahmte seine Konten.*
- La policía intervino **su teléfono.** | ▫ *Die Polizei hörte sein Telefon ab.*
- Hoy intervienen quirúrjicamente **a Luis.** | ▫ *Heute wird Luis operiert.*

Das Verb **intervenir** als intransitives Verb

- Evo Morales[85] intervino en el Parlamento. | ▫ *Evo Morales sprach im Parlament.*
- Ante la gravedad del asunto, intervino él. | ▫ *Wegen der Schwere der Lage schritt er ein.*

Nützliche Redewendungen mit **intervenir**

- Quien quiera intervenir en otra lengua, … | ▫ *Wer in einer anderen Sprache sprechen will, …*

Folgende Verben werden ähnlich konjugiert

- ► **devenir** ▪ El río crecido puede devenir en inundación. | ▫ *Das Hochwasser kann zu einer Überschwemmung werden.*
- ► **prevenir** ▪ Es necesario prevenir contagios. | ▫ *Es ist notwendig, Ansteckungen vorzubeugen.*
- ► **provenir** ▪ Las alubias provienen de América. | ▫ *Bohnen kommen aus Amerika.*
- ► **reconvenir** ▪ Pablo Iglesias[86] reconvino a Echenique[87]. | ▫ *Pablo Iglesias erteilte Echenique einen Verweis.*
- ► **sobrevenir** ▪ El Covid-19 es una infección sobrevenida. | ▫ *Covid-19 ist eine unerwartete Infektion.*

---

[85] Evo Morales (1959) war der erste indigene Präsident (2006–2019) von Bolivien. Er gehört zur Aymara-Ethnie.
[86] Pablo Iglesias (1978) ist ein spanischer Politiker und Universitätsdozent, der 2020–2021 Vize-Ministerpräsident war.
[87] Pablo Echenique (1978) ist ein spanisch-argentinischer Politiker und Physiker.

Das Verb **ver** ist ein transitives Verb, welches ***sehen*** bedeutet und Nomina, Infinitiv- und Nebensätze als Objekte selektieren kann.

Formas simples de indicativo			
Presente	**Imperfecto**	**Indefinido**	**Futuro**
veo ves ve vemos veis ven	veía veías veía veíamos veíais veían	vi viste vio vimos visteis vieron	veré verás verá veremos veréis verán
Formas simples de subjuntivo		**Imperativo**	**Condicional**
Presente	**Pasado**	**Imperativo**	**Simple**
vea veas vea veamos veáis vean	viese o viera vieses o vieras viese o viera viésemos o viéramos vieseis o vierais viesen o vieran	 (tú) ve (ud.) vea (nos.) veamos (vos.) ved (uds.) vean	vería verías vería veríamos veríais verían
Formas compuestas de indicativo	**y**		**subjuntivo**
Perfecto	**Presente (PROG)**	**Pasado (PROG)**	**Pluscuamperfecto**
he visto has visto ha visto hemos visto habéis visto han visto	estoy viendo estás viendo está viendo estamos viendo estáis viendo están viendo	estuviese viendo estuvieses viendo estuviese viendo estuviésemos viendo estuvieseis viendo estuviesen viendo	hubiese visto hubieses visto hubiese visto hubiésemos visto hubieseis visto hubiesen visto

Das Verb ver + **direkte Objekte**

- No vio **la bici** al aparcar y la tumbó. | ▫ *Er sah das Rad beim Einparken nicht und schmiss es um.*
- El anciano tiene **cataratas** y no ve bien. | ▫ *Der Greis hat grauen Star und sieht nicht gut.*
- Desde aquí se ve **el balneario.** | ▫ *Man sieht von hier das Badehaus.*

Das Verb ver + *Infinitivsätze*

- Julio vio *salir a su hermano de la oficina.* | ▫ *Julio sah seinen Bruder aus dem Büro rausgehen.*
- Los vecinos vieron *salir humo del piso.* | ▫ *Die Nachbarn sahen Rauch aus der Wohnung austreten.*
- El cliente vio *entrar al atracador al banco.* | ▫ *Der Kunde sah den Bankräuber in die Bank eintreten.*

Das Verb ver + Nebensätze eingeleitet von **que**

- Entonces vimos **que** se acercaba un coche. | ▫ *Dann sahen wir ein sich näherndes Auto.*
- Verá **que** no es tan difícil de manejar. | ▫ *Sie werden sehen, dass es nicht schwer zu bedienen ist.*
- Hemos visto **que** Julio ha llegado puntual. | ▫ *Wir haben gesehen, dass Julio pünktlich ankam.*

Nützliche Redewendungen mit ver

- No hay peor ciego que el que no quiere ver. | ▫ *Niemand ist so taub wie der, der nicht hören will.*
- No veo tres en un burro. | ▫ *Ich habe ein Brett vor dem Kopf.*
- Ver la paja en el ojo ajeno y no la viga en el propio. | ▫ *Den Strohhalm im Auge des anderen sehen, aber nicht den Balken im eigenen.*

Folgende Verben werden ähnlich konjugiert

► **antever** ▪ El responsable antevió el problema. | ▫ *Der Verantwortliche sah das Problem im Voraus.*
► **entrever** ▪ Se puede entrever su silueta en la cortina. | ▫ *Man kann seinen Umriss am Vorhang erahnen.*
► **prever** ▪ Se prevé que el tren llegará puntual. | ▫ *Man geht davon aus, dass der Zug pünktlich sein wird.*

Das Verb **yacer** bedeutet ***ruhen, liegen***, selektiert in der Regel belebte Subjekte und ist intransitiv.

Formas simples de indicativo			
Presente	**Imperfecto**	**Indefinido**	**Futuro**
yazco yaces yace yacemos yacéis yacen	yacía yacías yacía yacíamos yacíais yacían	yací yaciste yació yacimos yacisteis yacieron	yaceré yacerás yacerá yaceremos yaceréis yacerán
Formas simples de subjuntivo		**Imperativo**	**Condicional**
Presente	**Pasado**	**Imperativo**	**Simple**
yazca yazcas yazca yazcamos yazcáis yazcan	yaciese o yaciera yacieses o yacieras yaciese o yaciera yaciésemos o yaciéramos yacieseis o yacierais yaciesen o yacieran	*nicht gebräuchlich* (tú) yace (ud.) yazca (nos.) yazcamos (vos.) yaced (uds.) yazcan	yacería yacerías yacería yaceríamos yaceríais yacerían
Formas compuestas de indicativo	y		subjuntivo
Perfecto	**Presente** (PROG)	**Pasado** (PROG)	**Pluscuamperfecto**
he yacido has yacido ha yacido hemos yacido habéis yacido han yacido	estoy yaciendo estás yaciendo está yaciendo estamos yaciendo estáis yaciendo están yaciendo	estuviera yaciendo estuvieras yaciendo estuviera yaciendo estuviéramos yaciendo estuvierais yaciendo estuvieran yaciendo	hubiese yacido hubieses yacido hubiese yacido hubiésemos yacido hubieseis yacido hubiesen yacido

Das Verb **yacer** mit Personen bedeutet *ruhen*

- García Lorca[88] yace en una fosa común. | ▫ *García Lorca ruht in einem Massengrab.*
- Nuestra abuela yace en un nicho. | ▫ *Unsere Oma ruht in einem Kolumbarium.*
- Yacen el en cementerio municipal. | ▫ *Sie ruhen auf dem Gemeindefriedhof.*

Das Verb **yacer** mit Tieren bedeutet ***liegen***

- Los pata negra[89] yacen bajo alcornoques. | ▫ *Pata Negra Schweine liegen unter den Korkeichen.*
- Lobos y corderos no yacen juntos. | ▫ *Wölfe und Lämmer liegen nicht zusammen.*
- Se desconoce lo que yace en el subsuelo de Lugo. | ▫ *Es ist unbekannt, was in Lugo unterirdisch liegt.*
- Puedes yacer en el agua. Se llama hacerse el muerto. | ▫ *Du kannst auf dem Wasser liegen. Man nennt das „den toten Mann machen".*

Gebräuchliche Redewendungen mit **yacer**

- "Yacerán juntos león y cordero, pero el cordero no tendrá mucho sueño." | ▫ *„Lamm und Löwe werden zusammen liegen, aber das Lamm wird nicht schläfrig sein."* – Woody Allen[90]

Folgende Verben werden ähnlich konjugiert

► **subyacer** ▪ La Constitución debe subyacer a la legislación sobre Trabajo. | ▫ *Die Arbeitsgesetzgebung muss in der Verfassung gegründet sein*

---

[88] Federico García Lorca (1898–1936) war ein spanischer Lyriker und Dramatiker, der dem Faschismus zum Opfer fiel. Seine Werke wurden weltweit aufgeführt.

[89] „Pata Negra" ist eine Schweinerasse, deren Fleisch sehr geschätzt wird, da die Schweine im Freien in Korkeichen- und Steineichenhainen weiden. Man nennt sie „Pata Negra", weil sie schwarz sind.

[90] Woody Allen (1935) ist ein US-amerikanischer Filmemacher und Schauspieler.

Unregelmäßige Partizipien und Gerundien

Infinitiv	Partizip	Gerundium
abstraer	abstraído	abstrayendo
absolver	absuelto	absolviendo
abstraer	abstraído	abstrayendo
adherir	adherido	adhiriendo
advertir	advertido	advirtiendo
afluir	afluido	afluyendo
anteponer	antepuesto	anteponiendo
antever	antevisto	anteviendo
argüir	argüido	argüyendo
arrepentir	arrepentido	arrepintiendo
asentir	asentido	asintiendo
atraer	atraído	atrayendo
atribuir	atribuido	atribuyendo
bullir	bullido	bullendo
caer	caído	cayendo
ceñir	ceñido	ciñendo
comedir	comedido	comidiendo
competir	competido	compitiendo
componer	compuesto	componiendo
concebir	concebido	concibiendo
concluir	concluido	concluyendo
conferir	conferido	confiriendo
confluir	confluido	confluyendo
conseguir	conseguido	consiguiendo
consentir	consentido	consintiendo
constituir	constituido	constituyendo
constreñir	constreñido	constriñendo
construir	construido	construyendo
contraer	contraído	contrayendo
contraponer	contrapuesto	contraponiendo
contribuir	contribuido	contribuyendo
convertir	convertido	convirtiendo
corregir	corregido	corrigiendo
corroer	corroído	corroyendo
creer	creído	creyendo
decaer	decaído	decayendo
decir	dicho	diciendo
deconstruir	deconstruido	deconstruyendo
deponer	depuesto	deponiendo
derretir	derretido	derritiendo
derruir	derruido	derruyendo
desceñir	desceñido	desciñendo
descomponer	descompuesto	descomponiendo
desenvolver	desenvuelto	desenvolviendo
deshacer	deshecho	deshaciendo
desmedirse	desmedido	desmidiendo
desmentir	desmentido	desmintiendo

Infinitiv	Partizip	Gerundium
desoír	desoído	desoyendo
despedir	despedido	despidiendo
desposeer	desposeído	desposeyendo
desproveer	desprovisto	desproveyendo
desteñir	desteñido	destiñendo
destituir	destituido	destituyendo
destruir	destruido	destruyendo
desvestir	desvestido	desvistiendo
detraer	detraído	detrayendo
devenir	devenido	deviniendo
devolver	devuelto	devolviendo
diferir	diferido	difiriendo
digerir	digerido	digiriendo
diluir	diluido	diluyendo
disentir	disentido	disintiendo
disminuir	disminuido	disminuyendo
disolver	disuelto	disolviendo
disponer	dispuesto	disponiendo
distraer	distraído	distrayendo
distribuir	distribuido	distribuyendo
divertir	divertido	divirtiendo
dormir	dormido	durmiendo
elegir	elegido	eligiendo
embestir	embestido	embistiendo
engullir	engullido	engullendo
entrever	entrevisto	entreviendo
envolver	envuelto	envolviendo
erguir	erguido	irguiendo
estreñir	estreñido	estriñendo
excluir	excluido	excluyendo
expedir	expedido	expidiendo
exponer	expuesto	exponiendo
extraer	extraído	extrayendo
fluir	fluido	fluyendo
gruñir	gruñido	gruñendo
hacer	hecho	haciendo
herir	herido	hiriendo
hervir	hervido	hirviendo
huir	huido	huyendo
impedir	impedido	impidiendo
imponer	impuesto	imponiendo
incluir	incluido	incluyendo
indisponer	indispuesto	indisponiendo
instituir	instituido	instituyendo
instruir	instruido	instruyendo
interferir	interferido	interfiriendo
interponer	interpuesto	interponiendo

Infinitiv	Partizip	Gerundium
intervenir	intervenido	interviniendo
intuir	intuido	intuyendo
invertir	invertido	invirtiendo
ir	ido	yendo
leer	leído	leyendo
malherir	manherido	malhiriendo
medir	medido	midiendo
mentir	mentido	mintiendo
morir	muerto	muriendo
mullir	mullido	mullendo
muñir	muñir	muñendo
obstruir	obstruido	obstruyendo
oír	oído	oyendo
oponer	opuesto	oponiendo
pedir	pedido	pidiendo
perseguir	perseguido	pesiguiendo
pervertir	pervertido	pervirtiendo
plañir	plañido	plañendo
poder	podido	pudiendo
poseer	poseído	poseyendo
posponer	pospuesto	posponiendo
preconcebir	preconcebido	preconcibiendo
predecir	predicho	prediciendo
predisponer	predispuesto	predisponiendo
preferir	preferido	prefiriendo
presentir	presentido	presintiendo
presuponer	presupuesto	presuponiendo
prevenir	prevenido	previniendo
prever	previsto	previendo
proferir	proferido	profiriendo
proponer	propuesto	proponiendo
proseguir	proseguido	prosiguiendo
prostituir	prostituido	prostituyendo
proveer	provisto/proveído	proveyendo
provenir	provenido	proviniendo
recaer	recaído	recayendo
recluir	recluido	recluyendo
recomponer	recompuesto	recomponiendo
reconstituir	reconstituido	reconstituyendo
reconstruir	reconstruido	reconstruyendo
reconvenir	reconvenido	reconviniendo
reconvertir	reconvertido	reconvirtiendo
redistribuir	redistribuido	redistribuyendo
reelegir	reelegido	reeligiendo
reexpedir	reexpedido	reexpidiendo
referir	referido	refiriendo

Infinitiv	Partizip	Gerundium
regir	regido	rigiendo
intervenir	intervenido	interviniendo
rehacer	rehecho	rehaciendo
rehuir	rehuido	rehuyendo
reír	reído	riendo
releer	releído	releyendo
rendir	rendido	rindiendo
reñir	reñido	riñendo
repetir	repetido	repitiendo
reponer	repuesto	reponiendo
requerir	requerido	requiriendo
resentir	resentir	resintiendo
resolver	resuelto	resolviendo
reteñir	reteñir	retiñendo
retraer	retraído	retrayendo
retrotraer	retrotraído	retrotrayendo
reverter	revertido	revirtiendo
revestir	revestido	revistiendo
revolver	revuelto	revolviendo
roer	roído	royendo
sarpullir	sarpullido	sarpullendo
satisfacer	satisfecho	satisfaciendo
seguir	seguido	siguiendo
sentir	sentido	sintiendo
ser	sido	siendo
servir	servido	sirviendo
sobreponer	sobrepuesto	sobreponiendo
sobreseer	sobreseído	sobreseyendo
sobrevenir	sobrevenido	sobreviniendo
sonreír	sonreído	sonriendo
sugerir	sugerido	sugiriendo
superponer	superpuesto	superponiendo
sustituir	sustituido	sustituyendo
sustraer	sustraído	sustrayendo
atañer	atañido	atañendo
teñir	teñido	tiñendo
traer	traído	trayendo
transferir	transferido	transfiriendo
trasponer	traspuesto	trasponiendo
travestir	travestido	travistiendo
tullir	tullido	tullendo
venir	venido	viniendo
vestir	vestido	vistiendo
yuxtaponer	yuxtapuesto	yuxtaponiendo
zambullir	zambullido	zambullendo

Regelmäßige Verben mit Diphthongen im Infinitiv

Einige **Vokalfolgen** des Infinitivstammes wie **ai** (amainar – aislar), **ia** (abreviar – ampliar) und **au** (causar – aunar) ergeben **Diphthonge** (**amainar**, **abreviar**, **causar**) und andere **Hiate** (**aislar**, **ampliar**, **aunar**), wenn sie konjugiert werden. Die Verben, die den Diphthong behalten, sind regelmäßig und eine Auswahl davon wird weiter unten aufgeführt. Die Verben, die **Hiate** ergeben, sind nicht zahlreich und stehen unter den unregelmäßigen Modellverben in diesem Buch.

ai

Die Verben mit -ai- im Verbstamm in folgender Liste gehören zur regelmäßigen Klasse 16 nach der Real Academia Española (kurz: RAE). Die unregelmäßigen Pendants sind unter Verbnummer 9 zu finden.

amainar ▪ El temporal ha amainado. | ▫ *Der Sturm hat nachgelassen.*
arraigar ▪ La generosidad arraiga despacio. | ▫ *Großzügigkeit wurzelt langsam.*
bailar ▪ La conga se baila en Cuba. | ▫ *Die Conga wird auf Kuba getanzt.*
desarraigar ▪ Sus padres están totalmente desarraigados. | ▫ *Seine Eltern sind komplett entwurzelt.*
desenvainar ▪ El guerrero desenvaina el sable y empieza el combate. | ▫ *Der Kämpfer zieht den Säbel aus der Scheide und der Kampf beginnt.*
engaitar ▪ Bárcenas engaitó a miembros del Partido Popular.[91] | ▫ *Bárcenas beschwatzte Parteimitglieder der PP.*
envainar ▪ El soldado envainó el sable y terminó la película. | ▫ *Der Soldat steckte den Säbel in die Scheide und der Film endete.*

ia

Die Verben mit -ia- im Verbstamm in folgender Liste gehören zur regelmäßigen Klasse 11 nach der RAE. Diese Klasse von Verben ist sehr zahlreich. Die unregelmäßigen Pendants sind unter Verbnummer 32 zu finden.

abreviar ▪ Nosotros abreviamos el nombre de la empresa RENFE[92]. | ▫ *Wir verkürzen den Firmennamen RENFE.*
acariciar ▪ La niña acaricia a su gato. | ▫ *Das Mädchen streichelt ihre Katze.*
afiliar ▪ Poca gente se afilia a los partidos. | ▫ *Wenige Leute treten Parteien bei.*
aliviar ▪ Las aspirinas alivian el dolor. | ▫ *Aspirin lindert den Schmerz.*
angustiar ▪ La incertidumbre angustia a todos. | ▫ *Die Ungewissheit beklemmt alle.*
anunciar ▪ El BCE[93] anuncia una bajada de intereses. | ▫ *Die EZB kündigte eine Zinssenkung an.*
asfixiar ▪ En este coche, me asfixio en verano. | ▫ *Im Sommer kriege ich keine Luft in diesem Auto.*
asociar ▪ Yo asocio la humedad con el invierno. | ▫ *Ich verbinde die Feuchtigkeit mit dem Winter.*
atrofiar ▪ El dedo se atrofia por cuestiones genéticas. | ▫ *Genetisch bedingt verkümmert der Finger.*
auspiciar ▪ Él auspició una residencia de ancianos para gente necesitada. | ▫ *Er übernahm die Schirmherrschaft für eine Pflegeeinrichtung.*
auxiliar ▪ Si no auxilias al herido, cometes delito. | ▫ *Wenn du einem Verletzten Hilfe versagst, begehst du eine Straftat.*
beneficiar ▪ Estas condiciones no me benefician. | ▫ *Diese Konditionen begünstigen mich nicht.*
cambiar ▪ Julio no cambia su coche por nada. | ▫ *Julio tauscht sein Auto für nichts in der Welt.*
contagiar ▪ Ana ha contagiado a Luis. | ▫ *Ana hat Luis angesteckt.*
copiar ▪ El alumno copia el texto. | ▫ *Der Schüler schreibt den Text ab.*
denunciar ▪ Este activista denuncia injusticias. | ▫ *Der Aktivist prangert Ungerechtigkeit an.*
desperdiciar ▪ ¡No desperdicies tanto pan! | ▫ *Verschwende bitte nicht so viel Brot!*

---

[91] PP (Partido Popular): Spanische konservative Partei, die 1976 von einem Ex-Minister des Diktators Franco († 1975), Manuel Fraga, gegründet wurde und aus der rechtskonservativen Partei *Alianza Popular* (AP) hervorging.
[92] RENFE (Red Nacional de los Ferrocarriles Españoles): Staatlich geführte spanische Bahngesellschaft
[93] BCE (Banco Central Europeo): EZB (Europäische Zentralbank)

despreciar ▪ La víctima desprecia al agresor. | ▫ *Das Opfer verachtet den Übeltäter.*
diferenciar ▪ Yo diferencio entre churras y merinas. | ▫ *Ich unterscheide zwischen Churro- und Merinoschafen.*
distanciar ▪ ¡Distánciate del fuego! | ▫ *Halte dich vom Feuer fern!*
divorciar ▪ Sus padres se divorcian pronto. | ▫ *Seine Eltern lassen sich bald scheiden.*
domiciliar ▪ Yo domicilio las facturas de gas y agua. | ▫ *Ich lasse Gas- und Wasserrechnungen vom Konto abbuchen.*
elogiar ▪ El orador elogia su labor humanitaria. | ▫ *Der Sprecher lobt seine humanitäre Tätigkeit.*
ensuciar ▪ ¡No ensucies el vestido nuevo! | ▫ *Mach das neue Kleid nicht dreckig!*
estudiar ▪ Su vecina estudia ingeniería. | ▫ *Ihre Nachbarin studiert Ingenieurwissenschaften.*
exiliar ▪ El viejo comunista español se exilia en Cuba. | ▫ *Der alte spanische Kommunist geht ins Exil nach Kuba.*
expatriar ▪ Si comete delitos, lo expatrian. | ▫ *Wenn er Straftaten begeht, wird er ausgewiesen.*
fastidiar ▪ Le fastidia levantarse temprano. | ▫ *Es ärgert ihn, früh aufzustehen.*
financiar ▪ Financia la compra de la casa con sus ahorros. | ▫ *Sie finanziert den Hauskauf mit Rücklagen.*
fotocopiar ▪ El estudiante fotocopia el artículo. | ▫ *Der Student kopiert den Artikel.*
incendiar ▪ Este tuit incendia las redes. | ▫ *Dieser Tweet setzt die sozialen Netzwerke in Flammen.*
iniciar ▪ Este proyecto Inicia su andadura en Chile. | ▫ *Dieses Projekt beginnt in Chile.*
intercambiar ▪ Intercambio discos de vinilo. | ▫ *Ich tausche Vinylplatten.*
limpiar ▪ La diputada limpia su casa ella misma. | ▫ *Diese Abgeordnete putzt selber.*
negociar ▪ Los gerentes negocian los sueldos de la plantilla. | ▫ *Die Geschäftsführer verhandeln die Gehälter der Belegschaft.*
obsequiar ▪ Siempre obsequia flores. | ▫ *Sie verschenkt immer Blumen.*
odiar ▪ Odio el calor de julio. | ▫ *Ich hasse die Hitze im Juli.*
plagiar ▪ No dudo que plagien algunos, pero no todos. | ▫ *Ich bezweifle nicht, dass manche plagiieren, aber nicht alle.*
premiar ▪ La fidelidad a la empresa no se premia. | ▫ *Die Firmentreue wird nicht belohnt.*
presenciar ▪ Su padre presenció la explosión. | ▫ *Ihr Vater sah die Explosion mit eigenen Augen.*
pronunciar ▪ No pronuncia bien la ese. | ▫ *Er spricht das „S" nicht gut aus.*
recambiar ▪ Recambio las ruedas en invierno. | ▫ *Ich wechsle die Reifen im Winter.*
reconciliar ▪ Se enfadan y se reconcilian constantemente. | ▫ *Sie streiten und vertragen sich dauernd.*
refugiar ▪ El fugitivo se refugia en un portal. | ▫ *Der Fliehende sucht Zuflucht in einem Hauseingang.*
remediar ▪ Remedio las quemaduras con sábila. | ▫ *Ich behandle die Verbrennungen mit Aloe Vera.*
renunciar ▪ El asilado renuncia a su nacionalidad. | ▫ *Der Asylant legt seine Staatsangehörigkeit ab.*
repatriar ▪ Hoy repatrian a los accidentados alemanes en Perú. | ▫ *Heute werden die deutschen Unfallopfer in Peru zurückgeführt.*

au

Die Verben mit -au- im Verbstamm in folgender Liste gehören zur regelmäßigen Klasse 20 nach der RAE. Die unregelmäßigen Pendants sind unter Verbnummer 14 zu finden.

causar ▪ Las fuertes lluvias causan inundaciones. | ▫ *Starke Regenfälle verursachen Überschwemmungen.*
defraudar ▪ El ratero defrauda a Hacienda. | ▫ *Der Halunke hinterzieht Steuern.*
embaucar ▪ ¡Cuidado! Este señor embauca con facilidad. | ▫ *Vorsicht! Dieser Herr täuscht sehr leicht.*
encausar ▪ El traficante ha sido encausado en el robo. | ▫ *Der Dealer wurde des Diebstahls bezichtigt.*
encauzar ▪ El médico encauzó la curación. | ▫ *Der Arzt leitete die Heilung ein.*
incautar ▪ La policía incauta drogas. | ▫ *Die Polizei beschlagnahmt Drogen.*
instaurar ▪ Franco instaura una dictadura (1939–1975). | ▫ *Franco errichtet eine Diktatur (1939–1975).*
recaudar ▪ Hacienda recauda impuestos. | ▫ *Das Finanzamt erhebt Steuern.*
restaurar ▪ Carlos e Inma restauran cuadros. | ▫ *Carlos und Inma restaurieren Bilder.*

eu

Die Verben mit -eu- im Verbstamm in folgender Liste gehören zur regelmäßigen Klasse 6 nach der RAE. Das einzige unregelmäßige Pendant **reunir** befindet sich unter Verbnummer 56.

adeudar ▪ Su padre adeuda todavía la factura. | ▫ *Sein Vater schuldet noch die Rechnung.*
endeudar ▪ Yo no me endeudo para comprar un coche. | ▫ *Ich verschulde mich nicht für einen Autokauf.*

oi

Das Verb **coitar** ist das einzige Verb mit -oi- im Verbstamm und gehört zur regelmäßigen Klasse 22 nach der RAE. Es hat keine unregelmäßigen Pendants.

coitar ▪ Pedro no coita debido a unos medicamentos. | ▫ *Pedro hat keinen Geschlechtsverkehr wegen der Arzneien.*

ei

Die Verben mit -ei- im Verbstamm in folgender Liste gehören zur regelmäßigen Klasse 47 nach der RAE. Die unregelmäßigen Pendants befinden sich unter Verbnummer 28.

afeitar ▪ El enfermo se afeita solo. | ▫ *Der Kranke rasiert sich selbst.*
deleitar ▪ Nos deleita recibir invitados. | ▫ *Uns macht es Freude, Gäste zu empfangen.*
despeinar ▪ Lleva el pelo corto y no se despeina nunca. | ▫ *Sie trägt kurze Haare und daher sind sie nie zerzaust.*
enaceitar ▪ Los cocineros enaceitan las sartenes. | ▫ *Die Köche ölen die Pfannen.*
homogeneizar ▪ Homogeneizan la leche antes de envasarla. | ▫ *Vor dem Abfüllen homogenisieren sie die Milch.*
peinar ▪ Inma se peina antes de acostarse. | ▫ *Inma kämmt ihre Haare vor dem Schlafengehen.*
reinar ▪ Dicen que Leonor no reinará. | ▫ *Man sagt, dass Leonor nicht herrschen wird.*
repeinar ▪ Marichalar va siempre repeinado. | ▫ *Marichalar hat immer perfekt gekämmte Haare.*

Regelmäßige Verben mit den Stammvokalen -o- und -e- im Infinitiv

Die nachfolgenden Beispiele stellen nur eine kleine Auswahl an regelmäßigen Verben mit den Stammvokalen -o- und -e-dar.

Stammvokal -o-

-ar

colmar ▪ Su familia lo colmó de felicidad. | ▫ *Seine Familie überschüttete ihn mit Freude.*
colocar ▪ Luis colocó las toallas en el armario. | ▫ *Luis legte die Handtücher in den Schrank.*
comprar ▪ Arabia Saudí compra armas a España. | ▫ *Saudi-Arabien kauft Waffen von Spanien.*
cortar ▪ En el País Vasco, las mujeres cortan el bacalao. | ▫ *Im Baskenland haben die Frauen das Sagen.*
donar ▪ Chillida creó y donó el escudo de la UPV[94] a la universidad. | ▫ *Chillida entwarf und stiftete das Logo der Universität des Baskenlandes.*
forrar ▪ El escolar forró el libro con plástico. | ▫ *Der Schüler umhüllte das Buch mit Schutzfolie.*
lograr ▪ Logró ahorrar lo suficiente para pagar la casa. | ▫ *Er schaffte es, genügend zu sparen, um das Haus zu bezahlen.*
molar ▪ Me mola viajar en bicicleta. | ▫ *Mir macht es Spaß, mit dem Rad zu reisen.*
mojar ▪ Julio moja las galletas en el café. | ▫ *Julio tunkt die Kekse in den Kaffee.*
podar ▪ El agricultor poda los rosales en primavera. | ▫ *Der Bauer schneidet die Rosen im Frühling zurück.*
remolcar ▪ ¿Me puedes remolcar hasta Bilbao porque tengo avería? | ▫ *Kannst du mich bis Bilbao abschleppen, da ich eine Panne habe?*
robar ▪ Erik el Belga robaba arte en las iglesias en España. | ▫ *Erik el Belga entwendete Kunst aus den Kirchen Spaniens.*
sobar ▪ El trabajador denunciado debe presentarse en el juzgado, porque sobó a su compañera de trabajo. | ▫ *Der angezeigte Mitarbeiter muss vor Gericht, weil er eine Kollegin befummelt hatte.*
sobrar ▪ No ha sobrado comida en el banquete. | ▫ *Kein Essen ist bei den Feierlichkeiten übriggeblieben.*
tomar ▪ El abuelo toma medicamentos para la tensión. | ▫ *Opa nimmt Medikamente gegen den Bluthochdruck.*

-er

carcomer ▪ La madera de este edificio está carcomida. | ▫ *Das Holz dieses Gebäudes ist vom Wurm befallen.*
comer ▪ Hoy hemos comido en el restaurante vegano. | ▫ *Heute haben wir im veganen Restaurant gespeist.*
corresponder ▪ No me corresponde diagnosticar enfermedades. | ▫ *Ich bin für Diagnosen nicht befugt.*
esconder ▪ El fugitivo se escondió en un portal. | ▫ *Der Fliehende versteckte sich in einem Hauseingang.*
joder ▪ ¡No me jodas! | ▫ *Ne, im Ernst?* („joder" hat auch eine vulgäre Bedeutung)
socorrer ▪ El conductor socorre al accidentado en la calle. | ▫ *Der Fahrer hilft dem Unfallopfer auf der Straße.*
sorber ▪ El bebé sorbió zumo de su pajita. | ▫ *Das Baby schlürfte Saft mit einem Strohhalm.*
toser ▪ El tuberculoso está tosiendo todo el rato. | ▫ *Der Tuberkulosekranke hustet die ganze Zeit.*

-ir

abolir ▪ Se debe abolir la ley de Amnistía de 1977. | ▫ *Man muss das Amnestiegesetz von 1977 aufheben.*

[94] UPV (Universidad del País Vasco): Universität des Baskenlandes

Stammvokal -e-

-ar

alertar ▪ Los meteorólogos alertan sobre el peligro de tsunami. | ▫ *Die Meteorologen warnen vor der Gefahr eines Tsunamis.*
aterrar[95] ▪ Nos aterra pensar que no habrá vacunas. | ▫ *Es macht uns Angst zu denken, dass es keine Impfungen geben wird.*
besar ▪ La joven mujer besó a la rana. | ▫ *Die junge Frau küsste den Frosch.*
cebar ▪ El agricultor cebó a los gansos para Navidad. | ▫ *Der Bauer mästete die Gänse für Weihnachten.*
legar ▪ Chillida legó el "Peine del Viento" al pueblo de San Sebastián. | ▫ *Chillida hinterließ den „Kamm des Windes" dem Volk in San Sebastián als Nachlass.*
medrar Debemos impedir que medren las ratas en la ciudad. | ▫ *Wir sollten verhindern, dass die Ratten sich in den Städten vermehren.*
pelar ▪ Su madre pela los tomates por los pesticidas. | ▫ *Ihre Mutter schält die Tomaten wegen der Pestizide.*
retar ▪ David retó a Goliat. | ▫ *David forderte Goliath heraus.*
sujetar ▪ Eva sujeta el pelo con una horquilla. | ▫ *Eva bindet die Haare mit einer Spange zusammen.*
velar ▪ La policía vela por el cumplimiento de la ley. | ▫ *Die Polizei achtet auf die Einhaltung des Gesetzes.*

-er

acceder ▪ Se accede a la playa por ese camino pequeño. | ▫ *Man erreicht den Strand über jenen kleinen Weg.*
acometer ▪ Acometimos esta tarea con mucha ilusión. | ▫ *Wir machten uns mit viel Hoffnung an die Aufgabe.*
anteceder ▪ El martes antecede al miércoles. | ▫ *Dienstag geht dem Mittwoch voran.*
aprender ▪ Si aprende idiomas en la vejez, frenará la demencia. | ▫ *Wenn Sie im Alter Sprachen lernen, beugen sie Demenz vor.*
arremeter ▪ Tejero[96] arremetió contra los parlamentarios en 1981. | ▫ *Tejero bedrohte die Parlamentarier im Jahr 1981.*
beber ▪ Bebemos leche con miel antes de acostarnos. | ▫ *Wir trinken Milch mit Honig vor dem Schlafengehen.*
ceder ▪ Ana cedió el paso a la izquierda. | ▫ *Ana hielt an, weil links Vorfahrt hatte.*
cometer ▪ Rodrigo Rato cometió varios delitos. | ▫ *Rodrigo Rato beging mehrere Straftaten.*
competer ▪ Le compete al médico diagnosticar. | ▫ *Die Ärzte sind für die Diagnose zuständig.*
conceder ▪ El banco concedió un crédito al emprendedor. | ▫ *Die Bank bewilligte dem Unternehmer einen Kredit.*
desprender ▪ De este informe se desprende que no murió ahogado. | ▫ *Nach diesem Bericht steht fest, dass er nicht ertrank.*
emprender ▪ España emprendió una senda hacia el autoritarismo. | ▫ *Spanien bewegte sich hin zum Autoritarismus.*
entrometer ▪ Se entrometió en asuntos que no le incumbían. | ▫ *Er mischte sich in Angelegenheiten ein, die ihn nichts angingen.*
exceder ▪ Esto excede mis competencias. | ▫ *Dies übersteigt meine Befugnisse.*
interceder ▪ El maestro intercedió por el alumno pobre. | ▫ *Der Lehrer trat für den armen Schüler ein.*
malmeter ▪ Su suegra estuvo malmetiendo durante años. | ▫ *Ihre Schwiegermutter intrigierte jahrelang.*
preceder ▪ La tormenta precede al arco iris. | ▫ *Der Sturm geht dem Regenbogen vor.*
prender ▪ En ese cruce prendieron al ladrón. | ▫ *An jener Kreuzung fassten sie den Dieb.*
proceder ▪ El operario procedió a abrir la taquilla. | ▫ *Der Mitarbeiter öffnete den Schalter.*
proteger ▪ Las cremas solares protegen la piel del sol. | ▫ *Die Sonnencremes schützen die Haut vor der Sonne.*

---

[95] Das Verb **aterrar** als unregelmäßiges Verb bedeutet *mit Erde bedecken* und steht unter 4b.
[96] Antonio Tejero (1932) ist der ehemalige Oberstleutnant der Guardia Civil und war 1981 am Militärputsch in Spanien beteiligt.

retroceder ▪ Hemos retrocedido décadas en libertades. | ▫ *Wir sind Jahre zurückgeworfen worden, was Freiheiten angeht.*
sorprender ▪ Nos sorprendió que el enfermo viniese solo. | ▫ *Es überraschte uns, dass der Kranke allein kam.*
tejer ▪ Nuestras abuelas tejían jerseys. | ▫ *Unsere Großmütter strickten Pullover.*
temer ▪ Tememos que haya un temporal. | ▫ *Wir fürchten, dass es Unwetter geben wird.*
vender ▪ Vendió todo lo que tenía y se mudó a Deba. | ▫ *Sie verkaufte alles Eigentum und zog nach Deba um.*

-ir

agredir ▪ Un desconocido agredió al señor mayor. | ▫ *Ein Unbekannter hat den alten Herrn angegriffen.*
divergir ▪ Nuestros datos divergen sustancialmente. | ▫ *Unsere Zahlen klaffen auseinander.*
sumergir ▪ El hombre rana se sumergió en el lago. | ▫ *Der Froschmann tauchte in den See ein.*

Regelmäßige und unregelmäßige Verben mit doppelten Partizipien

Die RAE stellt fest, dass die einzigen doppelten Partizipien, die tatsächlich als Partizipien verwendet werden, von den Verben freír *braten*, imprimir *drucken* und proveer *liefern* stammen. Die restlichen in der vorliegenden Liste aufgeführten Fälle sind historisch gesehen Partizipien, aber fungieren in der heutigen Zeit als Adjektive (bendito) oder als Nomina (inciso) oder stehen in Kollokationen (hacer caso omiso). Die Lernenden müssen wissen, dass die regelmäßigen Partizipien dieser Verben nicht frei in attributiver und prädikativer Stellung auftreten dürfen, wie das sehr häufig der Fall bei allen anderen Partizipien ist. *El político es corrupto* ist korrekt, aber **El político es/está corrompido* nicht.

atender: atendido | **atento**
- Han atendido al viajero enfermo. El viajero está **atento** a los cambios de horario. | ▫ *Sie haben sich um den kranken Reisenden gekümmert. Der Reisende achtet auf Fahrplanänderungen.*

bendecir[97]**:** bendecido | **bendito**
- Han bendecido el agua. Esto es agua **bendita.** | ▫ *Das Wasser wurde geweiht. Das ist Weihwasser.*

circuncidar: circuncidado | **circunciso**
- Simón ha sido circuncidado. Tiene un piercing descentrado porque es **circunciso.** | ▫ *Simon wurde beschnitten. Er hat ein dezentriertes Piercing, da er beschnitten ist.*

concluir: concluido|**concluso**
- Ha concluido la vista oral del juicio. El proceso está **concluso.** | ▫ *Die Gerichtsverhandlung ist vorüber. Das Verfahren ist abgeschlossen.*

confesar: confesado | **confeso**
- El Premio Nobel de literatura Vargas Llosa no ha confesado aún su involucración en sociedades off-shore. No es un evasor fiscal **confeso.** | ▫ *Der Literaturnobelpreisträger Vargas Llosa hat seine Beteiligung an Offshore Gesellschaften noch nicht gestanden. Er ist noch nicht ein bekennender Steuerhinterzieher.*

confundir: confundido | **confuso**
- ¿Te has confundido al redactar? Este párrafo es **confuso.** | ▫ *Hast du dich beim Schreiben geirrt? Der Text ist konfus.*

convertir: convertido | **converso**
- Se ha convertido al cristianismo. Es cristiano **converso.** | ▫ *Er ist zum Christentum konvertiert. Er ist ein Konvertit.*

corregir: corregido | **correcto.**
- El error está corregido. El dato es ahora **correcto.** | ▫ *Der Fehler wurde behoben. Die Zahlen/Daten sind nun korrekt.*

corromper: corrompido | **corrupto**
- El magnate ha corrompido al político. El político es ahora **corrupto.** | ▫ *Der Großunternehmer korrumpierte den Politiker. Der Politiker ist nun korrupt.*

despertar: despertado | **despierto**
- Los niños se han despertado temprano. Están **despiertos.** | ▫ *Die Kinder sind früh aufgewacht. Sie sind wach.*

dividir: dividido | (in)**diviso**[98]
- Los ancianos han dividido la herencia. Esta casa es propiedad **indivisa.** | ▫ *Die Greise haben das Erbe geteilt. Dieses Haus ist ungeteilt gemeinsames Eigentum.*

---

[97] Das Verb **bendecir** wird wie **decir** konjugiert, bis auf das Partizip.

[98] Das Partizip **diviso** wird heutzutage nicht mehr gebraucht, aber sehr wohl **indiviso. Indiviso** ist im engeren Sinne nicht das Partizip von **dividir**, da das Verb ***Individir** nicht existiert.

elegir: elegido | **electo**

- Hemos elegido a este presidente. Este es el presidente **electo.** | ▫ *Wir haben diesen Präsidenten gewählt. Das ist der gewählte Präsident.*

expresar: expresado | **expreso**

- Ha expresado su conformidad y ha dado su consentimiento. Para este contrato se requiere consentimiento **expreso.** | ▫ *Er hat seine Zustimmung geäußert und seine Einwilligung gegeben. Eine ausdrückliche Zustimmung ist für diesen Vertrag notwendig.*

eximir: eximido | **exento**

- Me han eximido de hacer gimnasia. Estoy **exento** de gimnasia. | ▫ *Ich wurde vom Sport befreit. Ich bin vom Sport befreit.*

extinguir: extinguido | **extinto**

- Los dinosaurios se han extinguido. Los dinosaurios son una especie **extinta.** | ▫ *Die Dinosaurier sind ausgestorben. Die Dinosaurier sind eine ausgestorbene Tierart.*

fijar: fijado | **fijo**

- El BCE[99] ha fijado los tipos de interés. Tengo interés **fijo** en mi hipoteca. | ▫ *Die EZB hat die Zinssätze festgelegt. Die Finanzierung meiner Hypothek steht auf Festzins.*

freír: freído | **frito**

- Ha freído el pollo. El pollo está **frito.** | ▫ *Er hat das Hähnchen gebraten. Das Hähnchen ist gebraten.*

hartar: hartado | **harto**

- Se ha hartado de llamar. Está harto de llamar. | ▫ *Er ist des ständigen Anrufens überdrüssig. Er hat es satt anzurufen.*

imprimir: imprimido | **impreso**

- Han imprimido el libro. El libro está **impreso.** | ▫ *Das Buch wurde gedruckt. Das Buch ist gedruckt.*

incurrir: incurrido | **incurso**

- Ha incurrido en un delito y las personas **incursas** en delitos no pueden acceder a esta ayuda. | ▫ *Er hat sich strafbar gemacht und die straffälligen Menschen dürfen diese Hilfe nicht in Anspruch nehmen.*

insertar: insertado | **inserto**

- El viajero ha insertado monedas en el cajero. El traspondedor viene **inserto** en una cápsula de plástico. | ▫ *Der Reisende hat Münzen in den Automaten eingeworfen. Der Transponder ist in einem Plastikgehäuse eingebaut.*

maldecir: maldecido | **maldito**

- Hemos maldecido su decisión. Ese hombre es **maldito.** | ▫ *Wir haben seine Entscheidung verflucht. Jener Mann ist verflucht.*

manifestar: manifestado | **manifiesto**

- Ha manifestado su acuerdo. Es una falacia **manifiesta.** | ▫ *Er hat seine Zustimmung ausgedrückt. Das ist ein offensichtlicher Trugschluss.*

nacer: nacido | **nato**

- Hoy ha nacido su nieto. Su padre es un artista **nato.** | ▫ *Heute wurde sein Enkelkind geboren. Sein Vater ist ein geborener Künstler.*

omitir: omitido | (**omiso**)

- Ha omitido su dirección. Su dirección está **omisa.** | ▫ *Er hat seine Adresse ausgelassen. Seine Adresse fehlt.*

poseer: poseído | **poseso**

- Estaba poseído por el demonio. Gritaba como un **poseso.** | ▫ *Er war vom Teufel besessen. Er schrie wie ein Besessener.*

prender: prendido | **preso**

- Por fin han prendido al ladrón. El ladrón está **preso.** | ▫ *Sie haben den Dieb gefasst. Er sitzt nun im Gefängnis.*

---

[99] BCE (Banco Central Europeo): EZB (Europäische Zentralbank)

presumir: presumido | **presunto**

- El ladrón ha presumido de robos. El **presunto** ladrón se fugó. | ▫ *Der Dieb prahlte mit Diebstählen. Der mutmaßliche Dieb floh.*

proveer: proveído | **provisto**

- Esta empresa nos ha proveído automóviles. Este coche viene **provisto** de aire acondicionado. | ▫ *Diese Firma lieferte uns die Wagen. Dieses Auto verfügt über eine Klimaanlage.*

recluir: recluido | **recluso**

- El eremita se ha recluido en un convento. El preso está recluso. | ▫ *Der Klausner hat sich zurückgezogen. Der Gefangene ist eingesperrt.*

romper: rompido[100] | **roto**

- Hemos roto la silla. La silla está **rota.** | ▫ *Wir machten den Stuhl kaputt. Der Stuhl ist kaputt.*

salvar: salvado | **salvo**

- Han salvado al lince. El lince está a **salvo**. | ▫ *Der Luchs wurde gerettet. Er ist wohlauf.*

sepultar: sepultado | **sepulto**

- El alud ha sepultado la casa. La casa está **sepulta** bajo el alud. | ▫ *Die Lawine hat das Haus begraben. Das Haus liegt unter der Lawine begraben.*

soltar: soltado | **suelto**

- He soltado al perro. El perro está **suelto.** | ▫ *Ich ließ den Hund frei. Der Hund läuft jetzt frei.*

sujetar: sujetado | **sujeto**

- Hemos sujetado las maletas a la baca. *Las maletas están **sujetas**.* | ▫ *Wir haben die Koffer am Gepäckträger festgebunden. Die Koffer sind befestigt.*

suspender: suspendido | **suspenso**

- El funcionario está cautelarmente suspendido de empleo y sueldo. Su causa ante el Tribunal de Trabajo está en **suspenso.** | ▫ *Der Beamte ist vorläufig von Beschäftigung und Gehalt suspendiert. Sein Anliegen ist vom Gericht auf Eis gelegt.*

---

[100] Das Partizip **rompido** ist archaisch und wird heutzutage als ungrammatisch empfunden.

Glossar

A

abastecer [8k] *speisen, versorgen* [39]
abnegar [4e] *genügsam sein* [21]
aborrecer [8a] *Lebensmittel hassen* [29]
absolver [42b] *freisprechen* [99]
abstener [64a] *sich der Stimme enthalten* [131]
abstraer [65b] *abstrahieren, verdrängen* [135]
acaecer [8h] *geschehen* [36]
acentuar [5b] *Tilde tragen* [26]
acertar [4c] *erraten* [19]
acontecer [8h] *geschehen* [36]
acordar [25a] *vereinbaren* [59]
acostar [25e] *ins Bett gehen* [63]
acrecentar [4c] *steigen* [19]
actuar [5a] *agieren* [25]
adecuar[15b] *anpassen* [47]
adherir [60d] *beitreten* [127]
adolecer [8a] *leiden* [29]
adormecer [8b] *in den Schlaf einlullen* [30]
adquirir [7] *erwerben* [28]
aducir [23a] *vortragen* [52]
advertir [60e] *mahnen* [125]
afluir [24d] *zulaufen* [57]
aforar [25d] *Immunität erteilen* [62]
agradecer [8a] *danken* [29]
aguar [15c] *zurückstecken* [48]
ahijar [9] *adoptieren* [41]
ahumar [14] *räuchern* [45]
airar [9] *zornig werden* [41]
aislar [9] *isolieren* [41]
alentar [4h] *ermutigen* [24]
aliar [32c] *alliieren* [83]
almorzar [25g] *zu Mittag essen* [65]
amanecer [8b] *Tag werden (morgens)* [30]
amarillecer [8f] *vergilben* [34]
amnistiar [32c] *amnestieren* [83]
amortiguar [15c] *dämpfen* [48]
ampliar [32a] *erweitern, verlängern* [81]
ANDAR [10] *laufen* [42 f.]
anochecer [8b] *dämmern (nachts)* [30]
ansiar [32b] *sich nach etwas sehnen* [82]
anteponer [49a] *voranstellen* [111]
antever [68] *vorsehen* [140]
apaciguar [15c] *besänftigen* [48]
aparecer [8k] *erscheinen* [39]
apostar [25a] *wetten* [59]
apretar [4b] *drücken* [24]
aprobar [25b] *beschließen* [60]
argüir [24e] *argumentieren* [58]
arcaizar [9] *archaisch sein* [41]
aridecer [8b] *austrocknen* [30]
arrendar [4b] *vermieten* [18]
arrepentirse [60a] *bereuen* [124]
ascender [31a] *steigen* [78]
asentar [4g] *siedeln* [18]
asentir [60a] *bejahen* [124]
asir [13] *anfassen* [44]
atañer [63] *angehen* [130]
atardecer [8b] *dämmern (Abend)* [30]
ataviar [32f] *sich herausputzen* [86]
atender [31b] *sich kümmern* [79]
atener [64a] *sich gefasst machen* [131]
atenuar [5b] *mildern* [26]
aterrar [4b] *begraben* [18]
atestiguar [15a] *zeigen* [46]
atraer [65a] *anziehen* [135]
atravesar [4b] *durch etwas fließen* [18]
atribuir [24b] *jdm. etwas zuschreiben* [55]
aullar [14] *jaulen* [45]
aunar [14] *vereinen* [45]
aupar [14] *hochheben* [45]
autoinducir [23a] *verursachen* [52]
avergonzar [25c] *schämen* [61]
avenir [67a] *zerrüttet sein* [137]
averiar [32a] *kaputt gehen/machen* [81]
averiguar [15a] *herausfinden* [46]

B

bendecir [50] *segnen* [150]
biografiar [32e] *Biografie schreiben* [85]
blanquecer [8f] *Münzen polieren* [34]
bruñir [43] *polieren* [101]
bullir [43] *sieden* [101]

C

caber [18] *hineinpassen* [49]
caer [19] *fallen* [50]
calcografiar [32e] *abpausen* [85]
calentar [4a] *aufwärmen, erhitzen* [17]
carecer [8c] *nicht haben* [31]
cartografiar [32e] *kartografieren* [85]
cegar [4e] *blenden* [21]
ceñir [21] *eng geschnitten sein* [51]

cerner [31a] *schweben* [78]
cernir [29] *schweben* [75]
cerrar [4b] *schließen* [18]
chirriar [32a] *quietschen* [81]
cimentar [4b] *verankern* [18]
clarecer [8b] *dämmern (hell werden)* [30]
cocer [42a] *kochen* [98]
cohibir [51] *einschüchtern* [116]
colar [25j] *drängeln* [68]
colgar [25i] *aufhängen* [67]
comedir [46b] *zurückhalten* [106]
comenzar [4d] *beginnen* [20]
compadecer [8a] *leidtun* [29]
comparecer [8a] *auftreten* [29]
competir [46d] *konkurrieren* [108]
complacer [8c] *sich freuen* [31]
componer [49a] *komponieren* [111]
comprobar [25b] *prüfen* [60]
concebir [46a] *schwanger werden* [105]
concertar [4c] *vereinbaren* [19]
concluir [24e] *feststellen* [58]
concordar [25a] *übereinstimmen* [59]
condescender [31c] *sich zu etwas herablassen* [80]
conducir [23b] *fahren* [53]
conferir [60d] *verleihen* [127]
confesar [4f] *beichten* [22]
confiar [32b] *vertrauen* [82]
confluir [24d] *zusammenfließen* [57]
conmover [42c] *berühren* [100]
conocer [8c] *wissen* [31]
conseguir [46e] *auftreiben* [109]
consensuar [5a] *vereinbaren* [25]
consensuar [5c] *vereinbaren* [27]
consentir [60d] *zustimmen* [127]
consolar [25d] *trösten* [62]
constituir [24b] *darstellen* [55]
constreñir [21] *einschränken* [51]
construir [24a] *bauen* [54]
contar [25e] *erzählen* [63]
contradecir [50] *widersprechen* [115]
contender [31c] *behaupten* [80]
contener [64a] *enthalten* [131]
continuar [5b] *fortsetzen* [26]
contraer [65b] *heiraten* [135]
contraponer [49a] *dagegenhalten* [111]
contrariar [32a] *verdrießen* [82]
contravenir [67a] *verstoßen* [137]
contribuir [24b] *zu etwas beitragen* [55]
convalecer [8d] *sich erholen nach Krankheit* [32]
convenir [67a] *beschließen* [137]
convertir [60a] *konvertieren* [124]
coproducir [23b] *produzieren* [53]
coreografiar [32e] *choreografieren* [85]
corregir [46a] *korrigieren* [105]
corroer [57] *rosten / rostig werden* [120]
costar [25e] *kosten* [63]
crecer [8d] *wachsen* [32]
creer [40a] *glauben* [95]
criar [32d] *großziehen* [84]

D

DAR [26] *geben* [70 f.]
decaer [19] *demoralisieren* [50]
DECIR [27] *sagen* [72 f.]
deconstruir [24a] *dekonstruieren* [54]
decrecer [8d] *zurückgehen* [32]
deducir [23a] *schlussfolgern* [52]
defender [31b] *für etwas stehen* [79]
degollar [25c] *schächten* [61]
demoler [42a] *abreißen* [98]
demostrar [25b] *beweisen* [60]
denegar [4e] *ablehnen* [21]
denostar [25b] *erniedrigen* [60]
deponer [49a] *aufgeben* [111]
derretir [46d] *schmelzen* [108]
derruir [24a] *demolieren* [54]
desabastecer [8k] *nicht versorgen* [39]
desafiar [32b] *herausfordern* [82]
desaforar [25d] *Immunität entziehen* [62]
desaguar [15c] *abpumpen* [48]
desahumar [14] *Rauch entfernen* [45]
desalentar [4h] *den Mut nehmen* [24]
desambiguar [15a] *disambiguieren* [46]
desaparecer [8k] *verschwinden* [39]
desaprobar [25b] *missbilligen* [60]
desasir [13] *loslassen* [44]
desasosegar [4e] *beunruhigen* [21]
desatender[31b] *vernachlässigen* [79]
desavenir [67a] *entzweien* [137]
descafeinar [28] *entkoffeinieren/abschwächen* [74]
descarriar [32a] *sich verirren* [81]
descender [31a] *sinken* [78]
desceñir [21] *lösen* [51]
descolgar [25i] *abhängen* [67]
descomponer [49a] *sich zersetzen* [111]
desconcertar [4h] *verunsichern* [24]
desconfiar [32b] *misstrauen* [82]
desconocer [8c] *nicht wissen* [31]
desconsolar [25d] *untröstlich sein* [62]
descontar [8c] *abziehen* [63]
desdecirse [27] *sich widersprechen* [72]

desenraizar [9] *wurzelfrei machen* [41]
desentenderse [31b] *entledigen* [79]
desenterrar [4b] *ausgraben* [18]
desentumecer [8h] *aus der Erstarrung erwachen* [36]
desenvolver [42b] *auspacken* [99]
desfallecer [8i] *in Ohnmacht fallen* [37]
desgobernar [4h] *herunterwirtschaften* [24]
deshabituar [5a] *entwöhnen* [25]
deshacer [37] *auspacken* [90]
deshelar [4c] *enteisen, auftauen* [19]
deslenguar [15a] *Lästermaul sein* [46]
deslucir [41] *Glanz verlieren* [97]
desmedirse [46b] *unangemessen sein* [106]
desmembrar [4c] *zergliedern* [19]
desmentir [60b] *dementieren* [125]
desmentir [60a] *widersprechen* [124]
desobedecer [8j] *nicht gehorchen* [38]
desoír [44] *auf etwas nicht hören* [103]
despedir [46c] *entlassen* [107]
despertar [4c] *aufwachen* [19]
desplegar [4e] *einsetzen* [21]
despoblar [25h] *entvölkern* [66]
desposeer [40b] *entheben* [96]
desproveer [40b] *ohne etwas sein* [96]
desraizar [9] *entwurzeln* [41]
desteñir [21] *ausbleichen* [51]
desterrar [4c] *verbannen* [19]
destituir [24c] *absetzen* [56]
destruir [24a] *zerstören* [54]
desvanecerse [8d] *in Ohnmacht fallen* [32]
desvariar [32f] *spinnen* [86]
desvestir [46f] *ausziehen* [110]
desviar [32c] *umleiten* [83]
desvirtuar [5a] *widerlegen* [25]
detener [64a] *festnehmen* [131]
detraer [65b] *entziehen* [135]
devaluar [5b] *abwerten* [26]
devenir [67b] *werden* [139]
devolver [42b] *zurückschicken* [99]
diferir [60e] *abweichen* [128]
digerir [60c] *verdauen* [126]
diluir [24d] *sich auflösen* [57]
discernir [29] *unterscheiden* [75]
discordar [25b] *nicht zusammenpassen* [60]
disentir [60d] *widersprechen* [127]
disminuir [24c] *sich verringern* [56]
disolver [42b] *auflösen* [99]
disonar [25b] *in Dissonanz stehen* [60]
disponer [49a] *über etwas verfügen* [111]
distender [31c] *lockern* [80]
distraer [65b] *sich die Zeit vertreiben* [135]
distribuir [24d] *verteilen* [57]
divertir [60c] *sich amüsieren* [126]
doler [42a] *weh tun* [98]
dormir [30a] *schlafen* [76]

E

efectuar [5a] *Anruf machen* [25]
elegir [46a] *aussuchen* [105]
embellecer [8l] *verschönern* [40]
embestir [46f] *gegen etwas rennen* [110]
emblanquecer [8f] *weiß werden* [34]
embravecer [8l] *rau werden* [40]
embrutecer [8l] *verrohren* [40]
emparentar [4h] *verschwägert sein* [24]
empezar [4d] *beginnen* [20]
enaltecer [8j] *verherrlichen* [38]
enardecer [8j] *sich erregen* [38]
encarecer [8e] *verteuern* [33]
encender [31a] *anzünden* [78]
encerrar [4b] *einsperren* [18]
encomendar [4f] *anvertrauen* [19]
encontrar [25f] *finden* [64]
encrudecerse [8e] *sich verhärten* [33]
endurecer [8e] *verhärten* [33]
enflaquecer [8e] *abmagern* [33]
enfriar [32a] *kalt werden, kühlen* [81]
enfurecer [8l] *zornig werden* [40]
engrandecer [8e] *stärken* [33]
engreír [62] *einbilden* [129]
engrosar [25f] *verdicken* [64]
engullir [43a] *schlingen* [101]
enlentecerse [8e] *verlangsamen* [33]
enloquecer [8l] *wahnsinnig werden* [40]
enmendar [4g] *ändern, berichtigen* [19]
enmohecer [8h] *verschimmeln* [36]
enmudecer [8h] *verstummen* [35]
enmugrecer [8h] *beschmutzen* [36]
ennegrecer [8f] *schwarz anlaufen* [34]
enorgullecer [8g] *stolz sein* [35]
enraizar [9] *verwurzelt sein* [41]
enrarecer [8g] *stickig sein* [35]
enriquecer [8e] *sich bereichern* [33]
enrojecer [8f] *erröten* [34]
ensangrentar [4a] *Blut überströmen* [17]
ensombrecer [8e] *trüben* [33]
ensombrecer [8f] *trüben* [34]
ensoñar [25f] *traumhaft sein* [64]
ensordecer [8g] *taub werden* [35]
entender [31b] *verstehen* [79]
enternecer [8h] *rühren* [36]

enterrar [4b] *begraben* [18]
entorpecer [8j] *behindern* [38]
entretener [64b] *sich die Zeit vertreiben* [133]
entrever [68] *Umriss sehen* [140]
entristecer [8g] *traurig machen* [35]
entumecer [8h] *Glieder einschlafen* [36]
envejecer [8l] *altern* [40]
enviar [32c] *schicken* [83]
enviciar [32d] *schief wachsen* [84]
envilecer [8g] *herabwürdigen* [35]
envolver [42b] *packen* [99]
equivaler [66] *im Wert gleich sein* [136]
erguir [33] *sich errichten, aufstehen* [88]
errar [34] *irren* [89]
escabullirse [43a] *sich schleichen* [101]
escarmentar [4h] *aus den Fehlern lernen* [24]
esclarecer [8f] *aufklären* [34]
escocer [42a] *brennen (Wunde)* [98]
esforzar [25g] *sich bemühen* [65]
espiar [32f] *spionieren* [86]
esquiar [32d] *Ski fahren* [84]
establecer [8d] *festlegen* [32]
ESTAR [35] *sein* [12 f.]
estatuar [15b] *mit Statuen schmücken* [47]
estenografiar [32e] *stenografieren* [85]
estremecer [8h] *erschaudern* [36]
estreñir [21] *keinen Stuhlgang haben* [51]
estriar [32d] *striemig werden* [84]
europeizar [28] *europäisieren* [74]
evacuar [15b] *evakuieren* [47]
evaluar [5a] *sich überlegen* [25]
exceptuar [5c] *ausnehmen, absehen* [27]
excluir [24c] *ausschließen* [56]
expedir [46c] *ausstellen* [107]
exponer [49a] *ausstellen* [111]
extasiar [32f] *erschöpft sein* [86]
extender [31a] *ausstellen* [78]
extenuar [5c] *akribisch befolgen* [27]
extraer [65a] *gewinnen* [134]
extraviar [32d] *verlegen* [84]

F

fallecer [8i] *sterben* [37]
favorecer [8j] *jdm. gut stehen* [38]
fiar [32b] *vertrauen* [82]
florecer [8h] *blühen* [36]
fluctuar [5a] *variieren* [25]
fluir [24d] *fließen* [57]
fortalecer [8e] *kräftigen* [33]
forzar [25g] *aufbrechen* [65]
fosforecer [8f] *phosphoreszieren* [34]
fotografiar [32e] *ablichten* [85]
fraguar [15c] *schmieden* [48]
fregar [4e] *spülen* [21]
freír [62] *frittieren* [129]

G

gemir [46d] *stöhnen* [108]
gobernar [4h] *regieren* [23]
graduar [5b] *Brille herstellen* [26]
gruñir [43a] *grunzen* [101]
guarnecer [8d] *garnieren* [32]
guiar [32f] *führen, sich orientieren* [86]

H

haber [36] *haben* [9]
habituar [5a] *sich gewöhnen* [25]
HACER [37] *machen* [90 f.]
hastiar [32f] *ermüden* [86]
hebraizar [9] *hebräisieren* [41]
heder [31a] *stinken* [78]
helar [4c] *vereisen* [19]
herir [60b] *verwunden* [125]
herrar [4c] *Hufe beschlagen* [19]
hervir [60c] *aufkochen* [126]
huir [24d] *fliehen* [57]
humedecer [8b] *anfeuchten* [30]

I

impedir [46c] *verhindern* [107]
imponer [49b] *aufzwingen* [113]
incluir [24c] *einschließen* [56]
indisponer [49b] *unwohl werden* [113]
inducir [23a] *einführen* [52]
inferir [60e] *den Schluss zulassen* [128]
influir [24e] *beeinflussen* [58]
ingerir [60c] *zu sich nehmen* [126]
inmiscuirse [24e] *sich einmischen* [58]
insinuar [5c] *andeuten* [27]
instituir [24b] *einführen* [55]
instituir [24c] *errichten* [56]
instruir [24a] *belehren* [55]
instruir [24b] *unterweisen* [54]
interferir [60a] *stören* [124]
interponer [49b] *(Anzeige) erstatten* [113]
intervenir [67b] *beschlagnehmen* [139]
introducir [23a] *einführen* [52]
introducir [23b] *einführen* [53]

intuir [24e] *ahnen* [58]
inventariar [32g] *Inventur machen, inventarisieren* [87]
invertir [60d] *investieren* [126]
investir [46b] *zu einem Amt ernennen* [106]
IR [38] *gehen* [92 f.]

J

judaizar [9] *das Judentum praktizieren* [41]
jugar [39] *spielen* [94]

L

languidecer [8i] *verkümmern* [37]
leer [40a] *lesen* [95]
liar [32f] *durcheinanderkommen* [86]
licuar [15b] *Obst/Gemüse pressen* [47]
litografiar [32g] *Kupferdruck machen* [87]
llover [42a] *regnen* [98]
lucir [41] *zur Schau tragen* [97]

M

malcriar [32d] *verziehen* [84]
maldecir [50] *verfluchen* [151]
malherir [60b] *verletzen* [125]
manifestar [4f] *äußern* [22]
mantener [64b] *halten* [133]
maullar [14] *miauen* [45]
mecanografiar [32g] *mit der Schreibmaschine schreiben* [87]
medir [46b] *messen* [106]
menguar [15c] *verringern, abnehmen* [48]
menstruar [5c] *bluten* [27]
mentar [4f] *erwähnen* [22]
mentir [60a] *lügen* [124]
mentir [60b] *lügen* [125]
merecer [8j] *verdienen* [38]
merendar [4g] *Zwischenmahlzeit einnehmen* [17]
moler [42a] *mahlen* [98]
morder [42c] *beißen* [100]
morir [30b] *sterben* [77]
mostrar [25b] *zeigen* [60]
mover [42c] *bewegen* [100]
mullir [43a] *aufschütteln* [101]
muñir [43a] *beeinflussen* [101]

N

nacer [8i] *geboren werden* [37]
negar [4e] *verleugnen* [21]
nevar [4c] *schneien* [19]

O

obedecer [8j] *gehorchen, verschuldet sein* [38]
obstruir [24c] *behindern* [56]
obstruir [24a] *verstopfen* [54]
obtener [64b] *bekommen* [133]
ofrecer [8d] *anbieten* [32]
oír [44] *hören* [103]
oler [45] *riechen* [104]
oponer [49b] *sich gegen etwas wehren* [113]
oscurecer [8b] *dunkel werden* [30]

P

pacer [8i] *grasen* [37]
padecer [8a] *leiden* [29]
palidecer [8f] *verblassen* [34]
palidecer [8l] *erblassen* [40]
parecer [8k] *scheinen* [39]
pedir [46c] *bitten* [107]
pensar [4f] *denken* [22]
perder [31c] *verlieren* [80]
perecer [8i] *versterben* [37]
permanecer [8k] *bleiben* [39]
perpetuar [5b] *fortbestehen* [26]
perseguir [46e] *jagen* [109]
pertenecer [8k] *jdm. gehören* [39]
piar [32d] *zwitschern* [84]
plañir [43a] *stöhnen* [102]
plegar[4e] *zusammenfalten* [21]
poblar [25h] *siedeln* [66]
poder [48] *können* [14]
PONER [49a] *aufstellen* [111 f.]
poseer [40b] *besitzen* [96]
posponer [49a] *verschieben* [113]
preconcebir [46a] *vorausdenken* [105]
predecir [50] *voraussagen* [115]
predisponer [49b] *fördern* [113]
preferir [60d] *bevorzugen* [127]
presentir [60e] *ahnen* [128]
presuponer [49b] *vorausgehen* [113]
prevalecer [8d] *durchsetzen* [32]
prevaler [66] *ausnutzen* [136]
prevenir [67b] *vorbeugen* [139]
prever [68] *voraussehen* [140]
probar [25a] *hier: rühren* [59]
producir [23b] *herstellen* [53]
proferir insultos [60d] *beleidigen* [127]
prohibir [51] *verbieten* [116]

promover [42c] *fördern* [100]
proponer [49b] *vorschlagen* [113]
proseguir [46e] *fortsetzen* [109]
prostituir [24b] *sich prostituieren* [55]
proveer [40b] *liefern* [96]
provenir [67b] *herstammen* [139]
pudrir, podrir [53] *verrotten* [117]
puntuar [5c] *punkten* [27]

Q

quebrar [4a] *Pleite machen* [17]
querer [54] *wollen* [15]

R

reaparecer [8k] *wiederauftauchen* [39]
reascender [31a] *wieder befördern* [78]
recaer [19] *rückfällig werden* [50]
recalentar [4a] *aufwärmen* [17]
recluir [24a] *einsperren* [54]
recomendar [4f] *empfehlen* [24]
recomenzar [4d] *erneut beginnen* [20]
recomponer [49c] *wiederaufbauen* [114]
reconducir [23b] *wieder einrenken* [53]
reconocer [8c] *wiedererkennen* [31]
reconstituir [24b] *sich umwandeln* [55]
reconstruir [24a] *wiederaufbauen* [54]
recontar [25e] *erneut zählen* [63]
reconvenir [67b] *Verweis erteilen* [139]
reconvertir [60b] *wiederaufbauen* [125]
reconvertir [60d] *umbauen* [127]
recordar [25a] *erinnern* [59]
recostar [25e] *sich hinlegen* [63]
recrudecer [8l] *sich verschärfen* [40]
redistribuir [24d] *umverteilen* [57]
reelegir [46a] *wiederwählen* [105]
reencontrar [25f] *wiedertreffen* [64]
reenviar [32c] *erneut schicken* [83]
reexpedir [46c] *erneut ausstellen* [107]
referir [60e] *sich beziehen* [128]
reforzar [25g] *bekräftigen* [65]
refreír [62] *verbraten* [129]
regar [4e] *gießen* [21]
regir [46a] *regieren* [105]
rehacer [37] *sich wieder berappeln* [90]
rehilar [28] *stärker spinnen* [74]
rehuir [24d] *meiden* [57]
rehusar [55] *sich weigern* [118]
reír [62] *lache* [129]
rejuvenecer [8l] *verjüngen* [40]
releer [40a] *erneut lesen* [95]
relucir [41] *glänzen* [97]
remendar [4g] *flicken* [19]
remoler [42a] *fein mahlen* [98]
remorder [42c] *quälen* [100]
remover [42c] *umrühren* [100]
rendirse [46d] *sich ergeben/kapitulieren* [108]
renegar [4e] *leugnen* [21]
reñir [21] *sich streiten* [51]
renovar [25a] *erneuern* [59]
repensar [4f] *überdenken* [22]
repetir [46d] *wiederholen* [108]
repoblar [25h] *bevölkern* [66]
reponer [49c] *wieder auffüllen* [114]
reprobar [25a] *missbilligen* [59]
reproducir [23b] *wiederbekommen* [53]
requerir [60e] *bedürfen* [128]
resentirse [60a] *leiden* [124]
resfriar [32d] *sich erkälten* [84]
resolver [42c] *helfen* [99]
resolver [42b] *lösen* [100]
resonar [25f] *dröhnen* [64]
resplandecer [8b] *strahlen* [30]
restablecer [8k] *wiederherstellen* [39]
retener [64b] *festhalten* [133]
reteñir [21] *wieder färben* [51]
retorcerse [42a] *sich krümmen* [98]
retrotraer [65a] *zurückführen* [134]
reunir [56] *zusammentreffen* [119]
revaluar [5b] *an Wert gewinnen* [26]
reventar [4a] *platzen* [17]
reverdecer [8l] *ergrünen* [40]
reverdecer [8f] *grünen* [34]
reverter [31a] *sich auswirken* [78]
revestir [46f] *haben* [110]
revolcarse [25k] *sich wälzen* [69]
revolver [42b] *kramen* [99]
robustecer [8l] *stärken* [40]
rociar [32d] *sprühen* [84]
rodar [25h] *drehen* [66]
roer [57] *nagen* [120]
rogar [25i] *bitten* [67]

S

saber [58] *wissen* [121]
SALIR [59] *ausgehen* [122 f.]
salpimentar [4a] *würzen* [17]
santiguar [15a] *sich bekreuzigen* [46]
sarpullir [43b] *Hautausschlag bekommen* [102]
satisfacer [37] *zufrieden sein, gefallen* [90]

seducir [23b] *reizen* [53]
segar [4e] *Gras schneiden* [21]
seguir [46e] *folgen* [109]
sembrar [4a] *sähen* [17]
sentar [4g] *sitzen, setzen* [23]
sentarse [4a] *sich hinsetzen* [17]
sentir [60e] *fühlen, spüren* [128]
SER [61] *sein* [10 f.]
serrar [4a] *sägen* [17]
servir [46b] *nützen* [106]
situar [5b] *sich befinden* [26]
sobreactuar [5a] *überreagieren* [25]
sobreentender [31b] *sich von selbst verstehen* [79]
sobrehilar [28] *säumen* [74]
sobreponerse [49c] *überwinden* [114]
sobreseer [40b] *Fall schließen (jur.)* [96]
sobrevenir [67b] *unerwartet sein* [139]
sobrevolar [25j] *überfliegen* [68]
sofreír [62] *anbraten* [129]
soldar [25j] *löten* [68]
soler [42d] *etwas zu tun pflegen* [16]
soltar [25j] *freilassen* [68]
sonar [25f] *klingeln* [64]
soñar [25f] *träumen* [64]
sonreír [62] *lächeln* [129]
sostener [64b] *stützen* [133]
soterrar [4a] *unterführen* [17]
subarrendar [4a] *untervermieten* [17]
subyacer [69] *etwas unterliegen* [141]
sugerir [60e] *vorschlagen* [128]
superpoblar [25h] *übervölkern* [66]
superponer [49c] *übereinanderlegen* [114]
suponer [49c] *annehmen* [114]
sustituir [24c] *ersetzen* [56]
sustraer [65a] *entwenden* [134]

T

tañer [63] *läuten* [130]
taquigrafiar [32g] *in Kurzschrift schreiben* [87]
tatuar [5c] *tätowieren* [27]
telegrafiar [32g] *Telegramme schicken* [87]
temblar [4g] *zittern* [23]
tender [31a] *aufhängen* [78]
TENER [64a] *haben, besitzen* [131 f.]
teñir [21] *färben* [51]
tentar [4h] *reizen* [24]
torcer [42a] *verstauchen* [98]
tostar [25e] *tosten* [63]
traducir [23a] *übersetzen* [52]
traer [65a] *bringen* [134]
transferir [60a] *überweisen* [124]
trascender [31c] *über etwas hinausgehen* [80]
traslucir [41] *durchscheinen* [97]
trasponer [49c] *implementieren/übertragen* [114]
travestir [46f] *travestieren* [110]
tropezar [4d] *stolpern* [20]
tropezarse [4d] *über jemanden stolpern* [20]
tullir [43b] *verkrüppeln* [102]

U

usufructuar [5c] *Nutz- und Nießbrauch genießen* [27]

V

vaciar [32a] *leeren* [81]
valer [66] *Wert sein* [136]
variar [32a] *wechseln* [81]
VENIR [67a] *kommen* [137 f.]
ver [68] *sehen* [140]
verter [31a] *kippen* [78]
vestir [46f] *anziehen* [110]
volar [25j] *fliegen* [68]
volcar [25k] *sich überschlagen* [69]
volver [42b] *zurückkehren* [99]

Y

yacer [69] *liegen* [141]
yuxtaponer [49c] *nebeneinanderlegen* [114]

Z

zambullir [43b] *eintauchen* [102]